U0128125

貴州少數民族文學藝術研究

吳紅梅　主編

目錄　C O N T E N T S

CONTENTS

民族藝術研究

民族理論研究

我們如何面對歷史

——當代民族研究的核心問題

納日碧力戈

　　歷史對中國非常重要，對民族研究非常重要。中國是一個歷史大國，有數千年的歷史。我們研究民族問題，從過去看現在，都需要有一個歷史的回憶。我們目前的爭論往往都是圍繞要不要歷史、如何看歷史。我們知道：二〇一四年九月二十八至二十九日在北京召開的中央民族工作會議，其核心主題就是準確把握新形勢下的民族問題。

一

　　中央民族工作會議明確提出：六十五年來，我國的民族理論和方針是正確的；中國解決民族問題的特色道路是正確的；民族關係總體是和諧的；民族工作是成功的。強調這樣的觀點，有一個重要的背景，就是市場經濟下，民主的水準在提高，大眾的公民意識在提高，我們面臨一些尖銳的、繞不過去的問題：公民和民族哪個重要？它們之間的關係是什麼？是不是說我們有了公民的身分以後，民族的身分就不再重要了？它們是平行的關係呢，還是從屬性關係？這是一個焦點。有些學者往往不看歷史，平面地看問題：我們一塊兒長大的，憑什麼你就可以照顧多少民族，可以多生幾個孩子？都是公民，怎麼不平等了呢？我們國家允許不同觀點充分發展，沒有直接干預。比如說

貴州大學的一個校友葉小文先生來貴大演講時，我向他提出一個問題：
「北大一個教授提出：我們的民族工作是失敗的，民族區域自治是有問題
的。你怎麼看這個問題？」葉先生沒有直接回答，他說：「這個是學術問
題，我不便表態。」可見當時我們國家很寬容。可是後來學者的觀點開始
比較尖銳對立，有一些學者提出來：要肯定過去的民族政策，要講民族團
結，不是銷毀民族，不是同化，而是堅持過去的正確的道路；民族區域自
治不是可有可無，而是如何改善，民族區域自治一定要實行。正是在這樣
一個大背景下，中央民族工作會議召開。民族區域自治是我國一個基本政
治制度，這是不可動搖、不能懷疑、不能挑戰的。我們到貴州可以清楚地
看到,民族是沒有什麼大的問題的，民族是很團結的；到了內蒙古可以看
到：民族也是很團結的；新疆有些問題，那是少數人的問題，不是多數人
的問題，西藏也是這樣。民族不是隱患，不是累贅，它是我們的寶貴財
富，是我們的資源。費孝通教授生前講過一句話：讓遺產變成資源。遺產
是死的，變成資源它就變成活的了，要讓它活起來，要善用、會用、智慧
地使用我們民族的資源。

　　中央民族工作會議指出：要糾正和杜絕歧視及變相歧視少數民族群
眾、傷害民族感情的言行。我們國家這個方面的教育已經做了很多年，有
很大成就，但是還不夠，還要繼續深入。這個提法有一個深遠的背景，可
以追溯到國民黨，甚至追溯到孫中山時代，那個時候就是把各個少數民族
同化為漢族，建立所謂真正的同化民族，把少數民族跟漢族等同起來，把
中國跟漢族等同起來。這肯定是走不通的，歷史也證明走不通。中國共產
黨走了另一條路：承認少數民族，讓少數民族自覺、自治，才有現在少數

民族自治制度，讓各少數民族和睦共生，互利團結。共產黨勝利，國民黨失敗。什麼原因呢？有一個重要的原因就是對少數民族政策不一樣，少數民族起了很大作用，有了重大貢獻。比如說內蒙古自治區於一九四七年成立，比新中國成立還要早兩年。原因是內蒙古的少數民族加入共產黨，還有一些民族主義的活動家，也加入共產黨，原來的地方內部人民革命黨，也加入了共產黨，這對共產黨的事業貢獻是巨大的。

　　中央民族工作會議提出：要交流、交融、尊重差異。尊重差異過去提得較少。生態的說法是：包容多樣、手足相親、守望相助。這幾句話說得非常好，把自然科學、環境科學的生態概念用到人身上，用到社會、用到自然、用到萬象共生這樣一個大場景裡面。「現代」是唯一的出路，沒有生態，什麼都沒有。所以生態是一個大的回歸。回到什麼時代呢？回到「地天通」的時代。在《尚書》中有一個故事：過去天和地合同的，神可以下凡，人可以上天，那個時代「民神混雜」。但是第五個皇帝顓頊不高興，派了兩個大臣「重」和「黎」，他們把那條路給阻斷了。「絕地通天」，不讓人神混雜，人不可以隨便上天，神不可以隨便下凡，所以就出來了中間的官僚制度。官僚把著這條路，你要買通他，他才讓你上來，讓你下去。現在這個時代就是要回到「絕地通天」的時代，但是是一個更高階段的回歸：要「地天通」，讓人和神混雜在一起，要承認有神、有人、有天、也有地，它們是有差異的，要尊重差異，這很重要。而且還要守望相助，最典型的意思就是鄰居之間，你那兒進小偷了，我幫忙看著，把小偷逮著，或者是趕走了；過兩天我這兒進小偷，你也幫忙；我這沒飯吃，你幫我，同樣，我也幫你，這就叫守望相助。天和地之間要守望相助，各

民族之間要守望相助，不是一個吃掉一個，而是互相幫助，互相維持。

中央民族工作會議提出：用法律保護民族團結，堅決反對大漢族主義和狹隘民族主義。四個認同：祖國認同，中華民族認同，中華文化認同，中國特色社會主義道路認同。多民族是特色，是有利因素。這就回答了前面的說法，少數民族不是累贅，更不是隱患，它們是一筆財富。比如像北京、上海這樣一些大城市，有霧霾了，可以到貴州來洗肺；一些大城市出現了下一輩不尊重上一輩的問題，出現了道德滑坡的問題，也可以來我們黔南這樣民風淳樸的少數民族地區來「洗肺」。所以，我們要珍惜、愛惜、善用這些資源。有一次同濟大學有一個教授，來到喀什，說他們在文化援疆。我問他：「你是不是覺得上海的文化比新疆的文化高明？你看到那些新疆的穆斯林尊老愛幼、路不拾遺的民風了嗎？」這些地方已有幾千年的歷史了，這些地方的老百姓尊老愛幼，有自己的一套做事、做人的方式方法，有一套規則和道德標準，這些東西一點也不輸給其他任何一個地方，所以應該是科技援疆，而文化援疆的說法就不太貼切了，應該說是互相學習。

中央民族工作會議提出：各民族共同開發河山疆域，共同創造歷史。所以過去西方傳來的「一個民族一個國家」的概念，是行不通的；孫中山先生「把大家都同化成漢族，建立真正的中華民族」的說法也是不成立的。新中國強調：這塊土地，這塊河山，這塊疆域，是各個民族一塊兒開發、建設，共同創造了這個歷史，不是哪一個民族單獨地創造歷史、開發這塊土地的。所以「多元一體」這個說法又被提了出來。「多元一體」最早是由費孝通先生提出的，他還借用了孔子的話「各美其美，美人之美，

美美與共，天下大同」。中央民族工作會議的結論是：中華民族是大家庭，各民族是家庭成員。這個比喻非常形象，家庭成員就是兄弟姐妹，中國人喜歡四世同堂、五世同堂等，大家庭一定有各種各樣的家庭成員，而不是只有一個。

二

　　第一個基本的判斷是：我們中國民族關係的學術思考和具體政策進入了一個特定的階段。它的一個核心是費孝通先生和顧頡剛先生在抗戰時期的爭論：中華民族是一個還是多個？中華民族是一個民族構成的還是由多個民族構成的；另一個核心就是我們如何看待歷史？要不要承認歷史？是平面地看還是要縱向地看？是牢記歷史，發掘歷史記憶，還是忘掉歷史？平面地看：從現在起，我們都是公民，所有的差異都消滅掉，我們都平等。能做到嗎？問題都出在這兒了。過去的中國可以說是多民族交互性的歷史，你中有我，我中有你。既有縱向的先後交互治理，少數民族也入主中原；也有橫向的交互關聯，從家族到個人都有頂針序跋式的家族相似性。家族相似性就是少數民族治理，雖有差異，但也大同小異，都有從上而下的一套治理方式。

　　第二個基本判斷：民族主義和國家主義思潮現在佔據上風，就是同文同族的訴求，被復活成為同文同國的同化主義。對於差異的追求和恐懼也投射到對少數民族的熱愛和恐懼之上。有的人熱愛少數民族，去了一趟西藏就感動得不得了，有的乾脆就當了尼姑、和尚，不回來了；有的惶恐、擔心，這麼多人，吃的不一樣，穿的不一樣，說話不一樣，這怎麼辦？所

以感到恐懼。過去沒有這樣的恐懼，因為沒有現在這麼方便的交通，很少來往，大家也不太了解少數民族；現在有這麼好的條件，大家開始廣泛進入少數民族地區，少數民族也廣泛進入北京、上海這樣的大城市。一些人接觸少數民族以後就發現：這些人跟我們怎麼不一樣？他們到底是外國人還是中國人呢？我到現在都遇到這樣的問題：比如電腦的姓名輸入模式只有三個字，要是漢族的雙姓，四個字，肯定要刪除一個；要是少數民族姓名有五個字，就會刪除兩個，沒有全名。所以就會有一個容易被人家誤解的少數民族問題：連姓名權都不能保證。我在復旦大學有一個口號：「人類學」普及之日，就是國民素質提高之時！「人類學」在國外已經有兩百多年的歷史了，我國在一九二四年才從德國引入了「民族學」這個概念。民國時期有一定發展，主要是做辯證研究，也是做同化少數民族的工作。新中國成立，有一段時期實行過試點研究，後來也取消了。一九七九年，社會學、人類學、民族學才得到恢復。所以說，走到今天不容易。但我們的人類學、民族學沒有進入國民素質的教育當中，這很遺憾。少數民族也好，多數民族也好，一定要有一個共同認同的基礎，要不然就會順從「叢林法則」，誰的基數大誰管用，那就變成動物世界了。我族中心主義會導致他族中心主義，形成水漲船高的競爭，其中就包括資源競爭，把資源競爭民族化；也包括符號競爭，例如：蚩尤和黃帝打起來了，成吉思汗和岳飛打起來了，這就麻煩了。所以這方面的競爭得避免。

在全球資訊流通的情況下，現實生活中存在民族關係的緊張，但社會人群（包括少數民族和多數民族），並沒有放棄和諧共生的願景，他們還是希望團結共生，這是絕大多數人的希望。中國民族團結的基礎是政治協

商，少數民族和多數民族的政治協商，不是多數民族賜給少數民族一個區域自治，不是多數民族賜給了少數民族一個優惠政策，恰恰相反，它是互相妥協、互相照顧、互相讓步的結果。民族團結不是民族同化，而是互相幫助。民族區域自治是我國三項基本政治制度之一，和諧共生是一種生態關係，要珍惜這些來之不易的民族遺產，每一個民族發展到今天都不容易。

李克強指出：中國比任何時候都需要改革創新。過去是團結上進，現在要團結各個階層，尤其是群眾。創新的「地天通」就是生態，生態中國。要吸取歷史的經驗，而且要正確地吸取歷史經驗，不走舊中國同化少數民族的道路。中國應該做文化大國、包容大國，要有一個大國氣度，要珍惜自己的文化。某一個民族的文化走向，它怎麼走，要多聽聽本民族人的意願，多聽聽當地知識分子和老百姓的意見。

三

「守望相助，和睦共生」是一個話題，也是一個生態的話題。去年初國家領導人習近平提出「相助」的概念意義重大：各美其美，美人之美，美美與共，天下大同。這是民族團結的基礎，也可以高度概括為「守望相助」。無論哪個民族的同胞都熱愛自己的歷史文化：守望優秀遺產，守望故里家園，守望祖國山河，子子孫孫互相欣賞、互相支持、互相幫助，互為環境，互守尊嚴，共同生存，各個民族應該這樣「和睦共生」，這是「守望相助」的核心所在。回顧歷史，毛澤東說過：少數民族最大的貢獻是在政治上承認中華民族。少數民族地區寶貝多。蒙綏問題的一扇門是蒙

人歡迎漢人進去，開發白雲鄂博鐵礦，建設包頭鋼鐵企業；另一扇門是漢人支持把綏遠併入內蒙古自治區，實現內蒙古統一自治。這是不是協商，是不是互讓？因為當時有不同的意見：我們綏遠不加入你們內蒙古，我們加入山西，加入河北。後來做了工作，加入了內蒙古。原來那也是內蒙古的一塊地，後來給分出去了，現在又回來了。回顧歷史，簽訂西藏十七條協議時，毛澤東說過一句意味深長的話：今天，我們是一家人了，家裡的事，商量著辦就能辦好。他還對西藏上層領導人士說過：你們西藏在新中國大家庭中是有很大資本的，要不然我們的國界就到四川省的邊上了。我們要多講講這樣的歷史，講講這樣的故事，就會對少數民族心存感激了，而不至於把它看成累贅，看成潛在的威脅、隱患。

少數民族的國民主體性，可以用席慕蓉的詩句「父親的草原，母親的河」來形象地表達這種愛國主義的基本情懷。愛國主義不是喊口號，是從熱愛「父親的草原，母親的河」開始的。愛國一定是從愛父母、愛子女、愛民族、愛國家層層遞進的，這才是真正的愛國。少數民族的民族意識和愛國主義不是衝突的。少數民族愛自己的民族，往上就是愛自己的國家，所以愛民族和愛國家不是互相對立的。少數民族語言文化是祖先智慧的寶庫，是國民屬性不可分割的一部分，否定它就是否定少數民族的國民身分。

「彝海結盟，世紀諾言」這是一段不能忘卻的歷史。劉伯承打涼山的時候，果基小葉丹攔道。後來他們歃血盟誓，結拜為兄弟。劉伯承舉起瓷盅，大聲發誓：「上有天，下有地，今天我同果基小葉丹在彝海子邊結為兄弟，如有反復，天誅地滅。」將酒一乾而盡。果基小葉丹也端起瓷盅

說：「我小葉丹同劉司令結為兄弟，願同生死，如不守約，同這雞一樣地死去。」也喝乾了酒。當著眾人，劉伯承送果基小葉丹一支左輪槍，小葉丹也送給劉伯承一匹黑騾子。這就是傳誦至今的「彝海結盟」的佳話。這樣的儀式：喝酒，互相送禮，今天各個民族之間、民族內部都有這樣成事的。沒有人是喊著「我們團結了，誰也離不開誰」的口號把事情辦成的。

我們可以用奧地利的大哲學家維特根斯坦關於繩索的隱喻來說明多民族的「多元一體」。繩索從頭到尾不是一股而是多股交叉在一起，多股重疊交叉，互相緊緊交織在一起，最終擰成一股繩。擰在一起的繩子和繩子並不一樣，但是擰成一股繩後就變成一個統一體。他提出「家族相似性」的重要概念。我們看一二三和二三四，中間有兩個要素是相同的；二三四和三四五有兩個是相同的；但是一二三和四五六就沒關係了。中國的民族關係就是這樣的：遠的民族是沒有多大關係的，但是近的民族互相通婚，相互之間有關係。西北地方有蒙回（蒙古族信回教）、藏回、漢回，反過來也有好多人當了蒙古族的。所以看一部分是像的，另一部分不大像，再走遠一點就沒關係了，可是鄰居是像的，越來越像，越來越像……這就是家族相似性。用這樣的關係來比喻中國的民族可能比較恰當。中國就是這樣一個具有家族相似性的統一體，各民族有點像，又有點不像，但都是兄弟關係。以蒙古語為例：蒙古語在翻譯「中華民族」時，都用複數，沒有單數。蒙古語的「中華民族」的直譯是：中間的很多根，就是中根千枝的意思。所以中華民族應該怎麼解釋呢？如果把它看成國家，當然是一個；如果把它看成民族，它就是多個。在蒙古語、維吾爾語等等語言中都有證據：中華民族是多個。所以，得到的啟示就是：尊重差異，守望尊嚴，和

而不同。在「彝海結盟」時，漢彝雙方都不願意吃掉對方，或者把對方同化掉，把對方變成自己，相反，雙方根據相互間的差異或者特殊性，以結拜或者交換的方式獲取對方的信任和支持。既守望了自己的傳統，又互相守望，互相幫助。民族關係何嘗不是如此？通過交換信任、友誼、生命，成為兄弟姐妹，達成重建共識，建設同舟共濟的家與國。先有家，後有國，或者家是基礎，國是昇華。我們過去總是把兩者對立起來：先有國後有家或先有家後有國。實際上家是基礎，國是它的提升，不能完全對立起來。歷史和民族制告訴我們：民族和睦共生，不僅僅體現在經濟的互相幫助上，更重要的是要體現在互守家園、互守尊嚴、榮辱與共之上。再擴展一些：如果我們能夠與自然山水、與動物植物、與萬物萬象和睦共存，在民族和族群之間，四海之內，互為環境，民族和睦共生就不再是夢想，而是真切的現實。尊重他人、尊重他族、尊重自然就是尊重自己、尊重家人。世間萬物互為環境，一損俱損，一榮俱榮。國家政策研究室的副主任李紅杰有一篇文章題目非常好：《民族區域自治的核心是尊嚴》。中國，現在需要什麼樣的核心價值？它一定不能來自民族主義，因為民族主義不會只是一個，民族主義一定是多個，一定會多於五十六個，還會更多。所以不能來自民族主義，更不能來自弱肉強食的單向同化。如何從各民族的傳統智慧中發現重疊故事？如何從多語表達中發現身分共用？如何從先祖訓言中發現萬物共生？這是為了進一步加強民族團結需要進行的基礎性工作。就是發掘我們祖先智慧，發掘怎麼用生態辦法解決和大自然、和其他民族、和社會的各種關係。

　　我們一定要學會：生活在同一個國度，守望同一個家園，互相尊重，

互相幫助，共同繁榮。這些都是順理成章的正向思考和最大的正能量。我們需要學會「美人之美」，學會主動地說「你的民族很智慧」，而不是說「你的民族很落後，我們幫幫你」。你對別人說「你的民族很優秀，你的民族很智慧」，別人也會回答「你的民族也很優秀，你的民族也很智慧」，甚至會說「你的民族更優秀，你的民族更智慧」，這樣互相肯定要比互相貶低好多了。「你的民族不行，你的民族落後」，或者說「你的民族只是能歌善舞，腦子不夠用不聰明」，這就很麻煩。我們不能懷有舊時代的殖民心態，把別人的語言說成是鳥語，把自己的語言說成是天籟之音；把別人的文化說成是落後，把自己的文化說成是先進；把別人的信仰說成是迷信糟粕，把自己的信仰說成是優秀傳統。這樣是不行的，對他人的文化、他人的信仰也得學會尊重。

「守望相助，互守尊嚴」，可以啟動新時代、新形勢下的新思維。歷史和現實無可辯駁地表明：民族團結不能靠一廂情願，不能靠一頭熱，不能靠自己用自己的語言給他人開功能表，而是要各民族主體參與，靠各民族主體語言共同發聲撥動心靈之弦，靠各民族之間互為環境、守望相助；靠各民族尊重歷史傳統和自然山川，友好互助，共建和諧家園，這才是各民族和睦共生之道。

（原載於《黔南民族師範學院學報》2015 年第 5 期）

中華民族共同體意識及其培育研究綜述

李靜　施曉瑞

習近平於二〇一四年九月召開的中央民族工作會議上指出：「加強中華民族大團結，長遠和根本的是增強文化認同，建設各民族共有精神家園，積極培養中華民族共同體意識」，同時將「堅持打牢中華民族共同體的思想基礎」歸納為中國特色解決民族問題正確道路的內容之一。[1]「中華民族共同體意識」的提出體現了我國解決民族問題的新思維，開闢了中國民族研究的新境界，學界關於中華民族共同體意識及其培育的研究也隨之興起。中華民族共同體意識的研究有助於使不同民族在其中找到自己的認同要素，從而對中華民族共同體產生歸屬感與依附感。系統研究這項議題，對各民族的認同與歸屬感具有重要意義。

近年來相關研究所取得的成果頗具價值，但缺乏整體理論深度，並不全面和系統，往往只是針對漢文化或儒家文化的。這是由於關於中華民族及中華文化學者們的意見本就是不統一的，在很大程度上以主流文化為中華民族文化、以多數民族為中華民族的意識佔據了一些人的頭腦，使得許多相關研究在出發點上就有失偏頗。總的來說，這些成果有助於了解中華民族共同體意識研究的學術旨趣，但未見系統地以「中華民族共同體意識」為研究物件的歷史研究和現狀調查研究，這一方興未艾的研究內涵有待進一步開拓。

為此，有必要將中華民族共同體意識及其培育研究進行系統梳理和概括，尋找存在於其中的問題，以便於更好地開展相關的研究工作。

一、中華民族共同體歷史問題研究

取得成果最豐富的中華民族共同體研究方向之一是歷史研究，通過對歷史上不同時代的天下觀、民族觀及民族政策實踐、民族關係的研究來探析中華民族共同體意識的起源、形成原因、發展和流變。

高翠蓮對孫中山的中華民族意識與國族主義進行了研討，認為他在「五族共和」理論和民國初年國人民族意識的互動中形成了清晰的中華民族意識和共同體的一體意識，雖然存在模糊國族與民族界限等局限，卻順應了中華民族發展的歷史需要，體現了國族構建的本質。[2]

同時，她對中華民族自覺的最初形態也有著墨，認為它自中日甲午戰爭後產生，其最初形態是「種族」自覺。[3]此後，精英嘗試用民族自覺代替種族自覺，這種研究導致了民族認同分化的現象。接著學者們通過反思和認識確立了中華民族一體自覺。這一發展進程顯現了獨具一格的中華民族結構和中華民族一體認同發展趨勢的時代性和歷史性。類似觀點還有：何博認為抗戰時期「民族之敵」的出現和中國共產黨的民族政策調適迎來國家認同高漲和中華民族覺醒；石培玲認為抗戰時期的特殊環境造就了中華民族的現代國家觀念的成熟；鍾天娥認為二十世紀三〇年代嚴重的民族分裂危機促使知識分子的「國家領土主權意識」、「民族命運共同體意識」、「中華民族的文化認同意識」得到空前覺醒；石碧球認為辛亥革

命是近代中國民族國家建構過程的一個重大轉捩點；彭南生認為辛亥革命開啟了中華民族共同體建設的新紀元；曾凡遠、姜愛敏認為「中華民族」的生成和確認與近代保種保國的情境密不可分。

俞祖華認為中國近代融合於世界的歷程是中華民族、國家、文化逐步認清「自我形象」並將之清晰呈現於世界的過程：即在「血緣或種族身分」上形成了「中華民族」。近代中國人的民族、國家、文化認同意識深刻地滲透著中華一體思想的影響，這三種認同間相互影響、借鑑和促進，共同推動了中華民族整體性的提升與加強。[4]

李憲堂通過研究中華民族天下觀的邏輯起點和歷史生成，認為天下觀是中華民族傳統的世界觀，以「天道」和「天命」的形式顯現世界的意義，集中體現為中華民族的價值取向、認知偏好和思想意識。它為中華民族的思想和實踐供給了一個預設性的認知框架，天下觀生成和演變的歷史過程也是中華民族生存實踐深化與展開的過程。[5]

關健英認為夷夏的概念以及夷夏之辨是在中華民族形成的過程中出現的，與中華民族共同體意識的形成相伴始終，夷夏之辨對民族融合並無阻礙作用，反之還對民族融合浪潮推波助瀾，使中華民族的文化認同和共同體意識變得越來越明晰。

胡芮對近代中華民族形態嬗變的思想史進行考察，認為中國民族儘管在歷史上稱謂各異，但「民族」作為一個重要概念維繫著數千年的歷史敘事。在試圖打造中西方、傳統與現代「民族」概念一體化的進程中，中國思想界提出了「中華民族」這一具有國族意義的概念。而「中華民族」作

為一個被建構的意識形態，與傳統「民族」概念存在著從「道德想像共同體」到「倫理實體」的嬗變軌跡，所以傳統「民族」概念本身的道德意蘊應該重新加以重視，同時「中華民族」作為倫理實體的現實形態，在理想國家哲學層面意義上的建構也還處於未完成的狀態之中。[6]

楊文炯認為現代的中華民族正是在歷史上各民族長期在地緣、經濟、族群、政治、文化五大基礎上相互交流交融發展而來，形成了相得益彰的多元文化與一元認同的共生共用的多元一體結構。近代以來中華民族自我意識覺醒，在國家認同的熔鑄中，中華民族這一命運共同體從民族自在走向了民族自覺。傳統文化的顯性結構是在一八四〇年西方入侵前已形成的「多元一體」的中華民族，即現有的五十六個民族；隱性結構是文化價值體系的「一室四間」結構，也就是以儒教為中軸線，結合道教、佛教、伊斯蘭教共組的「四教合一」形態。[7]

烏鳳琴、司廷才從中華民族共同體意識視角研究蚩尤與牛河梁紅山文化的連繫，認為黃帝部落聯盟與蚩尤部落聯盟的對峙是遊牧文化與農耕文化的第一次衝突和融合，從不同角度印證了中華民族同根共祖，是統一不可分的整體。

劉賓研究了古代中原人的西域觀念，他認為中華民族共同體的形成始於穴居草莽的傳說時代，中華民族共同體最初形態在西元前三世紀末已出現。先秦起，西域與中原已有往來，產生了最初的認同意識，這是形成中華民族共同體的深層結構因數。[8]

馮育林、邱明紅在民族政治學視域下研究中華民族思想及其歷史演

變，認為它與變化中的「中華民族」概念界說密切連繫。中華民族思想的每一次大的發展與變化，基本都是一次關於中華民族的大討論，可以把中華民族思想的歷史演變總結為一個緣起—發展—集結的過程。[9]

綜合中華民族共同體歷史問題研究成果，大多數研究都選擇近代時期作為研究的基本時間點，尤其注重對民國時期的研究。這是由於正是在這個時代中華民族開始產生自覺意識，並形成了清晰的中華民族意識和共同體的一體意識。另外，許多學者也著眼於中華民族思想史的研究。

二、中華民族認同和民族群體心態研究

中華民族認同和民族群體心態研究發生了新的變化，一些學者將其與國家戰略相連繫進行研究，如崔海亮以「一帶一路」為背景研究中國跨境民族的中華民族認同，認為「一帶一路」沿線涉及許多居於中國的跨境民族，需要加強這些民族的中華民族認同，促進他們在經濟文化上的交往、交流、交融，以此為紐帶將中國各民族連成一體，共同深化中華民族共同體意識。這對改善與周邊各國關係、保障「一帶一路」實施、打破政治孤立和經濟制裁都將會有重要意義和作用。[10] 李庚倫認為「一帶一路」建設為中國推動邊疆經濟發展和經濟分配、整合民族認同和國家認同、維護社會穩定和國家統一、協調陸地邊疆和海洋邊疆戰略等行動帶來了前所未有的機遇，同時也給中國邊疆治理帶來新挑戰。[11] 必須推動中國邊疆治理體系和治理能力的現代化，增強中華民族共同體認同，主動解決非傳統邊疆安全問題，對外大力宣傳中華民族文化，提升邊疆形態多樣化意識。

　　李智環、陳旭研究了傈僳族的國家認同歷程及其建構，認為其國家認同意識的形成和發展大致經歷了四段歷程，即漫長的「懵懂」狀態、國家意識的「凸現」、逐漸清晰直至明確和鞏固的階段。而目前，傈僳族的國家認同狀況，從總體上說處於良性發展的局面，但不能否認現實層面多種因素的存在也令其受到了一定程度的衝擊甚至弱化。因而需從多方面入手，進一步加強跨境民族對多民族國家的認同感，真正將這一群體統一在中華民族共同體之中。〔12〕

　　趙世林對民族的內聚力和互聚力進行研究，他認為中國民族的凝聚力因生存環境和歷史發展格局的緣故產生不同層次。第一種是「民族互聚力」，它由促使各族成為一體的高層次認同形成。第二種是「民族內聚力」，是由各民族根據自身文化特點和認同意識來源根基形成。這兩種凝聚力雖然各自具有獨特的地理環境和社會機制背景，但共存於一個辯證統一的關係中，所以應加強研究並正確引導、加強各民族的互聚意識，完善民族內聚力向互聚力遷移的社會機制。〔13〕

　　曹海峰認為在全球化語境下，民族認同不止關乎自身成員對本族歷史、文化的回溯、發掘與重構，也觸及各「民族─國家」間的政治、文化的衝突與博弈。面對由於文化霸權和強勢文化滲透造成的對於民族傳統文化的打擊與斷裂，不應僅是「回顧」與「模仿」，更應該進行「創新」與「重構」。必須認真反思「認同危機」與「文化空場」問題，從戰略高度上採取種種措施重構中華民族共同體意識，積極「創新」發展中華民族特色文化，再次「建構」民族文化身分。〔14〕

　　鄒麗娟認為居住在雲南的多種少數民族長期以來受民族遷徙、政治適應、地理環境、貿易往來、文化交往等影響，形成了今天雲南少數民族文化的圓融性特點，它主要表現為宗教文化、習俗文化、政治文化、藝術表現和生態倫理思想等方面的多元一體和互動融合。這一特徵是雲南打造「民族團結進步邊疆繁榮穩定示範區」的文化心理基礎。[15]

　　楊鶤飛的研究聚焦於中華民族共同體認同的理論與實踐，他認為習近平提出「中華民族共同體」的概念強化了中華民族這一概念的實質內核，強調了作為共同體意義上內部各族與國家整體關係的定位。[16] 他認為「培育中華民族共同體意識」的核心，就是建構中華民族「共同體認同」。就性質而言，作為中華民族「共同體的認同」，不但是民族認同，還是國家認同和共同體認同。這一建構行動是整合民族認同與國家認同的邏輯前提，是協調各民族利益的重要機制，是建設各民族共有精神家園的著手點，也是促進少數民族融入現代生活的重要精神力量。關於「中華民族共同體」的認同有四個基本建構路徑：即政治、經濟、文化和社會四個維度共同推進。

三、政策文件和會議精神研究

　　二〇一四年中央民族工作會議後，對有關中華民族共同體意識的政策文件和會議精神進行解讀的研究就迅速展開，這些研究從各方面對中央關於中華民族共同體意識的政策、會議檔進行解讀。代表性成果如下。

　　何文鉅認為想要建設牢固可靠的民族團結根基，除了需要足夠的物質

支援，更需要精神方面的支撐，尤其需要建構強勁的民族向心力、凝聚力。[17] 中央各類會議中推進民族工作的論述，詳細闡述了在新階段構築各民族共有精神家園的重要意義，要將構築各族共有精神家園視同為做好民族工作的重要戰略任務。統一戰線的發展始終與中華民族命運連繫在一起，與中華民族偉大復興息息相關。應培育中華民族共同體意識，發揚中華民族優秀傳統文化，自覺堅持中國共產黨領導，找准統一戰線在中華民族偉大復興中的定位，不斷壯大共同奮鬥的力量。

趙剛、王麗麗的研究中心在中華民族共同體意識政治屬性上，他們認為中華民族共同體不僅是文化共同體，又是政治共同體。中華民族共同體意識的政治屬性工作表現為對國家的認同、對族際關係的認同和對民族社會發展道路的認同。在當前民族主義浪潮和我國民族問題日益複雜的背景下，有必要強化共同體意識的政治屬性。[18]

黃易宇通過研究習近平同仁關於做好港澳臺和海外統戰工作的講話精神，認為港澳臺同胞是實現中華民族偉大復興和國家統一的重要力量，要把港澳問題放在國際鬥爭的環境和中國改革開放、中華民族振興以及祖國完全統一的大勢來看待和處理。[19] 爭取海內外同胞的民心，要在臺灣建立認同一個中國架構的價值觀；在港澳促進國家、民族命運共同體意識；彙聚華人華僑力量，推進祖國現代化建設和和平統一大業。要以大團結大聯合為宗旨，堅持原則底線，為實現中國夢團結海內外的中華兒女。

夏妍研究了中國共產黨對中華民族精神的塑造與引領作用，認為中華民族精神，集中體現「中華民族共同體」的共同性及共同意識，是中華民

族共同體的思想基礎之一。它是中國各族人民在悠久的歷史長河中，尤其是從由我黨領導的新民主主義革命時期以來的革命鬥爭和國家建設實踐中，逐步形成和發展而來的，在中國共產黨的領導下為中國革命成功和社會發展起到正面的作用。它的塑造過程與中國共產黨的馬克思主義民族觀緊密相連，為中華民族共同體構建提供了歷史積澱和現實條件。現時面臨全面建成小康社會、實現中華民族偉大復興的局面，中華民族精神意義重大，民族交往交流交融理念的提出和實踐為其進一步塑造提供了現實基礎，也為中華民族共同體的構建創造了有效途徑。

哈正利認為對我國的民族關係要進行科學的認識和理解，從歷史和現實兩個不同層面理解中華民族的基本特徵和蘊藏在其中的基本理念。無論是述及歷史還是現實，中華民族共同體都在多樣共存、血脈相通、文化共用、經濟互惠、政治一體等五個方面足以印證。「多樣共存」是保護民族平等的條件，「血脈相通」是加強團結的基礎，「文化共用」是保護少數民族文化和凝結民族精神的基礎，「經濟互惠」是發展少數民族和促進各民族共同繁榮發展的基礎，「政治一體」是加強國家認同和維護國家統一的基礎。這五個方面的特徵，不僅深化了各族群眾對「三個離不開」的認識，而且在認識上和心理上為進一步加強「中華民族共同體意識」奠定了厚實的基礎。

馬俊毅認為建構多民族國家共同體必須凝聚人心，以建立和增強人民對「國家民族」和「國家」的認同。多民族國家「民族精神共同體」的關鍵是研究、解讀和在理論上建構「多民族國家共同體」的抽象精神內涵。我國學界過往研究「中華民族認同」和「中華民族精神」只是單一地強調

文化認同，總是局限於民族精神這一傳統概念，沒有在哲學層面上對共同體精神進行擴展與深化。可以嘗試將「民族精神共同體」這一種政治學理論，運用於解釋習近平闡發的建設各民族精神家園和培養中華民族共同體意識的思想，明確中華民族大團結建設的具體目標和路徑。

四、文學影視作品研究

鑒於文學影視作品強大的傳播作用，其中透露著的中華民族共同體意識要素，對中華民族共同體意識培育具有作用。許多學者由此出發對文學影視作品中涉及的中華民族共同體意識及其培育內容進行了分析研究。主要成果如下。

鄒華芬研討了少數民族題材電影中的身分認同表述，認為少數民族題材影片是中國電影史上最為奪目的電影類型，通過揭示特色民族風情和講述觸動觀眾內心的愛情故事表達的同時，也在其中嵌入國家意識形態，借此宣傳介紹了民族政策。這類影視作品使用歌舞、衣飾、語言、景觀、儀式等符號建構身分場景，用階級認同的視角重構他者，圍繞著強調各民族間的兄弟姐妹情誼，從而將各族人民統一在了中華民族共同體大家庭中共同投入社會主義建設。

李興陽、程芳芳側重於研究近十年的少數民族題材電視劇中涉及的邊地敘事，此類作品均涉及漢族與各民族間的關係。邊地敘事中民族關係的藝術表達，不僅體現了民族文化精神，也透露出處理民族關係問題上的價值取向，而且是對各族在各方面不斷交流融合的歷史和現實的寫實描繪。

不論是表現民族和親通婚故事，還是經濟生活場面，抑或是文化生活景象，觀眾都可以感受到中國各族早已形成穩固的政治共同體，都具有歷經數千年形成的大中華意識。

趙小琪對跨區域華文詩歌裡的中國形象進行研究，認為面對所在地主流文化中對中華民族意識的壓抑與誤解，許多華人詩人持有對抗性姿態。[20]他們在自己的詩歌作品裡運用再現式想像，展示了所在地主流文化中塑造中國形象中顯示的意識形態特徵，展現了他們對故鄉的認同，其中包括了民族共同體的歷史記憶、歷史文化符號、文化精神。跨區域華人詩歌形成了一個日趨廣闊的對中華民族共同體的想像空間。

黃偉林對鴉片戰爭以來中國社會大轉型時期的「少數民族文學」進行研究，認為其中的超族別意識的「中華民族敘事」，對中華民族共同體意識的發展具有積極作用。中華民族除了是多民族共同體，也是國家疆域領土共同體，還是歷史文化共同體。提倡超族別意識的全民族敘事需要發掘和體現中華民族全體的共同體意識，中華民族不僅是歷史上形成的不可分割整體，在眼下的現實裡也是命運共同體。中國近現代史和今日中國之實情都顯示著各民族不僅要「各美其美，美人之美」，而且都需要具備超族別意識的中華民族共同體意識。

楊義的研究重點是解讀中華民族共同體的文學文化。他認為在漢族文化和少數民族文化之間，還原文學文化發展的基本原理，亟待建立中華民族文學的完整性、原本性、多樣性、生命性和原創性五種意識。研究中華民族文學文化就必須整合各個少數民族的文學文化資源，使得中原文明所

產生的凝聚力、輻射力與少數民族「邊緣的活力」相疊加，才會使中華文明生生不息。把握這種「內聚外活」的文化力學結構，才能梳理清楚中華文明及其文學發展的結構特徵。

五、培育共同體意識研究

培育共同體意識研究是另一個取得成果最豐富的研究方向，大多數此類研究，都著眼於探索各級各類教育實踐中「培育中華民族共同體意識」的問題。其中最受關注的研究案例便是培育高校大學生的中華民族共同體意識問題。

徐柏才、崔龍燕認為新形勢下加強大學生的民族團結教育，要深刻認識在高校大學生中間大力開展民族團結教育的重要意義，對高校民族團結教育的內容嚴格把關，把努力增強中華文化認同視為高校民族團結教育的根本和關鍵，將培育中華民族共同體意識當作高校民族團結教育的核心內容，進而增強大學生民族團結教育的針對性和實效性。[21]

洪盛志、孫沭沂著重研究民族院校的培育中華民族共同體意識之路。認為應該開展國家觀、民族觀、歷史觀教育，加強中華民族共同體的歷史認同。構建培育和踐行核心價值觀的長效機制，強化中華民族共同體的文化認同，即打造校園文化，培養中華民族共同體的文化意識，踐行社會主義核心價值觀，培養中華民族共同體的政治意識。營建各族學生全面發展的優良環境，強化中華民族共同體的情感認同，即發揚少數民族教師和學生骨幹的作用，創建學生學業輔導長效機制，形成各族師生交往交流融合

的機制。完善和構建民族團結教育體系，加強中華民族共同體的行動自覺，即加強師資隊伍建設，完善理論教育模組，突出民族團結教育生活化，增強針對性，抓好實習實踐實訓，增強真實感受。

張珍認為當前邊疆民族地區大學生民族團結教育在造就「中華民族共同體意識」和加強高校學生對邊疆民族地區發展信心、使命感、責任感等方面存在不足，需要採取相應措施有針對性地促成邊疆民族地區大學生民族團結教育。辦法包括：發掘和利用歷史與現實生活中各民族交往交流交融的文化資源以及黨和國家民族政策的生動實踐，講清楚中華各民族的關係；傳播黨的民族政策的新內容，保證尊重民族特殊性與差異性，但是又不刻意強化特殊性和差異性，強調民族的普遍性和共同性，造就中華民族「一體」意識；加強和改進高校思想政治理論課教育；立場堅定地反對各種不正確思想觀念，增強各族學生區別大是大非、抵擋國內外敵對勢力思想滲透的能力。

包桂芹、包國祥認為社會主義核心價值觀要內化為民族地區大學生的核心凝聚力，外化為他們實現中華民族偉大復興中國夢的實際行動，最重要的是以社會主義核心價值觀教育為載體，挖掘、發揚、傳承民族文化優秀傳統，加強中華民族大團結、中華民族共同體意識、民族團結教育、愛國主義教育，並由此推進民族地區大學生對社會主義核心價值觀認知認同、情感認同和行為認同。

孟凡鵬、吳寶甯、張偉、張利國的研究對培育中華民族共同體意識融入民族院校共青團工作的路徑進行探索，認為需要從社會主義核心價值觀

培育、民族團結教育、促進各民族交往交流交融、推動各民族文化交融創
新四個著力點上發力。

除了培育高校大學生民族共同體意識問題研究外，許多學者對培養中
華民族共同體意識的路徑進行了探索性研究，提出了各自的不同意見。楊
文炯認為對各民族共有精神家園的建設，就是從文化內部在根本上完成對
文化認同深層次問題的解決，更重要的是由建立各民族共有精神家園而來
堅實中華民族偉大復興的文化根基。[22] 徐貴相認為培育中華民族共同體
意識需要做到堅定政治認同、深化文化認同、共築精神家園、宣導包容共
生、融洽民族情感、增強道路自信、加速發展步伐、實現共建共用。蒙良
秋認為應當加強各族人民對中國文化、道路的和制度的認同。共同發揚中
華傳統文化，認可中華傳統文化內在價值，對中國特色社會主義制度和道
路擁有堅定的信念，它們共同統一在實現中華民族偉大復興的大旗下。閆
衛華、邱源泉認為中華民族共同體意識，是指建立在中華民族公民共同體
基礎之上，以中華民族共有精神家園為支撐，各族人民對中華民族「多元
一體」格局的心理共識，其實質是文化認同基礎上的中華民族大團結，培
養中華民族共同體意識需要強調各族人民的公民身分平等，築牢各族人民
的共有精神家園，認同中華民族「多元一體」格局。宋生濤認為我國民族
教育既要放眼全球多元文化教育，也要著眼中華民族多元一體教育框架。
民族地區學前教育地方課程開發，目的在於挖掘學前兒童熟悉的生態環境
知識資源，使課程內容貼近學前兒童的生活，進而通過傳承民族文化，在
學前兒童的思想意識中培植中華民族共同體意識。馬俊毅認為中華民族精
神共同體既有共同性內涵，亦有包容性內涵，這兩大方面缺一不可，而社

會主義核心價值觀能夠貫通共同性內涵與包容性內涵，是塑造現代中華民族精神共同體的連結紐帶與核心價值。

六、結語

「中華民族共同體意識」不是一個主流或主體民族的意識體系，它是一個涵蓋中國各民族的意識體系，是一個多元、立體的意識體系，是中國各民族交往、交流、交融的結果。但近幾十年來，中國學術界出現人為地將中華民族等同於漢族、中華文化等同於漢文化的兩個話語體系的歷史性錯誤，使得中華民族共同體意識及其培育研究缺乏整體理論深度，並不全面和系統，往往只是針對漢人或儒家文化而言，缺乏將中華民族共同體意識作為一個完整統一的話語體系來論證的研究。

中華民族共同體意識研究應當以中國各民族共用文化作為宏大的背景，既要考察在其初創形成過程中的漢文化，尤其是儒家文化對其實際影響和作用，也要討論中華民族共同體意識與其他各民族在價值觀念、世界觀和人生觀方面的連繫。唯有如此才可以貫徹在組成中華民族的各個群體已經被定位為民族的情況下，「不讓一個民族認同本民族的文化是不對的，認同中華文化和認同本民族文化並育而不相悖」。當然，繁榮發展各民族文化，要在增強中華文化認同的基礎上來做，對本民族歷史堅持正確的觀點，不能本末倒置。（習近平在 2014 年中央民族工作會議上的講話）

要將中華民族共同體意識研究置於各民族交往交流交融的大背景中予以全面研究，系統地討論民族交往交流交融對中華民族共同體、對中華民

族共同體意識的意義。這就需要研究中華民族共同體意識的歷史生成，探
討中華民族共同體及其意識的歷史成因；討論多元文化中的各民族歸屬意
識；研究民族間認同，強調不同文化之間的理解、包容與尊重等；同時還
需要研究中華民族的認知基礎，探討中華民族共同體意識的認知基礎及結
構，詮釋中華民族共同體意識的心理基礎。

◎ 參考文獻

〔1〕2014 年習近平在中央民族工作會議暨國務院第六次全國民族團結進
　　　步表彰大會上的講話〔OL〕.（2014-09-29）.http：//news.xinhuanet.
　　　com/politics/2014-09/29/c_1112683008.htm.

〔2〕高翠蓮.孫中山的中華民族意識與國族主義的互動〔J〕.中央民族大學
　　　學報（哲學社會科學版），2012（6）：14-20.

〔3〕高翠蓮.中華民族自覺的最初形態與步驟探析〔J〕.中央民族大學學報
　　　（哲學社會科學版），2007（1）：39-45.

〔4〕俞祖華.近代國際視野下基於中華一體的民族認同、國家認同與文化
　　　認同〔C〕//中國社會科學論壇 2010 史學——近代中國與世界暨紀念
　　　近代史所成立 60 周年國際學術研討會，2010.

〔5〕李憲堂.「天下觀」的邏輯起點與歷史生成〔J〕.學術月刊，2012
　　　（10）：126-137.

〔6〕胡芮.從道德想像到倫理實體——近代「中華民族」形態嬗變的思想
　　　史考察〔J〕.雲南社會科學，2015（4）：43-49.

〔7〕楊文炯.從民族自在到民族自覺——近代至抗戰時期中華民族的覺醒
　　　與國家認同的熔鑄〔J〕.北方民族大學學報，2015（4）：12-15.

〔8〕劉賓.古代中原人的西域觀念〔J〕.西域研究，1993（1）：28-39.

〔9〕馮育林，邱明紅.論近代以來中華民族思想的演變〔J〕.文山學院學
　　報，2016，29（5）：45-49.

〔10〕崔海亮.「一帶一路」背景下中國跨境民族的中華民族認同〔J〕.雲
　　南民族大學學報（哲學社會科學版），2016（1）：35-41.

〔11〕李庚倫.「一帶一路」戰略與中國邊疆治理〔J〕.雲南民族大學學報
　　（哲學社會科學版），2015，32（5）：15-20.

〔12〕李智環，陳旭.滇西北邊境地區跨境民族的國家認同歷程及其建
　　構——以傈僳族為例〔J〕.青海民族大學學報：社會科學版，
　　2015，41（4）：44-49.

〔13〕趙世林.論民族的內聚力和互聚力〔J〕.四川大學學報（哲學社會科
　　學版），2001（1）：121-131.

〔14〕曹海峰.全球化視閾下民族認同與中華文化創新〔J〕.大連理工大學
　　學報（社會科學版），2014（3）：17-22.

〔15〕鄒麗娟.雲南少數民族傳統文化的圓融性及其時代價值〔J〕.貴州民
　　族研究，2016（7）：53-59.

〔16〕楊鶘飛.中華民族共同體認同的理論與實踐〔J〕.新疆師範大學學報
　　（哲學社會科學版），2016（1）：83-94.

〔17〕何文鉅.為實現中華民族偉大復興的中國夢提供廣泛力量支持——中
　　央統戰工作會議精神學習箚記之一〔J〕.廣西社會主義學院學報，
　　2015（6）.

〔18〕趙剛，王麗麗.中華民族共同體意識的政治屬性解讀〔J〕.湖湘論
　　壇，2017（1）：106-112.

〔19〕黃易宇.實現中華民族偉大復興是團結海內外中華兒女最大的公約數——學習習近平同志關於做好港澳臺和海外統戰工作的講話精神〔J〕.中央社會主義學院學報，2015（3）：15-20.

〔20〕趙小琪.跨區域華文詩歌中國形象的再現想像論〔J〕.貴州社會科學，2013（3）：31-38.

〔21〕徐柏才，崔龍燕.新形勢下加強大學生民族團結教育的若干思考〔J〕.民族教育研究，2015（5）：5-11.

〔22〕楊文炯.建設各民族共有精神家園夯實中華民族偉大復興的文化基礎〔J〕.中國民族，2015（3）：112-114.

（原載於《黔南民族師範學院學報》2017 年第 3 期）

建構中華民族共同體認同

打造各民族共有精神家園

汪小麗

　　中華民族經歷了漫長的歷史滄桑巨變，從漢唐的繁榮，近代的崎嶇發展，再到現代中國共產黨的努力探索，每一個歷史時期，都離不開各族人民的同心聚力。尤其在國家危難之時，更顯民族團結奏響的華麗樂章。各民族自古以來相互依存、榮辱與共，直至形成「你來我去，我去你來，你中有我，我中有你」的中華民族共同體。今天，隨著經濟、文化、網路等的快速發展，社會轉型加劇，我們不得不注意到中華民族共同體正面臨著各種思潮的解構。當下，需要加強各個民族的中華民族共同體意識，強化各族人民對中華民族共同體的認同，完善建構中華民族共同體的措施，從經濟、文化、政治等多方面入手。只有如此，才能在各民族之間尋找更多共同的精神源泉，一起打造共有精神家園。

一、中華民族共同體的含義

　　「共同體」這一概念廣泛運用於哲學、社會學和人類學學科中，是用來描述群體的概念，而共同體認同是共同體群體代代延續的紐帶。中華民族是由我國各族人民一起組成的共同體。中華民族共同體的含義體現在兩個方面：一是人的共同體，二是文化的共同體。[1]

一是人的共同體。是世代繁育在華夏大地上的全部民族，以及未識別民族成分的中國國籍的全體中國公民的共同體，另外，也包括加入中國籍的外裔中國人，僑居國外的中國人，所以中華民族是包括今天五十六個民族在內的居住在中華大地上所有民族，以及海外華僑的統稱。

二是文化的共同體。建構中華民族共同體，要加強文化自覺與文化自信，以博大精深、歷史悠久的中華文化為其核心，而各民族在長期的歷史文化積澱中形成的價值共識是中華文化的內核。如今，中華民族在尊重差異、容納多樣的文化發展中，呈現出百花齊放的文化生機。各民族豐富多彩的節慶、婚俗、禮儀、習俗等文化交融與共用，以漢語為國家通用語言文字，形成了以愛國主義為主的民族精神，為建設中國特色社會主義築民族之魂。

千百年來，無論歷史的車輪如何快速前進，時代如何快速發展，各種建構主義如何興起，中華民族都是不可分裂的「多元一體」格局。[2]有多元才能組成一體，一體又包含了多元，二者是辯證統一的關係，你中有我，我中有你。建構中華民族共同體認同，就要在你我二者中尋求共同的利益標準，建立共同的價值準則，在不同利益中進行相互調解，直到形成共識。

二、中華民族共同體認同的建構途徑

（一）深化中華民族文化共同體認同

文化是民族的根和魂，只有根深，一個民族才能立於風中而不倒；只

有魂聚，一個民族才能在多種思潮衝擊下而魄不散。中華文化歷史悠久，在五千年歷史的積澱和熔鑄中成為各民族共有的家，失去了這個家，於民族、於個人便都失去了生活的意義和歸宿。「加強中華民族大團結，長遠和根本的是增強文化認同，建設各民族共有精神家園，積極培養中華民族共同體意識。」[3] 深化中華民族文化認同，是建構中華民族共同體認同的根本。

1. 正確認識中華民族文化「多元一體」的格局和特色

我國各民族在分布上交叉相錯，長久以來都是集聚、雜居；在經濟上貿易往來，取長補短，從來都是互惠、互助的關係；在文化上相互借鑑，博採眾長，在歷史的演變中你我交融，形成互相離不開的「多元一體」格局。對中華民族文化共同體認同的加強，要堅決杜絕「多元」與「一體」關係的分裂。目前，對於中華文化的認識出現以下幾種錯誤傾向：一是求異性。即片面誇大少數民族文化的特色，只認同本民族內的族群文化，否認與中華文化的關聯性。二是淺表化。一方面僅僅對民族服飾、飲食、歌舞等有淺顯的認識，缺少對各民族文化精華和內核的認識；另一方面，欠缺對各民族文化與中華文化、各民族文化之間內在關係和共同性的深層次認知。三是窄化。認為儒家文化或漢族文化才是中華文化，沒有認識到中華文化的海納百川，甚至以漢族文化稱謂中華文化，這也影響少數民族群眾對自身文化的全面認識。[4]

2. 要在多元文化中求同存異

「求同」，即在多元文化中尋找共同點，求最大公約數，並作為各民族交流、和諧相處的基礎；「存異」，就是要學會尊重、包容和欣賞各民

族文化的不同點，可以通過民族文化通識教育，讓各民族增強了解和學習，從而達到「各美其美，美美與共」的和諧發展。中華民族文化共同體的建構，要在各民族文化共識和相互包容的基礎上，也就是說中華民族文化共同體的建構要以求同存異作為價值導向。

3. 進一步加強雙語教育

隨著現代化的進程，在一個國家中，有自己語言文字的少數民族怎樣融入經濟和社會發展事業中，並能在各領域中有很好的發展，對於民族平等和鞏固國家統一有重要意義。雙語教育是適應現代生活最基本的要求之一，是構建各民族共有精神家園的必然要求。民族語是民族文化的載體，語言本身就是文化的重要組成部分，因此，一是要培養大批民漢兼通的各類人才，能為少數民族地區各項事業的順利進行提供智力支援，但需要注意的是絕不是取消民族語言。二是促進各民族互相學習語言文字，有利於促進交流和溝通，便於獲取更多的文化資訊，也意味著擁有更加豐富的精神文化生活，也必將有利於各民族共有精神家園的構建。

在實施雙語教育的過程中，需要著力改變「少數民族學漢語，而漢族不學少數民族語言」的單向語言學習模式。另外，需要不斷補充和提高少數民族語文等相應教材和課外閱讀物的數量和品質，這是提高民族語文教育和努力傳承少數民族文化的必要條件。[5] 為此，我們也要堅持實事求是的科學態度，在實踐中不斷總結經驗，根據不同地區的不同語言環境，制定因地制宜的教育模式。

（二）強化中華民族政治共同體認同

建設繁榮富強的社會主義現代化國家，實現中華民族的崛起是我們各民族的義務，只有在意識形態領域裡充分認同這個國家，才能與國家融為一體。自新中國成立以來，就在少數民族地區實行了符合我國國情的民族區域自治制度，以及相關的促進民族地區發展的優惠政策，各民族一起同呼吸共命運。不過，隨著全球化的發展，我國的社會轉型，在各民族對國家政治共同體認同的背後，也不斷出現影響國家政治共同體認同的不良因數。為了深化各民族對國家政治共同體的認同，應儘快調整和完善民族事務治理模式，促進各民族真正從心理上對中華民族的認同。[6]

1. 從治理能力和治理體系現代化的角度，採取符合中國國情的民族事務治理模式

中華民族是「多元一體」的格局特色，多個民族可謂「各有百態」，如若不能正確視之，很容易由個人到群體引起利益衝突，影響社會穩定和長治久安，不利於形成社會和諧的民族關係。因此，必須從中華民族共同體建設出發，以各民族的共同利益為主，凝聚各民族共同認同的價值共識，提供各民族共同的利益載體，以此推動各民族共同繁榮。

2. 調整在政策和制度方面所帶來的影響，弱化民族「特殊性」，增強法制建設

我們國家在民族事務治理中，一向十分注重對少數民族的關懷，並因此出臺一些特殊的照顧政策，這些做法出發點是好的，在一定程度上促進了少數民族的政治認同。但隨著社會的發展，在民族問題、社會問題上出

現混淆，影響對少數民族地區事務的治理。因此，隨著城鎮化的深化，各族群眾都應以公民身分享有自身的權利和利益，這一點應是各族人民都應該認識到的。由上至下，不可大肆強調民族之間的區別，不應片面地宣傳對少數民族群眾的所謂「特殊照顧」，應避開給他們扣「特殊公民」的帽子。

（三）促進中華民族經濟共同體認同

在歷史發展的各個時期，中華民族各民族間在貿易上的相互往來、互通、相互依存就從未停止過，而且隨著社會的演變還在不斷加深，促成了「互相離不開」的經濟利益共同體的局面。各民族經濟的共同發展是根本工作，這能為鞏固中華民族共同體認同提供深厚根基。自改革開放以後，針對民族地區經濟發展落後、經濟基礎薄弱、經濟發展不平衡、貧富差距大等情況，黨和國家實行了一系列扶助西部大開發的政策和規劃。在國家的領導下，兄弟省市的幫扶下，還有民族地區自力更生的不懈努力下，民族地區的自身造血能力不斷提高，人民群眾的生活條件日益改善，經濟交流更是日益頻繁，相互依存度增加。在中央民族工作會議上，習總書記指出，民族地區要實現跨越式發展，這需要進一步加強各民族對中華民族經濟共同體的認同，提高民族地區自身發展能力，實現經濟總體水準的提高，確保民族地區同全國一道奔向全面小康。

1. 充分利用「一帶一路」倡議給少數民族和民族地區帶來的發展機遇，培養少數民族發展的動力，促進各民族經濟結構均衡

自習近平總書記提出「一帶一路」倡議以來，越來越引起各個地區和

國家的重視，並賦予其新的時代內涵，即「裝舊酒的新瓶子」。[7] 在古代，絲綢之路就是一條貿易、經濟發展之路，溝通東西，乃至國外，從張騫出使西域再到鄭和七下西洋，這從來都是一條蘊藏商機之路。在這條路上沿線經過很多少數民族地區，陸路上比如甘肅、內蒙古、新疆、青海等地，海路上與雲南、貴州等少數民族區域有緊密連繫。西北少數民族地區可以充分利用新疆絲綢之路經濟帶核心區的優勢，促進與中亞等周邊國家的交流合作；西南少數民族地區可以憑藉貴州、雲南等地的優勢，建成面向南亞、東南亞的經濟輻射中心。[8] 要實現少數民族地區的整體發展，需要緊抓「一帶一路」倡議所帶來的機遇，搭乘「一帶一路」前進的順風車，不僅有利於經濟的發展，而且對於生態文明的建設將大有裨益，能促進實現區域均衡發展。

2. 發達地區與民族地區要協同建立起合作共贏的經濟發展模式

毋庸置疑，發達地區長久以來的支援，給了民族地區經濟發展的強大外在動力。但是，民族地區不僅地域遼闊，而且資源豐富，有著大量的礦藏資源、水系資源、文化資源，以及豐富的動植物資源和旅遊資源，對於國家的經濟發展有著至關重要的意義。在漫長的歷史中，由少數民族所創造的豐富的、獨具特色的民族文化在中華文化中扮演著重要的角色，也是國家軟實力提升的強勁推動力。因此，為了進一步建構中華民族共同體，在對口支援過程中，不應只強調東部對西部的支援，更要注意到是雙向互動的關係，在資源和產業方面互利互惠。[9] 應推動各民族不斷加深「誰也離不開誰」的經濟共同體認同，在經濟上形成緊密連繫的「三個離不開」局面。

（四）加強中華民族社會生活共同體認同

各民族在長期的相處中，中華民族大雜居、小聚居的居住特點，形成了在生活、情感上不斷緊密的共同體。但由於文化上的差異、風俗習慣不同等因素，各民族在日常相處交流中總是存在芥蒂和隔閡，這些因素在一定程度上弱化了中華民族社會生活共同體的形成。隨著經濟發展的加快，現代化智慧推動社會朝前發展，城市儼然成為民族交流交往加深的重要平臺。所以，在當前要把加大城市民族工作的力度作為民族事務治理中的重要工作，借助城市這個平臺來擴大民族間的交融。

1. 推動少數民族流動人口適應現代城市生活

隨著科技的發展，農業機械化的普及，機器代替人力勞動成為一種趨勢，由此所帶來的是農村剩餘勞動力的不斷增多。由於農村與城市的差異，其生活習慣和行為方式不同，少數民族群眾來到城市就業、生活，由於原有價值觀念的根深蒂固，難免會有不適應的問題。[10]要解決這個問題，就要從心理層面入手，要讓少數民族流動人口打心眼裡想居住在城市，這樣在城市建設中，他們才能認為自己是其中一分子，才會積極熱情地參與其中，從而推動建立和諧社會的進程。因此，要通過引導少數民族流動人口在心理層面上的認同，從而建立中華民族社會生活共同體認同，真正從精神層面減少少數民族在城市生活不適應等尷尬問題。[11]

2. 完善城市多元公共文化服務設施建設

在當前社會結構和社區環境嵌入式特點中，多民族居住生活在一起，這就決定了在少數民族地區城市中，要針對城市居民居住的特點，建設豐

富多樣的公共文化，在基礎設施上注重實用性，儘量滿足各族群眾的不同需求。在開展民族文化活動上也要豐富多樣，比如社區文化交流會、民族文化藝術節、趣味知識競賽等。促進各民族對中華民族共同體的認同，在社區無論是民族之間，還是個體之間，都應實現精神上的欣賞和認可，這種認同可以引起「蝴蝶效應」，從社區的影響帶動整個城市社會，從而形成有利於增強中華民族凝聚力的和諧社會氛圍。

3. 從點滴生活中的小事抓起，以促進各民族交往交流交融為關鍵，培育各民族在共同生活和工作學習中做到「六個」相互

多營造有利於民族交流的環境，建立交往的平臺，提供交融的載體。充分利用嵌入式社會結構和社區環境，通過資訊的廣泛傳播、市場一體化、人口流動等多種因素促進文化、經濟和社會嵌入。各民族尊重差異、包容多樣，無論是誰，哪個民族，在對外交往的過程中都要充分認識到多樣性，在差異的基礎上凝聚共同性，最終求最大公約數。

三、建構中華民族共同體認同，對建設各民族共有精神家園具有重要意義

中華民族共有精神家園是中華民族對「家」所懷有的那種精神家園感，進一步來說，是中華兒女對中華民族的歸屬感、幸福感和自豪感，是共有的精神依託。在解決民族問題時，我們不僅要注重物質方面，更要加強精神層面的建設。正如一個人，如果物質生活滿足了，沒有精神寄託會感到空虛，一個民族、一個國家也是這樣，物質條件提高了，沒有配套的精神層面的提高，社會是不和諧的。各民族共有精神家園是民族彰顯生命力的源泉，是增強凝聚力的精神紐帶，更是中華民族共同體認同的精神歸

宿。其難點在於它是屬於精神文明建設範疇，所以在實際工作中要重點抓落實，不要只流於形式，或者大話、空話，而缺乏有效的實際行動。

建設各民族共有精神家園的核心在於協調好個人、民族與共同體之間的利益，中華民族共同體的認同感越強烈，越能減少民族間的利益衝突，認同的力量也能夠激發強大的凝聚力，使各民族擰成一股繩，在利益面前能夠更多地達成一致，形成利益共同體。

建構中華民族共同體的認同，是打造各民族共有精神家園的核心任務，對於建設各民族共有精神家園具有重要的意義。只有培育各民族對中華民族共同體的認同，使中華各民族成員都認識到我們「同屬於一個國家」、「各民族是一家人」，直到這種共同體觀念成為每一個中華兒女的精神因數，凝聚成一股強大的精神力量，只有具有這樣堅實的基礎，各民族共有精神家園建設才能無堅不摧。毋庸置疑，建構中華民族共同體認同對於打造各民族共有精神家園具有重要意義。

參考文獻

〔1〕沈桂萍.怎樣認識和把握中華民族共同體認同〔J〕.中國統一戰線，2015（7）.

〔2〕費孝通.中華民族多元一體格局〔M〕.費孝通民族研究文集新編（下卷）.北京：中央民族大學出版社，2000：251.

〔3〕習近平在中央民族工作會議上的講話〔N〕.人民日報，2014.

〔4〕孫秀玲.正確認識「多元一體」是培養中華民族共同體意識的關鍵〔J〕.紅旗文稿，2016（10）.

〔5〕馬戎.從現代化發展的視角來思考雙語教育〔J〕.北京大學教育評論，2012（10）.

〔6〕朱碧波.論中華民族共同體的多維建構〔J〕.民族問題研究，2016（1）.

〔7〕馮維江，徐秀軍.一帶一路——邁向治理現代化的大戰略〔M〕.北京：機械工業出版社，2016：2.

〔8〕納文匯.「一帶一路」建設和重構新南方絲綢之路語境中的宗教文化建設與調試〔J〕.雲南社會科學，2015（3）.

〔9〕朱碧波.論中華民族共同體的多維建構〔J〕.民族問題研究，2016（1）.

〔10〕楊鵾飛.中華民族共同體認同的理論與實踐〔J〕.新疆師範大學學報，2016（1）.

〔11〕賈磊磊.構築文化江山——中國國家文化安全研究〔M〕.北京：中國廣播影視出版社，2015：64.

（原載於《黔南民族師範學院學報》2017 年第 3 期）

民族身分認同與文化遺產保護

——苗族史詩《亞魯王》田野調查筆記

吳正彪

在中國這樣一個多民族的國家裡，不同的民族或族群從遠古時代起就早已經存在。儘管「民族身分」的獲得在名稱上遠遠落後於現在所界定的五十六個民族，但「我是誰？」「我從哪裡來？」「我們的祖先留下的是什麼樣的文化遺產？」等觀念隨著經濟全球化浪潮的不斷衝擊，不同文化群體的人們已經深深地感受到多元文化對人類社會發展與社會進步的重要意義。為此，一個民族或族群在其身分得到認同的過程中，文化遺產保護逐漸成為大家眾望所歸的自覺理念與述行性追溯。

如何理解「民族認同」？這一術語的概念包含哪些內涵和外延？對此，中國民族學家張海洋教授在其論著《中國的多元文化與中國人的認同》一書中認為，「中國語境中的民族認同大致包含三層含義：一是國內各民族的內部認同，是為族群認同（ethnic identity）；二是國內各民族之間的整體認同，是為國民認同（national identity）；三是跨國的中外籍人士（包括海外華人）對中國歷史文化或文明的認同，是為文化認同（cultural identity）。」[1] [P1]那麼，民族身分認同對文化遺產保護有著什麼樣的影響？在此，筆者結合多年來深入苗語西部方言區（又稱「苗語川黔滇方言區」）開展的苗族英雄史詩《亞魯王》田野

調查實踐個案，就「民族身分」、「文化認同」與「文化遺產保護」等問題做一些討論，有不當之處，請方家予以批評指教。

一、「誰的文化遺產？」：從「文化身分」看遺產的民族性（或族群性）歸屬問題

關於「遺產」這個詞，在《現代漢語詞典》中是這樣解釋的：「①死者留下的財產，包括財物、債權等。②泛指歷史上遺留下來的精神財富或物質財富。」(2)(P1535) 也就是說，遺產是有歸屬性的。它可以是一個國家、一個民族、一個地區、一個家族或一個家庭所共有，也可以是某一個人的私有物。而在學術界看來，「所有自然存在、歷史存續的事物，都可以稱為遺產」。在他們看來，「遺產」這個詞具有兩個層面的意義和解釋：「一是那些已經存在或可以繼承和傳續的事物；二是由前輩傳給後代的環境和利益」。(3)(P1-2) 那麼，「文化遺產」又如何理解呢？中國學者賀雲翱認為，「所謂『文化遺產』，是指由先人創造並保留至今的一切文化遺存，分別被表述為物質文化遺產、非物質文化遺產、文獻遺產和文化景觀類遺產等。它是一個地區、一個民族或一個國家極為重要的文化資源和文化競爭力的構成要素。」(4)(P127) 儘管文化是人類在世代傳承中後天習得的，但文化遺產作為一個具體的物件，必須是在彼此相互認同其文化共性的基礎上去實現它的主體歸屬。如在苗族的靈魂觀念中，認為一個人死後要有三個靈魂：一個靈魂留在家裡，和自己的親人朝夕相伴，正是因為有這個靈魂的存在，每當家裡面過節或平時有客人來時，一家人在有好吃好喝的時候，吃飯前要滴上一點酒、掐上一點肉和飯食在地上（也可以在桌子上

面）敬祭「隱藏」在「暗處」的靈魂，然後一家人才開始正式吃飯；另一個靈魂留在安葬死者的墳墓裡，每當家裡面有人生病或者遇到災難時，就由一個或數個年長者帶上一些酒肉等祭品到墳墓前祭奠，並說明來意，請守在墳墓裡的靈魂幫忙驅邪消災，讓病人早日康復或讓碰上災難的人早一些渡過難關；還有一個靈魂則在死者去世後就追隨先祖的足跡回到祖先的故地，為了不讓死者迷路，每個家庭在安葬死者時，都要請祭師給死者「開路」，唱《指路辭》，交代如何行走才能夠到達故地與祖先們相聚。在貴州麻山地區，在給死者「開路」唱《指路辭》後，歌師（當地苗語稱為「董朗」）還要唱誦《亞魯王》史詩，講述英雄祖先的歷史。

在喪葬儀式中為死者「開路」唱《指路辭》，這是苗族傳統文化中被普遍認同的撫慰生者中較為常見的一種民俗活動。《指路辭》在苗語川黔滇次方言中稱為 Ngoux khuab Ged，Ngoux 在這裡有「辭」、「（歌）經」、「（像詩一樣語言的經典）詞」等，khuab 的原意指的是「客」或「客人」，在這裡引申為「行走」、「指引」的意思，Ged 在這裡指的是「道路」、「方向」的意思；在麻山次方言苗語中稱為 Jed gand，這裡的 Jed 也是指「指引」的意思，gand 在這裡也是「道路」、「方向」的意思。這一專用術語詞與惠水次方言、貴陽次方言、滇東北次方言以及黔東方言等相關活動和用語基本類似。《指路辭》的內容主要是講述祖先的創世歷程和遷徙經歷。如雲南省文山州的《苗族指路經》，敘述的內容從「遠古的人類（Zhif renx yenb）」的「溯源尋流（Nongs Muab Nongb Nenb）」、「生兒育女（Dot Dob Dot Gid）」、「姬奪打江山（Jid Dox Ndouk Ndox）」到「尋找祖宗（PUB BOX PUB YEUF）」。[5][P127] 無論是已經搜集整理出版的《苗

族指路經（辭）》，還是在實地調查記錄到的田野第一手資料，我們看到，各地苗族的這種《指路經（辭）》在文化範式上基本是一致：對於遠古時代祖先的唱誦是必不可少的，只是關於英雄祖先的故事到了不同的方言、次方言、土語以及家族支系中因其所處的社會歷史過程不同和唱誦語境的差異，從而在內容上略有變化。伴隨著相關儀式的這種敘事結構，在苗族傳統社會生活中的這種「根」性認同不僅體現了一種文化歸屬感，而且也在傳承過程中增強了自我的文化保護意識。為此，每個村寨、家族都培養有自己的歌師。在苗族人看來：dail diul ax niox dud，dail hmongb ax niox jad（漢族人離不開書本，苗族人離不開「佳理辭」）。而作為苗族傳統文化的「佳理辭」，則要世代相傳，生生不息。也就是說，苗族對本民族的主體文化的認同，不僅有來自母語表述的認同，同時也有來自本源文化的認同，這些認同使他們深深地感受到「我者」與「他者」的文化區別，因而是可以保持傳承下去，並以此說明自身的「身分」的。至於那些外來的文化，雖然對苗族的社會生活有時也會造成一定的影響，但無論其在表述上再怎樣優美，在作為短暫的娛樂之後是隨時可以揚棄的。

二、從父系血緣親家族認同到的民族的文化認同：關於苗族英雄史詩《亞魯王》的「宗族身分」認同問題的討論

　　在流傳苗族英雄史詩《亞魯王》較為完整的貴州麻山地區，這裡的苗族雖然現在已經分成楊、梁、陳、吳、金、謝、林、韋、羅、黃、岑、魏、班、王等不同的漢姓姓氏，但在當地苗族人看來，大家都認為自己是「亞魯王」的後裔，這種姓氏和婚姻關係是後天建構起來的。在史詩中就曾如此唱到：

Yangb luf puaf yangb luf gux ob nengb dongb zhad gux ob ngab Suob

亞魯的十二個女兒嫁到了十二個村寨，

Yangb luf puaf yangb luf gux ob nengb jid zhad gux ob ngab Rongf

他的十二個兒子到十二個地方去建村立寨，

Yangb luf duod nggob jingb tuof mongl tuof qeus mengl seud tuof qeus

mengl chongf [1]

大兒子「國精托」去娶「雀美瑟雀美寵」做老婆，

Duod bub lens duod bub luf tuof bub said

才養育「布冷布綠」娶了「布賽」做老婆，

Bangb suob nax njingb

他到「納經」的地方去安家，

Njiengf hluof rongs peul jing

他到「培京」的地方去落戶。

Yangb luf duod yangb luf dongb nggob jingb tuof hluof had hnengd

亞魯的二兒子「國精托」到哪裡去了？

Yangb luf lul duod nggob jingb droub mongl ndroub les nggob

他的兒子「國經周」又到哪裡去了？

jingb droub mongl ndroub xerj

「經周」又到哪裡去做官？

1　「國精托」娶了「雀美瑟雀美寵」，生了「布冷」，「布冷」生了「布綠」，「布綠」娶了「布賽」，到「羊魯」曾經的「國土」：「梭納經容培京」的地方去復仇了。從「羊魯」到「布綠」已經有了四代，即「羊魯」是「布綠」的祖爺爺。

Ndroub lex hluof rongl hax ranb wuf luf [1]

他到名叫「哈讓烏陸」的地方去做官，

Hluof suob hax qiangf biand ngaib [2]

他到「哈姜邊蓋」的地方去做事，

Yangb luf duod wangx jingb droub hluof nid lex [3]

亞魯的二兒子「國經周」就在那裡。

Yangb luf lul duod hlangb jingd duod hlangb jik

亞魯的三兒子是「夯金得夯佳」，

Blanb jind duod blux njak

是他養育了「斑境得布甲」，

Bangb suob has pongf

他到「呵迫」去安家，

Blongf hluos danb hongf bongb [4]

他遷到名叫「宏崩」的地方去落戶。

Yangb luf lul duod ranb jingb hleuk

亞魯的四兒子是「冉金樂」，

Ranb jingb hleuk duod blangb dus

1　「哈讓烏陸」，地名，指紫雲、安順。

2　「哈姜邊蓋」，地名，指貴陽。

3　「王經周」指同一個人，即「國經周」。

4　「呵迫」、「宏崩」，地名，指紫雲縣格凸河入口處苗寨。

是他才來養育「郎督」，

Blangb dus duod blangb yink

「郎督」生育了「郎印」，

Blangb yink duod blux jiod

「郎印」才來生育「魯炯」，

Blux jiod bangb suob xid luos

「魯炯」最後遷到了名叫「希洛」的地方去安家，

Njiengf hluof rongl xid npof [1]

是他搬遷到名叫「希迫」的地方去落戶。

Yangb luf duod wangx jingb pif

「王精皮」是亞魯的第五個兒子，

Wangx jingb pif xex pif had laib bcngd

「王精皮」每天都去山林裡悄悄躲著射猴子，

Wangx jingb pif lex pif had pel bongd

「王精皮」每天都去河岸邊悄悄站著刺插河裡的魚。

Bongd seud bongd suob nax njingb

他來到一個叫做「納經」的地方狩獵，

Bongd chongf pongd rongl peul jingb

他來到一個叫做「培京」的地方打獵，

Bongd hluob bongd suob nax bux

1　「希洛」「希迫」，地名，意指住在河岸上的寨，已不知其具體指什麼寨。

「納布」是個獵手雲集的地方，

Bongd maid bongd rongl mix gux

「秘谷」村是一個鬼怪妖孽活躍的地方，

Has songs seud xeud suob nax njingb[1]

仇恨起源於「納經」，

Has songs zhongf xeud rongl peul jingb

戰爭起源於「培京」。

Yangb luf lul duod ngganb jingb gux

「南京骨」是亞魯的第六個兒子，

Duod pas jingb hlongb

「南京骨」養育了「帕金隆」，

Duod pef jingb hlongb

「帕金隆」生了「佰京洪」，

Fuod hlongb reif

「佰京洪」生了「隆日」，

Duod hlongb pos

「隆日」生了「隆頗」，

Bangb rongl huob has yangx[2]

「隆頗」最後搬遷到「蓉火哈陽」的地方去定居。

1　「羊魯」與「契陽」戰爭時的仇恨。

2　「蓉火哈陽」，音近「洛河壩羊鄉」。

Yangb luf duod sahib qil hlex

「塞企河」是亞魯的第七個兒子，

Sahib qil hlex duod yef nged

「塞企河」養育了「樂鴿」，

Yef nged duod yef mok

「樂鴿」生了「樂貓」，

Yef mok duod wangb gongb ximgf

「樂貓」生了「網宮星」，

Wan gb gongb xingf duod wangb gongb derx

「網宮星」生了「網貢德」，

bangb suob bux duod max yangd

「網貢德」最後遷居到「布多麻佯」的地方去。

Yangb luf lul duod shib dex laix

「晒德賴」是亞魯的第八個兒子，

Duod tes deb res

「晒德賴」養育了「特地熱」，

Duod tangs deb rangf

「特地熱」生了「唐得讓」，

Duod laib hongf

「唐得讓」生了「蘭鴻」，

Duo wuf hongf

「蘭鴻」生了「烏鴻」，

Duod hongf longx

「烏鴻」生了「鴻龍」，

Duod hongf pongf

「鴻龍」生了「鴻樸」，

Duod wangd qis nias

「鴻樸」生了「旺齊娘」，

Duod wangd jinb roud

「旺齊娘」生了「網金若」，

Bangb suob bangb hlex njcrb

「網金若」最後搬遷到「邦勒雞」去定居，

Yangb luf duod sahib dex laix hluof had nid lex

亞魯依然與兒子晒德賴住在一起。

Yangb luf lul duod nggangx tais mas

「昂臺麻」是亞魯的第九個兒子，

Duod nggangx tais roud

「昂臺麻」生了「昂太柔」，

Duod jid yef

「昂太柔」生了「雞樂」

Duod ouf yef

「雞樂」生了「鵝樂」，

Duod ched jinb

「鵝樂」生了「車精」，

Duod led lif

「車精」生了「勒利」，

Duod ched jiangd

「勒利」生了「車江」，

Duod huob hmeis

「車江」生了「惑們」，

Duod blanb yongf

「惑們」生了「班俑」，

Duod bod nengf

「班俑」生了「博能」，

Bangb suob pliengf nggob ses hlex

「博能」最後遷到「蓬郭色何」的地方去，

Yangb luf duod nggangx tais mas hluof nid lex

亞魯依然與兒子昂臺麻住在一起。

Yangb luf lus duod qiangs bux laf

羌布垃是亞魯的第十個兒子，

Duod jif bux jinb

「羌布垃」養育了「雞布景」

Duod jif bux jiod

「雞布景」養育了「雞布久」

Duod les bias

「雞布久」養育了「樂岜」

Duod les plengl

「樂岂」生了「樂鵬」，

Duod laib npeik

「樂鵬」生了「藍噴」，

Duod yuf pod

「藍噴」生了「魚珀」，

Bangb suob dongb ngongd

「魚珀」最後遷到「梭東宮」去定居，

Njiengf hluof rongl dex rangb daf

他到「得讓達」村去落戶，

Yangb luf duod qiangs bux laf

亞魯跟著兒子羌布拉，

Duod jif bux jinb hluof had nil lex

羌布拉要到雞布景去安家，

Yangb luf lul duld qiangs bux laf hluof nid lex

亞魯也跟著羌布拉到雞布景去定居。

Yangb luf lul duod qiangs xiangs

「羌陽」是亞魯的第十一個兒子，

Duod qiangs sef

是他養育了「羌瑟」

Duod qiangs lef

「羌瑟」生了「羌勒」

Duod qiangs yuk

「羌勒」生了「羌友」

Duod jerd yingd

「羌友」生了「階運」

Duod wangb luos

「階運」生了「網洛」

Duod shouf qis

「網洛」生了「獸奇」

Duod and yob

「獸奇」生了「安約」

Duod bod tongl

「安約」生了「博洞」，

Duod bod yangx 」

「博洞」養育了「博佯」，

Duod bod bingb

「博洞」生了「博餅」，

Duod jiud xins

「博餅」生了「久欣」，

Bangb suob bux nggous bux wof

「久欣」遷到「布狗布鵝」去定居，

Njiengf hluof rongl bux nggous bux wof

他搬到「布狗布鵝」去落戶。

Yangb luf duod qiangs bux laf hluof nid lex

亞魯也來到羌布拉安家。

Yangb luf lul duod bib donk

羊魯的十二兒子「畢東」，

Duod xerf yob

「畢東」生了大兒子「解樂」，

Duod xerf kas

「解樂」生了「解卡」，

Duod xerf hlel

「解卡」生了「解肯」，

Duod njianb huangs

「解肯」生了「階芒」，

Duod njianb quf

「階芒」生了「階秋」，

Bangb lex suob hmangs tons

「階秋」遷居到「梭麻峒」去安家，

Njiengf lex hluof rongl yid laib [1]

他搬遷到名叫「容依賴」的地方去落戶。

Yangb luf duod bib donk duod xerf yob hluof nid lex

「畢東」的二兒子是解樂，

Yangb luf lul duod bib donk

1　「梭麻峒」、「容依賴」，均系苗語地名，漢語意譯有「適宜人聚居的村寨」、「地域」之意。

畢東也是亞魯的後代，

Duod laib drans

解樂生了「藍站」，

Duod dux roux

「藍站」生了「奪若」，

Duod yef as

「奪若」生了「樂阿」，

Duod yef ouf

「樂阿」生了「樂歐」，

Duod hlangb truos

「樂歐」生了「郎朵」，

Duod hlangb lis

「郎朵」生了「郎莉」，

Bangb hnongb suob pongb nab dib

「郎莉」最後搬遷到「梭崩那笛」去住，

Njiengf lex hluof rongl berk jiab

是他來「容變假」這個地方安家。[6] (P4)

這是一幅「宗族身分」認同的重要族譜譜系，而從這個父系血緣宗族的族譜認同到民族的文化認同中充分地說明了苗族的這種親情倫理建構一直在整個民族的社會生活中發揮著道德規範的「根」性作用。二〇〇七年夏天，筆者在東南亞的一些苗族村寨做田野調查時，在調查點，當地苗族通常都會用這樣一些苗語來問你：koj yog hmoob？（你是苗族嗎？）koj hais lo hmoob tsis hais？（你會說苗族語言嗎？）koj lub xeem yog xeem dab tsi？（你姓什麼？）首先是語言和民族的認同，然後才問你「姓什麼？」去建立這種「宗族身分」的認同。我在老撾川壙省一個姓吳的苗族家庭，在確定了「宗族身分」的相同性之後，對方拿出他們的族譜逐一講解給我聽，說明我們之間的「同根」關係，而這種族譜的唱誦通常要在喪葬儀式的《指路經》中唱誦出來的，當然，這其中也講到我們的英雄祖先《亞魯王》是如何帶領我們走出困境、獲取新生的歷史過程。在這裡，民族認同與語言認同是一致性的，每個苗族人在自己同胞面前要表明自己的 hnoob 身分，那是一種自在的來自內心深處的民族情感。這種「民族屬性」不僅體現的「是一種特殊類型的文化人造物（cultural artefacts）」〔7〕（P43），同時也是「情感上的正當性」的自我文化表述。

在人類社會的發展史中，文化認同是身分認同的重要基礎，而這些「認同」又是以一定的「共同性」為前提的，如：（1）血緣的共同性；（2）精神依賴的共同性；（3）政治或宗教信仰的共同性；（4）財產擁有的共同性（實際上是資源佔有的共同性）等等。也就是說，在不同的國家、地區、民族或族群，其社會的結構是由多層次的「共同體」所組成的，而這個「共同體」又是某種「認同」關係的組合。對於這種「共同體」，在社會學家看來，「關係本身即結合，或者被理解為現實的和有機的生命——這就是共同體的本質，或者被理解為思想的和機械的形態——這就是社會的概念。」〔8〕（P43）人類社會就是這種依託於文化與生存環境建構並編織起來的「網」，而這樣的「網」又因不同的文化認同關係形成了大大小小不同類型的人類聚積「群」。要維護這樣的「群」得到持續發展，保護自己

長期積澱起來的「群」的文化傳統，這樣的「文化自覺」，實際上是在為自我文化安全意識的保護提供一種以身分為依託的自在性防護措施。

三、社會記憶與文化建構：國家非物質文化遺產保護政策背景下民族文化認同的回歸

近年來，在學術界的話語討論中開始用到了「國家在場」這個詞。這裡所談的「國家在場」，通常指的是「國家與市民社會、國家政權建設與鄉村社會、國家與民間信仰、國家與宗族等互動關係」。[9]（P42）事實上，二十一世紀以來的「文化遺產保護」運動的興起，同樣是因由「國家在場」使然。在這裡，《亞魯王》的搶救記錄、申報非物質文化遺產代表作名錄以及定名後所開展的工作等一系列過程，其中無不透露著「國家在場」這樣一個發展的歷程。

在苗族英雄史詩《亞魯王》成功申報為國家級非物質文化遺產代表作名錄之前，貴州省紫雲苗族布依族自治縣等苗族地區，國家級非物質文化遺產申報幾乎處於空白停滯狀態。為此，縣委、縣政府及時組織機構，召集一些文化界的人士進行座談、出謀劃策。抽調專業人才配合苗學專家開展田野調查，搜集整理《麻山苗族古歌》並進行申報。二〇〇九年，因《麻山苗族古歌》是以「亞魯」這個英雄人物為核心進行傳唱，提出了以「苗族英雄史詩《亞魯王》」代替《麻山苗族古歌》作為非物質文化遺產代表作名錄的項目申報名稱。同年，中國民間文藝家協會和貴州省社會科學院有關專家到紫雲縣對《亞魯王》的傳承情況進行調研，確定《亞魯王》史詩的真實性存在。紫雲縣委、縣政府撥專款作為史詩的搜集記錄經

費。九月，「馮驥才文學藝術研究院」部分人員到紫雲苗族布依族自治縣麻山地區對苗族英雄史詩《亞魯王》進行了為期十二天的跟蹤記錄和實地拍攝調查。同月底，貴州省文化廳非物質文化遺產保護中心劃撥了十五萬元經費到紫雲縣文體廣新局作為史詩《亞魯王》的前期基礎資料搜集整理費用。同年十二月初，「中國民間文化遺產搶救工程辦公室」劃撥了十二萬元專款作為史詩《亞魯王》的搜集整理經費。為了保證此項工作的有效開展，十二月八日，紫雲縣委、縣人民政府成立了「苗族史詩《亞魯王》搶救保護工作領導小組」。至此，一場搶救苗族英雄史詩《亞魯王》的工作在紫雲縣拉開了序幕。隨著史詩《亞魯王》被公布為貴州省第三批省級非物質文化遺產代表作名錄和國家級非物質文化遺產代表作名錄，二〇一一年底，中國民間文藝家協會主編的《〈亞魯王〉文論集》和《苗族英雄史詩〈亞魯王〉》的正式出版發行，二〇一三年貴州人民出版社組織出版的「《亞魯王》書系」的出版等等，這些過程都體現出「國家在場」背景下，中國非物質文化遺產保護政策所推動的苗族史詩《亞魯王》從歷史記憶到文化保護的自覺回歸。

四、民族身分認同與信仰重拾對當下文化遺產保護的社會意義

每個民族都有自己的一套身分認同理念，然而如何界定「身分」的定義呢？在《人類學詞典》中這樣解釋「身分」（identity）：這是人類學上關於人的自我的概念。在社會科學領域，這個詞也包含社會身分、文化身分和民族身分，是擁有特殊社會地位、文化傳統或者民族的人用來自我識別的術語。我們也許會說起民族身分，它在標識或自我概念的意義上被一

些人認同。最近一些作家對「身分」這個詞的使用提出了疑問，因為「身分」隱含著一個人或者團體的一種固定或穩定的品格。這些作家建議我們應該關注身分的過程而不是尋求一種固定的身分。[10] (P144) 在麻山苗族地區的喪葬儀式上，儘管作為歌師的 dongt langt「東郎」對史詩《亞魯王》的傳誦已經有幾千年的歷史，當地苗族人都自我認同是「亞魯王」的子孫，但是「亞魯」的具象何在？為了重拾起這份信仰，二〇一三年十一月底至十二月初，由紫雲縣水塘鎮、宗地鄉、羅甸縣的木引鄉等地苗族群眾自發組織起來為精神家園中的「亞魯王」舉辦了一場葬禮。

二〇〇九年之後，由一群麻山青年人組成的「《亞魯王》田野團隊」，日夜行走在麻山，記錄千名東郎守護精神家園的唱誦。二〇一三年十一月二十二日下午，幾十名東郎代表彙集東拜王城觀音山亞魯王文化工作站，討論決定於二〇一三年十二月四日，在紫雲自治縣水塘鎮壩寨村毛口用組「東拜王城」，為祖先亞魯王、族宗歐地聶王子與迪地侖王子舉行招魂回歸儀式，舉辦盛大葬禮，將砍一匹「戰馬」葬送祖先亞魯王，並厚葬於東拜王城內。過程如下。

（一）招魂

二〇一三年十一月二十八日清晨，東郎們就開始忙碌著籌備為祖先亞魯王及其兒子迪地侖王子招魂的事宜。

上午七時五十五分，東郎陳興華、楊光國、陳志品、黃老華、韋老五、楊老滿等與東拜王城的百姓們扛著鋤、刀和祭祀的用品，前往祖先亞魯王的墓葬之地——馬鞍山腳下。

上午八時，在陳興華東郎事先選擇好的亞魯王墓地上，擺放祭品，楊光國東郎開始燒紙焚香。黃老華東郎把三個碗放在地上，東郎陳志品將酒水倒在碗裡，東郎黃老華開始念誦招魂辭。他手持燃香跪地叩首作揖，迎請祖先亞魯王和族宗迪地侖王子的魂魄。唱誦完畢，東郎黃老華用寶刀在燒紙焚香處鑿取一坨泥土，代表祖先的生魂已經回歸。將之收在事先準備好的一張白紙上，然後細心地包裹好。

上午八時十分，轉到宗族迪地侖王子的墓地進行招魂。在擇好的迪地侖王子的墓地裡，東郎韋老五跪地叩首迎請族宗迪地侖王子的生魂，然後用刀鑿取一坨泥土，代表族宗靈魂已經回歸。

上午八時十五分，招魂儀式全部結束，所有人員返回東拜王城。祭祀場地上，東郎陳志品和楊光國兩人開始用茅草捆紮一個人形模型，將從墓地上取來的用白紙包好的生魂泥土塞在茅草人腹內，並移到已經搭建好的停靈房裡。屋裡的人已經煮好了米粥，按照苗家人老人臨終前的儀式走了一道，守終敬孝。同時，用茅草和雞蛋為亞魯王預測，預測到亞魯王患上「hih hlwf」（音譯「嘿擇」）的病。東郎陳志品親自用三牲禮品將「嘿擇」送走，疾呼：「哎呀，不好了，祖先亞魯王快不行了，拿點稀米飯來伺喂他。」聽到喊聲，一眾人馬趕緊將米飯盛在碗裡，拿筷子喂起了茅草人（亞魯王的生魂）。一會兒，他又大叫道：「不好了，祖先亞魯王沒有氣了，大家快來看啦。」幾乎同時，東郎韋老五也在為迪地侖王子舉行「hluob mengb hluob yah」（漢音譯「梭蒙梭亞」）。同樣的程序，在各個停放靈柩的房屋裡開始鬧騰起來。

　　上午九時三十分，東郎們都已經準備好了為祖先亞魯王和族宗迪地侖王子裝殮入棺的各個程序，等候吉時的到來。

　　下午三時二十八分，炮響轟隆，鼓聲咚咚，裝殮入棺儀式開始。

　　下午四時十二分，裝殮入棺儀式結束。

（二）葬禮及全民族祭祀大典

　　遠古時代，亞魯王部落的族群生活在富饒的魚米之鄉，族群的子民都是以魚蝦和糯米、黃豆、豆腐等作為日常飲食。至今，麻山苗族同胞仍然傳承這些飲食習慣。為敬仰祖先，尊重民俗，體現節儉傳統之風，在這場祭祀儀式上，也用黃豆、魚蝦、豆腐和糯米作為主食。

　　上午十時至下午二時，葬禮祭祀儀式的時間。孝主恭迎各地各路的民族同胞前來瞻仰和祭祀亞魯王英靈，燒紙焚香。

　　下午二時至下午三時三十分，砍馬儀式時間。活動有東郎唱誦砍馬史詩、恭迎砍馬東郎進入砍馬場、孝家東郎點將臺宣誓、孝女喂馬、弔喪客繞砍馬場祭喪、砍馬東郎鳴放鞭炮催馬奔跑、砍馬師正式砍馬、孝家拔出砍馬樁送往墳山等。

　　下午三時三十分至五時，發喪時間。全體麻山同胞抬靈柩上山安葬。

　　下午四時至六時三十分，從墳山返回祭祀場地，舉行回山上祭，開設除葷晚宴。

亞魯王是現今苗族以及其他民族等多民族的共同祖先。在遠古時期，亞魯王由於兄弟部落聯盟之間的連年征戰，不願意看到兄弟部落之間相互殘殺，決定率領族群過江遷徙南下，定都南方。亞魯王遣令其十二個兒子征拓南方十二個荒蠻之地，並立足發展。歐地聶率領的部分族群途經貴陽、惠水、長順進入麻山，而迪地侖守護在亞魯王身邊。亞魯王離世之後，迪地侖一路追尋歐地聶的蹤跡來到麻山，兩位王子一起繁衍這支麻山次方言苗族。幾千年已經過去，如今麻山苗族人已經找不到亞魯王、歐地聶王子、迪地侖王子的墓葬之地，歷史的記憶將隨著東郎們的逐漸逝去而湮滅在大地的泥土裡。[1]

舉行儀式當天，來自紫雲、羅甸、長順、望謨、安順等地的苗族同胞自發來到現場，並以「自我」的身分融入整個儀式活動中去。經過這樣一場儀式，讓更多的苗族「社會成員對自己民族歸屬的認知和感情依附」找到了「原生」的「根基」[11](P247)，同時也為本民族文化遺產保護與傳承的自覺性建構了依據。

⬤ 參考文獻 ─────────────────────────────

〔1〕張海洋.中國的多元文化與中國人的認同〔M〕.北京：民族出版社，2006.

〔2〕中國社會科學院語言研究所詞典編輯室.現代漢語詞典〔M〕.6 版.北京：商務印書館，2012.

〔3〕彭兆榮.文化遺產學十講〔M〕.昆明：雲南教育出版社，2012.

1　此儀式活動的文字描述資料由紫雲縣亞魯王研究中心提供，在此特表示感謝。

〔4〕賀雲翔.文化遺產學初論〔J〕.南京大學學報（哲學•人文科學•社會科學），2007（3）.

〔5〕雲南省少數民族古籍整理出版規劃辦公室.苗族指路經（文山卷）〔M〕.楊永明，演唱.項保昌，金洪，王明富，譯注.昆明：雲南民族出版社，2005.

〔6〕楊正江，吳正彪.苗族英雄史詩《亞魯王》（節選2）〔J〕.苗學研究，2009（3）.

〔7〕本尼迪克特•安德森.想像的共同體——民族主義的起源與散布〔M〕.吳叡人，譯.上海：上海人民出版社，2003.

〔8〕斐迪南•滕尼斯.共同體與社會——純粹社會學的基本概念〔M〕.林榮遠，譯.北京：北京大學出版社，2010.

〔9〕崔榕.「國家在場」理論在中國的運用及發展〔J〕.學術論壇•理論月刊，2010（9）.

〔10〕Charlotte Seymour-Smith：Macmillan Dictionary of Anthropology〔M〕. London：The Macmillan Press Ltd.，1986.

〔11〕張寶成.民族認同與國家認同——跨國民族視閾下的巴爾虎蒙古人身分選擇〔M〕.北京：人民出版社，2012.

（原載於《黔南民族師範學院學報》2015年第2期）

民族志田野調查的視角態度

——以《苗族社會歷史調查》和《貴州苗夷社會研究》為例

楊培德

一、視角態度

　　丹麥哲學家絷哈威引用貝克的話說：「具有感知力的存在者都是體驗主體，他們都具有視角態度並且通過自我中心的視角體驗著世界。」[1]（P16）這就是說，作為個體的自我要體驗世界，他只能以自己的視角為中心去感知並建構世界。作為觀察者的人類學家和社會學家也不例外。法國人類學家迪蒙認為：「觀察者必然是觀察的一部分。他提供的圖景並非是排除了主體的客觀圖景，而是被某人看見的某物。」[2]（P3）美國宗教學家佩頓也認為，「人的一切感知都有視角性」，「觀察角度將會決定我們的視野、問題和經驗材料。」[3]（P2）看來觀察者不可能用全知全能的視角去獲得所謂客觀圖景，因為沒有這樣的視角。凡是宣稱掌握了全知全能視角的人，也就意味著他認為自己就是上帝，因為只有宗教中的全知全能上帝才具有這樣的視角。

　　這是為什麼？這是因為人是社會性的動物。「對個體組成社會和任何社會都是個體的社會這一點沒有人會產生懷疑。」[4]生活於特定社會中的個體，只能宿命地被這個社會的文化和意識形態所塑造，特定的社會文化和意識形態強制規範並限制了個體觀察世界的視角。這種觀察視角叫世界觀。關於意識形態和世

界觀，當代著名的美國社會學家沃勒斯坦有過論述。他說：「世界觀時時處處都存在著，不同的世界觀決定了人們如何解釋這個世界。世界觀都經過了歷史的改造，而人們總是透過這層鏡片來看世界，構建現實。一種意識形態就是一種世界觀，但是它是一種很特別的世界觀。人們帶著明確的政治目的，繼承了前人的觀點，有意識地來創立這種世界觀。」[5] 沃勒斯坦很形象地用鏡片來比喻世界觀，並且指出人都帶有政治目的。既然人是透過鏡片有政治目的地看世界，那麼人看到的世界必然是被污染了的世界。美國人類學家費特曼也有相似的看法，他承認：「我們都是自身文化的產物，我們有個人信仰、偏見及個人品位，社會已深植人心。」[6]

二、種族主義視角

《貴州苗夷社會研究》是大廈大學在抗戰期間遷到貴陽時，吳澤霖、陳國鈞和大廈大學的部分師生到苗族地區調查的成果。《苗族社會歷史調查》是新中國成立後為了制定民族政策而進行的國家行為調查。二十世紀五〇年代關於苗族社會歷史的資料寥寥無幾，因而這兩個文本給人印象深刻。

陳國鈞留學荷蘭，專攻社會學。十九世紀法國人孔德建立了社會學，社會學在發展中經過塗爾幹到韋伯，形成了多元的社會學傳統。在陳國鈞留學期間，韋伯的社會學理論在歐洲是主流學派。韋伯反對偏見，主張社會學「價值無涉」。他說：「在我們的專業裡，無可置疑地存在著由強大的利益集團的頑固和自覺的黨派偏見所夾帶的虛假價值無涉的傾向。」[7] (P141) 所謂價值就是從某種視角看事物是否有用，「價值無涉」指的是價值

中立。價值中立難以做到，因為觀察者的視角、態度就具有了價值判斷，所以哲學家普特南說：「我們賴以決定什麼是、什麼不是一個事實的科學研究慣例，就已經預設了種種價值。」[8]（P139）普特南對「價值無涉」進行了否定。留學回來執教於大廈大學的陳國鈞的確做不到「價值無涉」。他在《貴州苗夷社會研究》中的觀察視角就難免出現了大漢族主義的種族偏見。例如他說：「在清水江上布滿黑苗勢力，他們間的領袖在當地社會上往往操縱一切實權。過去他們的性情強悍，在諸苗中素有好勇鬥狠著稱，而地方執政者亦引為大患，差不多代代都有叛亂抗命的事變，此固由於族勢膨脹使然，而且清水江附近有些著名的雷公山、牛皮箐、香爐山、大登高等山，常據為巢穴，更是以助長他們頑固稱兵了。」[9]（P82）

　　陳國鈞在這段話中使用了「黑苗勢力」、「好勇鬥狠」、「大患」、「叛亂抗命」、「族勢膨脹」、「巢穴」、「頑固稱兵」等語詞，這些都是反映出種族主義價值判斷的語詞。苗人為什麼世世代代叛亂抗命？清朝雍正和乾隆關於「進剿」苗人的《朱批諭旨》中有貴州巡撫張廣泗關於苗人「叛亂抗命」原因的奏摺。奏摺上陳：「苗民既衣食無賴，又兼役使鞭笞，百般凌虐。彼即不樂其生，又何畏於死，既無畏於死，又將何所顧忌而不囂然四起。」[10]（P248）連統治者的封疆大吏張廣泗都承認苗人是因為官逼民反，而社會學家的陳國鈞卻站在了更極端的種族主義視角，認為苗人「叛亂抗命」是「族勢膨脹使然」。由於在封建歷史文化環境中薰陶成長，深受漢族正史華夏中心的「萬世皆黃帝一系」的教育，「非我族類，其心必異」便形成了當時一些學者根深蒂固的大漢族種族主義視角。即使受過社會學訓練，留學海外的學者陳國鈞，也難以脫離狹隘的種族視角。可見宣稱價

值中立的社會學家也難擺脫對他族他者的種族主義偏見。

三、階級鬥爭視角

馬克思晚年有人類學筆記。以美國人類學家克拉德為代表的一些西方學者認為，人類學思想在馬克思思想中佔有重要的地位。馬克思的人類學理論運用的是什麼視角？西方馬克思主義理論家們的回答很肯定，那就是階級鬥爭視角。因為馬克思和恩格斯在《共產黨宣言》中做出了「至今一切社會的歷史都是階級鬥爭的歷史」[11]（P272）的結論。

新中國成立初期，馬克思的階級鬥爭理論成了國家話語的重要理論。「階級和階級鬥爭的存在是一個事實；有些人否認這種事實，否認階級鬥爭的存在，這是錯誤的。企圖否認階級鬥爭存在的理論是完全錯誤的理論。」[12]（P491）《苗族社會歷史調查》就是在這樣的階級鬥爭理論視角下取得的民族志調查成果。在調查之前，參與組織的調查者們多被階級鬥爭理論武裝思想，這時作為調查者的吳澤霖也必然受其影響。

吳澤霖早年留學美國，受到人類學的嚴格訓練，美國主流的博厄斯文化歷史學派為他的人類學理論打下基礎。這一學派否定單線進化論，否定從各民族獨特歷史中得出普遍、抽象的發展規律。主張從文化的具體歷史場景中去尋找文化的本土價值，主張文化獨立論和文化相對論，這樣的理論視角與階級鬥爭視角背道而馳。吳澤霖在調查前的思想改造中被迫放棄「資產階級的」博厄斯學派視角，轉而樹立階級鬥爭視角，這一思想改造過程一定是既艱難又痛苦。

　　《苗族社會歷史調查》中關於清水江流域部分地區苗族婚姻和臺江縣苗族節日都是吳澤霖參與調查整理的文本。吳澤霖在清水江流域部分地區苗族婚姻引言裡，言不由衷地生硬插入階級鬥爭視角的價值判斷。他說：「黔東南苗族在解放前已經進入了封建社會的階段。居住在生產條件比較好的聚居地區內苗族，階級分化已很顯著。從階級分化的程度，剝削的殘酷、階級矛盾的尖銳等特點來看，已逐漸趕上附近漢族地區的封建形態。在高寒地區，生產力較低的苗族中，封建社會雖也形成而且在發展，但封建化的程度與接近漢族的苗族地區相比較上有一定差別。」「清水江流域的苗族在解放前既已進入封建主義社會，他們的婚姻狀況必然表現出與這一發展階段相適應的特點。」〔13〕（P89）關於婚姻上的階級鬥爭，吳澤霖特別引用恩格斯的話說：「頭一個在歷史上出現的階級對立，是與個體婚制下夫妻間對抗的發展相一致的，而頭一個階級的壓迫是與男性對女性的奴役相一致的。」〔14〕（P173）然而在苗族的婚姻制度中並不完全是階級鬥爭的反映，吳澤霖看到的苗族「婦女的地位並不十分低落」。看來階級鬥爭理論視角解釋不了苗族婦女在婚姻中的地位問題。

　　吳澤霖在臺江縣的苗族節日調查中看到，龍船節的鼓頭和鼓藏節的鼓藏頭是血緣宗族的權威權力象徵。他們的產生不分階級而是由群眾推選，「當第一鼓藏頭的人多系中農以下的階層，地富分子做的很少」。由於階級鬥爭理論視角不能解釋這一現象，吳澤霖只好牽強附會地說：「因為當了第一鼓藏頭不僅要花錢費神，而且禁忌很多，言行都受限制，這是地富分子所不願幹的。」〔14〕（P249）其實並非「地富分子所不願幹」，而是苗族社會傳統制度文化的議郎制度推選鼓頭和鼓藏頭不分階級的結果。稍有常

識的人都明白，既然鼓頭和鼓藏頭是高貴榮耀的身分象徵，追求名利是人之常情，有錢的「地富分子」拒絕豈不違反常理。

從以上擷取《苗族社會歷史調查》的部分材料看，階級鬥爭視角並非是全知全能的理論視角。在講階級鬥爭的那個年代，官方進行苗族社會歷史調查，其目的是要證明馬克思關於五種社會經濟形態的單線進化論是人類社會發展的客觀規律。然而其調查成果仍然逃不脫調查者的視角偏見，最終只是一種用修辭進行敘事的和被污染了的「寫文化」而已，並不能證明什麼客觀規律。這樣看來，我們不得不承認觀察世界的視角的多元性，承認我們每個人不是「上帝」，我們只能做到「把自己的世界觀僅僅視為一種見解。」[15]（P4）

參考文獻

〔1〕紮哈威.主體性和自身性〔M〕.上海：上海譯文出版社，2008.

〔2〕迪蒙.論個體主義：對現代意識形態的人類學觀點〔M〕.上海：上海人民出版社，2003.

〔3〕佩頓.闡釋神聖〔M〕.貴陽：貴州人民出版社，2006.

〔4〕埃利亞斯.個體的社會〔M〕.南京：譯林出版社，2003.

〔5〕沃勒斯坦.否思社會科學——19 世紀範式的局限〔M〕.上海：三聯書店，2008.

〔6〕費特曼.民族志：步步深入〔M〕.重慶：重慶大學出版社，2007.

〔7〕韋伯.社會科學方法論〔M〕.北京：中央編譯出版社，1999.

〔8〕普特南.理性、真理與歷史〔M〕.上海：上海譯文出版社，1997.

〔9〕吳澤霖，陳國鈞.貴州苗夷社會研究〔M〕.北京：民族出版社，2004.

〔10〕 貴州省檔案館，中國第一歷史檔案館，中國人民大學清史研究所.清代前期苗民起義檔案史料〔M〕.北京：光明日報出版社，1987.

〔11〕中共中央馬克思恩格斯列寧史達林著作編譯局.馬克思恩格斯選集（第一卷）〔M〕.北京：人民出版社，1995.

〔12〕毛澤東.毛澤東選集（第二卷）〔M〕.北京：人民出版社，1991.

〔13〕《民族問題五種叢書》雲南編輯委員會.苗族社會歷史調查（三）〔M〕.貴陽：貴州民族出版社，1987.

〔14〕《民族問題五種叢書》雲南編輯委員會.苗族社會歷史調查（一）〔M〕.貴陽：貴州民族出版社，1987.

〔15〕佩頓.闡釋神聖〔M〕.貴陽：貴州人民出版社，2006.

（原載於《黔南民族師範學院學報》2015 年第 3 期）

脫域與嵌入：另類的多點民族志

——關於一項法律人類學的研究反思

張曉紅　胡鴻保

一、引言

　　民族志田野工作在人類學中的重要性不言而喻，它被稱為人類學的基本「方法論價值」。[1] [P2] 而近年來越來越多的學者開始關注傳統的「田野」場域，即從人類學家要研究「什麼」，轉向了在「哪裡」從事研究。這種轉向一方面來自人類學家田野工作之後的反思，另一方面也來自當代全球化、後現代、後殖民語境和劇烈的社會變遷，給人類學田野工作帶來的衝擊。於是有不少的研究者突破傳統的「田野」原型，有乘著地鐵去田野，有的將旅行與田野結合在一起。馬庫斯在一九九五年提出了多點民族志（multi-sited ethnography），算是最具代表性、也是最有影響力的突破。在本文中，筆者想就在一項研究課題中遭遇到的田野問題，做一個自我剖析式的學術反思。

　　課題研究物件是以農村婦女為犯罪者的「民轉刑」案件，即由於長期的糾紛無法解決，引起糾紛雙方的怨恨，從而引發的刑事案件。在研究中，筆者關注的不是作為刑事案件的最終結果，而是追溯案件發生之前長期積累的矛盾和衝突。由於研究物件是女性，在研究中，採用了女性主義視角，透過當事人的敘述追溯案件發生之前的日常生活。事實上，從開始確定這個選題，就意味著在方法上面臨挑戰。一般來

說，對於這類「民轉刑」案件，如果以犯罪學的視角，只研究刑事案件，並不會將它作為一場特殊的糾紛看待；而對於重視糾紛解決過程的法律人類學家來說：糾紛解決就是一種「事實存在」。他們看不到那些隱藏在「糾紛金字塔」[2]（P544）底層沒有被解決掉的糾紛。博登海默曾指出：「如果一個糾紛根本得不到解決，那麼社會有機體上就有可能產生潰爛的傷口。」[3]（P490）筆者選擇了這些「潰爛的傷口」——民事轉刑事案件，即從糾紛金字塔的底層跳出來，以一種悲劇的形式直接進入到國家司法程式中的另類糾紛。透過對案件的回溯，追蹤「曾經」的糾紛，以當事人的視角去了解他們對問題的看法，他們為糾紛解決所採取的努力以及糾紛解決失敗的原因。

按照常規的法律人類學研究路徑，應該選擇一個有明確邊界的田野，在一年左右的時間裡，等待案件的發生。由於民事轉刑事案件的特殊性和偶發性，許多村子或許十年甚至更長的時間，都不會遇到這樣極端的案例。出於操作上的不可行性，筆者嘗試從 Y 省女子監獄收集案件，即根據研究要求將已經發生的案件篩選出來，然後以倒敘的方式，將收集到的案例嵌入到一個更大社會文化體系，即田野。這種研究方法上的大膽嘗試，或許也是這種研究遭受質疑的地方：如何將從監獄這一獨特背景中集中選出的案例，與一個毫不相關的村莊——田野，連接在一起，融入一個研究框架下。

二、交替的個案與田野

田野調查是人類學研究的基礎，疑難案例是人類學家分析法律問題的

基本單位。在馬庫斯之後，盧埃林和霍貝爾將案例分析方法提升為法律人類學研究的主要方法，斷定疑難個案是人類學家研究法律問題時的基本方法。自此，在大量人類學家的田野調查中，越來越重視對珍稀案例的採集。他們主張，「麻煩事件是一扇最好的窗戶，透過它，研究者可以觀察被共同接受的規範、懲罰、補救機制以及社會的冤屈及其解決。當規範被違反及人們採取行為補救時，法律才真正顯現。無論細節如何，由誰或哪個群體承擔糾正補救行動，在任何裁判地以何種儀式、方法消除麻煩，這些都是『法律材料』」。〔4〕(P29) 但是人類學絕非簡單的個案研究，民族志並不等於個案材料的堆砌。馬林諾夫斯基認為：「民族志田野工作的首要理性，在於清晰而明確地勾畫出一個社會的構造，並從糾纏不清的事物中把所有文化現象的法則和規律梳理出來」〔5〕(P8)。因此，在人類學的研究中，個案和田野之間的關係是一種整體和局部、普遍和特性之間的辯證關係。

在以往的人類學研究中，案例往往來自人類學家長期參與某個或數個田野調查。而在本文的研究中，案例是筆者在女子監獄收集的，案件都發生在同一省內，但是具體案發的村莊並不一致，因此個案與田野點之間存在脫域和重新嵌入的關係。如同一個到處采風的「編劇」，將意外聽到的這些故事穿起來，編成一部具有故事性的好劇本。而得到劇本的導演，則需要找一個合適的場地，將這些故事放置進去，拍成一部人物生動、情節詳實、布景切合故事內容的電影。這種類似拍電影的方式，正是筆者進行案件回溯、糾紛呈現的主要方式。在對女犯的訪談中，我們獲得一個「民事轉刑事案件」的全過程，一個「愛恨情仇」的故事全貌。由於從女犯口

述中獲得的「過去式」的案例，與「現代式」的田野調查在時間和空間上不一致，就需要研究者不斷地將研究和分析的物件在個案和田野之間進行轉換。這種虛實之間的轉換，不僅能夠讓研究者從一個女性的視角去理解她們的感受，也能夠通過參與觀察者的田野調查，掌握「移情」所需的「知識」。

（一）女子監獄：尋找個案

本研究選擇的調查點是 Y 省女子監獄，該監獄位於城市的南郊，監獄門外掛著兩塊牌子，一塊是 Y 省第五監獄；另一塊是某某服裝廠。走入監獄，看到的是一棟棟的廠房和一排排的宿舍樓，給人的感覺更像是來到一家大型生產企業。我們在獄警的陪同下進入廠區，映入眼簾的是服裝廠忙碌的生產景象，耳邊轟響著機器聲。女犯們穿著統一的藍白相間的囚服，忙碌地在流水線上工作著。

研究設計中，我們限定了被訪者的兩個條件：第一，必須是農村婦女；第二，必須是發生在熟人之間的刑事案件。排除那種事先沒有任何矛盾，只是一時衝動或者誤傷的情況，要求犯罪人和受害人之間有過長期積累的糾紛。我們向監區指導員們詳細介紹了本次調查的目的和對案例的要求後，她們很快就推送了符合條件的女犯名單。經過與女犯的接觸訪談，我們最後終於定下了符合研究設計的十五個案例。

人類學中田野調查方法強調「參與觀察」和「深度訪談」。有經驗的田野工作者常常爭論不休的一個話題是：在田野工作中訪談和參與觀察哪個才是關鍵？沃爾科特的答案是：視情況而定。[6] (P86) 參與觀察「借助」

在那裡（being there）以及積極參與身邊的互動，研究者能夠更為切近地體驗和理解「局內人」的觀點。[7][P1]而深度訪談作為一種意義探究的方式，關注被訪者對她自己的態度、動機和行為的表述。當然訪談和參與觀察依然是互為補充的，訪談中也要觀察訪談的場景，以及被訪者的表情、神態、動作等[8][P55]；參與觀察中也要主動追問、探求資訊。

　　在監獄中，主要以與女犯的深度訪談為主。由於監獄的監管制度，研究者無法參與到女犯們的勞動和學習中，因此調查僅限於請她們到辦公室或者宿舍，單獨與她們進行深入的、非結構性的訪談。最初的訪談非常不順暢，當指導員把她們從機器旁叫到辦公室的時候，她們總是一臉漠然。在一次次解釋後，她們勉強點點頭，表示願意接受訪談。多數情況下她們都是保持沉默，或者絮叨一堆說過無數次的話。由於這些女犯多數已經服刑五年以上，常年的監獄生活，長期的思想再教育，已經讓她們習慣使用一套規範的話語模式。例如：在詢問她們當初案件為什麼會發生時，她們常常會這樣回答：「都怪俺當時不懂法」，「要是俺懂法，俺也不會整天讓人欺負了……」在監獄這個特殊的背景下，訪談者與被訪者建立關係的過程也是非常艱難的，移情或者「漸進式聚焦法」——先從興趣愛好等著手的訪談方式，都顯得非常無力。唯一能做的是耐心，一次一次地訪談，聽她們最初能記起的生活細節、家人等，對她們的訴說達到「投入的理解」，從而產生「同感的解釋」。[8][P56]對此，有學者提出異議，「這些女犯的話能全信嗎？她們肯定會說自己很委屈，儘量減輕自己的負罪感。」的確，訪談資料既然來自被訪談人的敘述，那麼這樣的資料一定也是由被訪人賦予了意義的。楊善華認為，訪談應當以「懸置」社會科學知識體系

的態度進入現場，對被訪者的理解與解釋應該放置在被訪者的日常系統中，要注意區分研究者所理解的是被訪者賦予行動的意義，而不是研究者主觀認為並強加於行動者的意義。因此研究者首先要做的是與被訪者共同建立一個「地方性文化」的日常對話情境。[8](P56)這個「地方性文化」正是研究者要回到農村做田野調查的原因。只有真正理解了日常生活中的婦女的生活，才能真正理解女犯所描述的往昔。

（二）轉場田野：在案發地追溯案件

為了回溯案件，了解案件發生地的社會文化背景，在調查之前，筆者預先選擇一至三個具有代表性的案件，找到當初案件發生的村落，去詢問當事人、旁觀者和村幹部對案件的看法，以便能夠多角度地理解案件之前的糾紛，避免對糾紛理解的片面性。筆者仔細研究這十五個案例後，綜合考慮了各方面的條件（例如案例研究價值、案件發生點的交通情況、有無進入的可能性等），最後選擇了案例二進行回訪。到達案發點，在聽了村長、書記、民調主任對農村糾紛解決機制的介紹後，筆者提到多年前 Sly 的案件。村委書記和民調主任，都顯得有點尷尬，慌忙解釋：「那都是多年前的事了，過去的老村長都退了，村幹部也沒少調解，女人都太倔了，調解多次也沒什麼效果。」又補充道：「出了那檔子事，這方圓幾個村的人都知道，這也算是個教訓吧。後來，再有糾紛，我們也會拿這當反面教材。現在人都不會那樣了，都想得開了。沒事光打架幹啥，對兩家誰都不好。」後來筆者又拜訪了女犯 Sly 的家人，坐在女犯家中，看著破敗而又淒涼的院子，老人們握著筆者的手，懇求能否向上面求情，讓他們的兒媳早點放出來。女犯的丈夫，穿著漆黑蹭得油亮的棉襖，悶著頭，一個勁

地說：「這個家就這麼完了。」出事前，他在鎮上的學校教書，現在他守在家裡照顧老人孩子，忙著地裡的活，教書的活就幹不了了。隨後筆者去了發生糾紛的對方家裡。出事後，村裡給這戶人家換了宅基地，他們家新蓋的房子在村子的另一頭。當向他們介紹了此行目的後，那家的女主人（死者的兒媳）就邊哭邊訴說：多好的一個媽，就這麼沒了，那個女的真夠狠心的，男人都沒她那麼狠。[1]

　　走訪結束後，我們開始懷疑自己最初的研究假設。即使事情過去多年，發生過的惡性刑事案件，依然在這個村莊裡留下了難以磨滅的痛苦印記。如果我們的研究是想要在自然狀況下了解村莊的生活、村民的行動邏輯以及村民看待彼此糾紛的真實想法，那麼從實證調查倫理道德的角度讓我們進一步反思：研究者在案件發生多年後，再突然闖入當事人的家中，是否擾亂了他們已經平靜的生活，勾起讓雙方都深感痛苦的回憶。另外，為了調查，而不斷地讓這些已經逐漸淡忘過去的女犯，再一次次地去回憶那些令她們痛苦不堪的往事，則是一種迫不得已的傷害。

（三）再轉場田野：在牛崗村深入調查

　　重回田野，是希望能夠用本地人的觀點去理解「他者」的文化，理解其生活方式獨特的內部邏輯。對衝突和糾紛的研究，並不僅僅是局限在單個的案件本身，而是希望能夠理解形成衝突以及解決衝突的更廣大的社會

1　在案例 2 中，女犯 sly 家和鄰居家由於院牆和門前小路的問題，爭吵了多年，雙方也經常到村裡，甚至鄉里反映，但是這個問題，始終沒有明確的答案。兩家人結怨之後，經常吵鬧，打罵。最後一次，女犯 Sly 與鄰居家的母親在爭吵的過程中，打了起來，在衝動之下，順手用一個農用的刀具，捅了鄰居家的母親，搶救無效死亡。

文化系統。而事實上，重回是不可操作的，案件發生了，無論如何在村莊的記憶中都存在了。於是唯一能夠替代的方式就是轉場——另換田野點，尋找一個能夠進入，地域文化與案發地相似的村莊。牛崗村是筆者的家鄉，小時候每年會回去幾趟，長大後由於求學和工作的原因，走動少了，村莊裡尚有少數親戚。按照傳統的田野觀點，越是「非家鄉」的地方就越適合做田野，也更「像田野點」，因此牛崗村在田野地點的「純正級序」中並不靠前。但是牛崗村作為田野點仍然具有非常明顯的優勢，如對於研究者來說有進入的管道，有關鍵資訊提供者，研究者熟悉當地的語言，牛崗村本身也是一個保持了傳統農業生產模式的自然村莊。關於是否到異域還是回家鄉做調研，其實關鍵點還是在於對文化差異性的辨識。事實上，在研究者的身上存在著現代知識體系訓練和傳統家鄉的鄉土文化之間的割裂和分離，而這樣的田野之行，對研究者來說，也是一次彌合文化差異鴻溝的實踐。

對於許多做田野調查的人來說，進入到一個異域文化中開展參與觀察時，最大的一個疑惑是如何在自然狀態下進行觀察，或者如何保證自己的觀察沒有影響到當地人的行動。當有外人觀察時，被觀察者常常會不自覺地處於一種自我表演狀態。在本研究中，這種類似家鄉的田野，最大的便利就是進入的方便和自然，如同回一趟家，走一趟親戚。相對於那些到異域做田野調查的人來說，研究者可以更便利地說著家鄉話，與村裡的婦女們拉家常。同樣作為女性研究者，在農村的田野上，可以多些參與到當地婦女的日常生活，而不必僅僅停留在觀察的層面。筆者與婦女們一起坐在路邊剝玉米、剝花生、做手工等簡單勞作，一方面拉近了與她們的距離，

也讓談話處於一種更自然的狀態。甚至許多時候，可以不必發問，只要做個聽眾就能從婦女之間的談話中得到許多意外收穫。村裡的親戚是研究者的重要資訊提供者，她們也樂意不停地講東家長、西家短的故事。哪家吵架了、罵街了，立刻就會被親戚或者其他婦女拉著去看熱鬧。田野上的得心應手，反而讓筆者陷入了另一種莫名的恐慌：每天這樣看似漫無目的的觀察、訪談、參與村莊婦女的日常生活，這就是研究嗎？這裡的「田野工作」與案例之間的關係是什麼？究竟能從這樣的體驗獲得什麼呢？

三、多點田野工作與多點民族志

本課題研究中涉及三個場所：一是女子監獄；二是案例二中女犯的家鄉；三是最後進行深入田野調查的村莊。一反單一地點的人類學範式，趨近「多點民族志」的範式。受到沃勒斯坦的世界體系視角影響，有感於人文科學的「表述危機」，從二十世紀八〇年代馬庫斯在對傳統民族志的批判中，開始了對「多點民族志」的關注。[9][P211] 他將文化視為嵌合在一個全球社會秩序的宏觀建構之中，鼓勵人類學家超越「全球的」與「地方的」具體概念之外，構建「在世界體系之中並且是關於世界體系」的民族志。同時，他也給出了具體的研究策略，例如，通過追蹤人、事物、行為和事件的跨國流動，來揭示全球資本主義體系的運作。儘管本研究中也存在多個調查點，但卻與「世界體系」存在差異。

田野工作是民族志作者和被研究者之間的共處，並一同共用同一歷史事件和空間的互為物件的過程，費邊稱之為「同時性」。[10][P139] 馬庫斯將靜態的共時變成了一種動態的過程方法。在《十五年後的多點民族志》

一文中，他提到與多點相比，他對增加田野點以追蹤（發展）過程更感興趣——首先在這兒，之後在那兒、然後又到那兒，等等。[11][P14] 無論是傳統的單一民族志還是馬庫斯的多點民族志，都強調其「現場感」。本研究在監獄中，對女犯的訪談主要是圍繞著過去「重大事件」的記憶展開的，回溯從糾紛到案件的過程，以及女犯的生命史等。從這一點上說，與進行監獄民族志的研究不同，本研究中監獄僅僅是一個切入點而不算作是基點。[1]女犯的家鄉也只是一個暫時轉場的地方，而唯一能稱為田野點的只有與案件無關的牛崗村。為何經過兩次轉場後，最終要選擇牛崗村作為落腳點？正如格爾茨所說：「研究地點不等於研究物件。人類學家並不是研究村落（部落、城鎮、鄰里……）；他們在鄉村裡做研究。」[12][P25] 因此，如果不考慮進入的方便性，任何一個普通的、平淡無奇的當地村落，都可能成為研究的田野點。而本研究的目的是希望將女犯的深度訪談，將糾紛放置在她們的日常生活中去理解，而這就是要在村落中進行研究的原因，希望通過對鄉村文化的整體理解，學會用本地人的觀點去理解「他者」的文化，理解其行動的邏輯。

四、反思

在研究中，筆者並不試圖將十五個案例中的女犯，完全嵌入到特定的「田野」，並對她們的日常生活作全景式的人類學描述。畢竟這些「民轉

1　國內也有學者進行過監獄民族志的研究，其中比較有代表性的是：宋立軍《超越高牆的秩序：記錄監獄生活的民族志》，中央民族大學博士論文，2010；陳平《監獄亞文化》，中山大學博士論文，2008。

刑」的案例都是非常極端的，即使類似的矛盾、糾紛可能每天都會在某個
村莊重現，但是真正會以死相拼的人畢竟是少之又少。但是這種呈現，依
然具有超越個案本身的意義，它可以讓我們看到隱藏於日常生活中，卻被
主流話語忽視的掉的一些東西，例如農村糾紛解決方式的衰落、現代法律
制度和農村傳統秩序文化碰撞、農村基層社會的整體失範、女性的弱勢地
位，特別是在公領域缺乏話語權。民族志的功能就是要展示那些被壓迫者
的文化觀點，他們「隱藏著的」的知識和抵抗，以及那些「決定」產生的
基礎，這些決定頗具誘騙性，它們看上去是自由選擇的結果，但卻生產出
了「結構」。[9]（P224）

　　在整個研究中，從個案到田野，究竟是個案的延伸還是田野的轉場，
亦或是另類的多點民族志，始終令筆者處於不斷提出疑問又不斷自我否定
的糾結狀態。而這種不斷的否定之否定，也是不斷嘗試創新的必經之路。
如古塔和弗格森所說，田野工作這個詞本身在界定人類學學科時具有雙重
意義，一方面拓展了人類學的空間，但同時也限制了這個空間。當單一的
參與觀察已經無法包含不斷變換的人類學地點和物件時，自覺移位元成了
觀察事物的新視角。儘管田野工作已然成為人類學與其他學科區別的標
誌，但是人類學最終的研究目的是「他者」的文化。當舊有的時空觀念已
經不太適宜時，如果依舊把視野局限於某個特點的「田野地點」，則會阻
礙對某些知識的獲得。我們並沒有提倡放棄田野，而是宣導田野重構，我
們可以從「田野」感少一些，研究方式感多一些做起，並關注相互交織的
多元社會政治地點和方位。[1]（P45）民族志不應該是一種僵死的研究信條，
而應該是一種靈活的研究策略。對筆者而言，能否遵循一種已具有合法定

位的研究方法固然重要，但更重要的是如何更加充分地理解和展現我們周圍的世界。

◐ 參考文獻

〔1〕古塔・弗格森.人類學定位：田野科學的界限與基礎〔M〕.駱建建，等，譯.北京：華夏出版社，2005.

〔2〕Miller Richard E，Austin Sarat.Grievances，claims，and disputes：Assessing the adversary culture〔J〕.Law & Society Review，1980-1981.

〔3〕博登海默.法理學　法律哲學與法律方法〔M〕.鄧正來，譯.北京：華夏出版社，1987.

〔4〕Llewelyn K，Hoebel E A.The cheyenne way：conflict and case law in primitive jurisprudence〔M〕.Norman：University of Oklahoma Press，1941.

〔5〕馬林諾夫斯基.西太平洋的航海者〔M〕.梁永佳，等，譯.北京：華夏出版社，2002.

〔6〕沃爾科特.田野工作的藝術〔M〕.馬近遠，譯.重慶：重慶大學出版社，2011.

〔7〕林恩・休謨.人類學家在田野——參與觀察中的案例分析〔M〕.龍非，等，譯.上海：上海譯文出版社，2010.

〔8〕楊善華，孫飛宇.作為意義探究的深度訪談〔J〕.社會學研究，2005（5）.

〔9〕柯利弗德，馬庫斯.寫文化：民族志的詩學與政治學〔M〕.高丙中，等，譯.北京：商務印書館，2006.

〔10〕馬爾庫斯，費徹爾.作為文化批評的人類學：一個人文學科的實驗時代〔M〕.王銘銘，等，譯.北京：生活·讀書·新知三聯出版社，1998.

〔11〕馬庫斯.十五年後的多點民族志〔J〕.滿珂，譯.西北民族與研究，2011（3）.

〔12〕格爾茨.文化的解釋〔M〕.納日碧力戈，等，譯.上海：上海人民出版社，1999.

（原載於《黔南民族師範學院學報》2015 年第 3 期）

民族文學研究

儀式大詞：口頭傳統與儀式敘事關係探析

——以納西族「哲作」（tʂer⁵⁵dzo³¹）為個案

楊杰宏

「哲作」是什麼？是一個困擾筆者多年的問題。為什麼同一個名稱匯融了這麼多的概念內涵，背後又存在著諸多不同的解釋？這些解釋的緣由、背景何在？那些不斷更新、演進的學術概念工具是否能夠解答它的本真內涵？本文對這一問題的探討，主要分為兩個步驟，一是從其得以存在的傳統根基中尋求、定位它的基本內涵、概念特徵，這就涉及了儀式程式、演述者、敘事行為、文本構成、演述功能等內容；二是把從中總結、概括而來的概念內涵置放到民俗學的兩大理論流派——故事形態學、口頭傳統理論的概念工具中進行檢驗。以此來整體、辯證地把握「哲作」的複雜多元的概念內涵，同時來觀照這些概念工具的有效性與有限性。這就有了檢驗與反檢驗的雙重意義。

一、「哲作」的基本義探討

（一）問題的緣起：儀式中的「哲作」概念內涵

二○○二年七月二十八日，筆者到玉龍縣塔城鄉署明村調查納西族傳統民俗，恰逢村裡舉行東巴祭天儀式，就全程參與觀察了這難得一見的傳統儀式。祭天在納西族傳統文化中意義非凡，一直到現在民間仍有「na³¹ɕi³³mɯ³³by³¹dɯ³¹」（納西以祭天為大）、「na³¹ ɕɿ³³mɯ³³by³¹z̥o³³」（納西祭天人）的俗諺，說明了這一傳統對民族意識的深層影響。在署明村這樣一個納西傳統文化保留較為完整的村落中，至今仍有諸多與祭天儀式相關的民間習俗、民間故事仍在口耳相傳。如祭天儀式中的經典——《創世紀》，在民間演變成「崇仁利恩的故事」、「三兄弟的故事」（納西族、藏族、白族）、「洪水故事」等民間故事，一直在村中口耳相傳，成為村民耳熟能詳的民間敘事文本。納西族傳統祭天儀式分為春秋二祭，以春祭為大，此次秋季祭天儀式屬於小祭天。村裡的祭天傳統一直延續到「文革」初期，到一九八二年恢復，中斷了十餘年，但因地處偏僻，在世的大東巴仍有不少，東巴文化根基未受到摧毀。當天的祭天儀式是由楊玉華、楊玉勳兩個年青東才主持，而儀式主祭方是和氏家族。署明村由楊氏、和氏兩大家族構成，自古就形成了祭天東巴由對方家族東巴來主持的交換傳統，反映了兩個家族之間的親密關係。

祭天場在村東北面的一個半山腰間緩坡地，祭壇在前一天就設置好了。上午九點半開始正式的祭天儀式。在祭壇前擺放好供品後，東巴楊玉華開始口誦東巴經，但並沒有經書，對著祭壇神樹口誦了近十五分鐘。筆者與旁邊的東巴楊玉華進行了簡短的交流：

筆者：剛才口誦的經書有經文嗎？

楊玉華：沒有，是口誦經，一直是這樣的。

筆者：經文名稱叫什麼？內容講些什麼？

楊玉華：名稱叫「tshu³³kɯ³³mu³¹kɯ³³」，意思是「有關念誦及獻牲的規定」，是用來交代整個儀式的「哲作」。

筆者：「哲作」是什麼？

楊玉華：「哲作」就是儀式程序，就是儀式到哪個程序就該做什麼，都有具體規定，如到了「ha^{33}ʂ1^{31}」（獻飯）程式，就得向神位獻上煮好的米飯、肉、湯，同時要念誦《ha^{33}ʂ1^{31}經》。

儀式舉行到中途，快到中午十三點時，兩個東巴休息片刻，楊玉華對楊玉勳說：「今天時間有些拖後了，可能念不完所有經書了，經書裡的哲作再壓縮些……」這番談話引起了筆者注意，因為「哲作」由「儀式程序」轉換到經書內容了。這就有了下面的對話：

筆者：剛才我聽到你說的「經書裡的哲作」，這裡的「哲作」又是什麼意思呢？

楊玉華：儀式程式與經書內容是相一致的，儀式舉行到哪一個程式，就得念誦相應經書，所以「哲作」也有「經書段落」的含義，經書中有些內容重複過多的可以進行酌情刪減。

筆者：「哲作」是不是東巴儀式或東巴經書裡的一個專有名詞，日常生活中也用這個詞嗎？我以前沒有聽到過這個詞啊！

楊玉華：可能是個古語，平時不用，在東巴儀式裡才用到這個詞，我也是學東巴時才聽到這個詞。

在這次儀式中，「哲作」初步確定為「儀式程序」、「經書段落」的基本含義。但隨著對東巴文化的不斷學習、調查，發現這個詞絕非這兩個義項可以概括，其間包含了諸多複雜多元的內涵特徵。

（二）東巴古籍中的「哲作」概念內涵

在翻閱有關東巴文化的著述時，一直找不到具體解釋這一詞的內容。後來到東巴經典權威——《納西東巴古籍譯注全集》（以下簡稱《全集》）[1]中尋求答案，發現在百卷本的《全集》中，以「哲作」命名的經書竟出現了五十七本之多，且同樣一個名稱，有「故事」、「傳略」、「傳」、「傳說」等多種譯名。這說明，「哲作」除「儀式程式」、「經書段落」外，可能還有類似於「個人故事」、「傳記」的含義。

在《全集》中「哲作」的不同譯名，主要有以下四種：

第一，故事。這是較為普遍的譯名，在《全集》收錄的經書名稱中共出現了四十九次。[1]且有些經書在不同儀式中是重複的。如《都沙敖吐的故事》的祭署、關死門儀式、退送是非災禍三個儀式，《崇忍利恩的故事》的署古、延壽儀式中出現了兩次。[2]

第二，傳略。以此為譯名的共有三本經書：《退送是非災禍・崇忍利恩與襯恒褒白傳略》[3]，《超度放牧犛牛、馬和綿羊的人・美利董主、崇忍利恩和高勒高趣之傳略》[4]，《超度拉姆儀式・茨拉金姆傳略》。[5]

第三，傳說。以此為譯名的有兩本經書：《關死門儀式・九位天神和七位地神的傳說》、《關死門儀式・都沙敖口、崇忍利恩、高勒趣三個的傳說》。[6]

1　《納西東巴古籍譯注全集》中以「故事」命名的經書共有 51 本，有兩本經書原文中並未出現「tʂər⁵⁵dzo³¹」，第 4 卷《祭勝利神儀式：追述遠祖回歸的故事》、《祭畜神儀式：追述遠祖回歸的故事》，所以沒有統計入內。

第四，傳。有《退送是非災禍‧都沙敖吐傳》一本。[1]

第五，事略。有《退是非災禍‧揉巴四兄弟事略》一本。[7]

同名異譯可能與不同的翻譯者的主觀概念評判直接相關，這從《全集》的翻譯者與譯名的對應中可以看出。如和力民、王世英翻譯的經書中並未出現「傳說」、「傳略」、「事略」的譯名。和品正則把經書名稱中沒有主人公名稱的敘事類經書翻譯為「故事」，如《哈族與斯族的故事》，而有人名的翻譯為「傳略」，如《退送是非災禍‧崇忍利恩與襯恒褒白傳略》。[7]「故事」、「傳說」、「傳記」、「傳略」、「事略」是從敘事文體上分類的，「哲作」應歸到哪一類文體中？從內容上看，以「哲作」命名的經書主要以主人公故事為多，這些主人公又以神祇、英雄祖先為主，具有「樹碑立傳」之意。但與《史記》的紀傳體例不同，它只敘及主人公代表性事蹟，而並未敘述一生經歷，且這些主人公以神話人物為主，與紀史性「傳記」並不對應。「傳說」是由神話演變而來但又具有一定的歷史性的故事，如《魯班的傳說》，在史料文獻中有一定的歷史根據，而東巴神話中的這些主人公並無歷史根據，所以這個譯名並不契合「哲作」的基本義。相對說來，「哲作」較為接近於「故事」，廣義的「故事」本身就涵蓋了軼聞舊事、先例、典故、傳記、傳說、神話等多種敘事類文體。「哲作」就是講主人公的故事，主要講述他一生中的典型性事件。所以東巴古籍中出現的「哲作」，可以理解為「故事」。這樣，「哲作」除了有「儀式程序」、「經書段落」的兩個含義外，又多了一個義項——「故事。」

1　《全集納西東巴古籍譯注》，第39卷第1頁。此書經文標題中只有一個「tʂər55」。

（三）東巴們的「哲作」概念諸解

東巴經書是東巴的口述記錄文本，作為一個東巴儀式中頻繁出現的關鍵字，東巴應該是最有權威的解答者。雖然以前也是從東巴解釋中得到了最初的概念內涵，但作為一個貫穿了儀式程式、文本內容的複雜詞彙，不同的東巴應該有不同的解釋。而對這些不同解釋的比較梳理，必定有助於對這一概念的整體性把握。筆者就這個問題分別諮詢了四個有代表性的東巴。

1. 和承德東巴：「哲作」是「情節」、「段落」、「程序」

「哲作」不是一本書的名字，是指經書裡的內容，就是漢語裡說的「情節」，「段落」，「tʂər⁵⁵」就是「一節」、「兩節」的「節」，「dzo³¹」就是連續下去的意思。要連起來理解，不能單獨分開的。有點類似於東巴儀式裡的「ngv³³dv³³」。「ngv³³dv³³」就是一個儀式裡的程式安排，這個儀式裡需要做什麼事，念什麼經書，都要一清二楚。「哲作」也是一樣的，一本經書有頭有尾，中間還有相互連接的內容，每一個環節，包括哪個先說，哪個後說，都要心中有數才能主持儀式。這有點像學校課本裡的第一課、第二課，有個前後順序，但每一課又是完整的，固定了的。還有一個意思是儀式環節，程序，與上面的意思是一樣的，都是指相互連接的每個部分。」[1]

---

[1] 和承德東巴，今年 74 歲，盲人，麗江市玉龍納西族治縣大具鄉人。大具與著名的東巴發祥地——三壩鄉僅隔一條金沙江，兩地來往密切，也是至今東巴文化生境保存較好的納西鄉村。和承德七歲開始學東巴，18 歲獨立主持儀式，以口誦經、東巴唱腔著稱周邊地區。2002 年受聘麗江市東巴博物館，主持東巴文化解讀、主持相關儀式。他可以說是麗江境內為數不多的大東巴。筆者於 2013 年 1 月 15-18 日隨他到大具鄉舉行「垛肯」儀式。以上內容據 2013 年 1 月 18 日訪談記錄整理。

2. 學者兼東巴和力民：「哲作」就是情節、段落組合而成的故事

「哲作」為什麼會出現這麼多不同的譯名？原因很簡單，一是當時沒有一個統一的參照體系，沒有一個類似於「凡例」的統一標準，所以才有了「百花齊放」的譯名混亂情況；二是當時也沒有這個條件，那麼多經書需要搶救整理，時間緊，任務重，不可能像今天一樣地探討一個詞。東巴經中這樣的疑難詞句多如牛毛，忙不過來；三是翻譯者每個人的理解水準不同，包括東巴在內也是如此，同樣一個詞，可能在這本經書裡這樣一個說法，另一本書裡又是另外一種說法。當然，二者意思不會相差太遠。而翻譯者只能照實翻譯。所以出現這種情況在所難免。「哲作」這一詞我是統一翻譯成了「故事」。就我個人理解，「tʂɚ⁵⁵」就是情節、段落，它的本義是一節的節，一段的段，「dzo³¹」的本義是「木槽」，「馬槽」，它們都是容器，引申為積累、儲蓄。兩個字義連起來就是把與之相關的情節、段落連貫成一個完整的故事。段落一段一段地敘述，情節一節一節地展開，由此延伸下來，不就成了一個故事？所以我認為翻譯成「故事」較為恰當。「哲作」就是由情節、段落組合而成的故事。為什麼沒有翻譯成其他的「傳略」、「傳說」、「傳」、「事略」呢？這些名稱與故事的內涵差不多，都有情節、人物、結構、主題等共同特徵，但也存在區別。「故事」比那幾個名稱要廣泛得多，它裡面可以有幾個不同的主人公，而「傳略」、「傳」以一個主人公生平介紹為主。比如，《崇仁利恩的故事》不一定只有他一個主人公，一個故事裡有可能存在他與多個主人公之間的故事：他去天宮尋找天女前，先找了豎眼美女，與他結緣成一家，並生下了許多怪胎，後來得到董神的指點才去天上找天女襯紅褒白命的。所以有的經書名稱裡就有兩個人的名字，如《崇仁利恩與襯紅褒白命的故事》，如

果翻譯成「傳略」，就與本義不相符合。這個詞中的核心詞是 tʂər⁵⁵，有的經書就只用這個字。「tʂər⁵⁵」只是「哲作」的省略。我不是說不能翻譯為其他名詞，但你得讓人家知道這樣翻譯的來歷與出處。不只是這個例子，如「ne³³nɯ³³o³³」也是東巴經書中比較常見的一個關鍵字，現在都千篇一律地翻譯成「吉祥」，而把它的本義「生育」、「繁衍」掩蓋了。如果沒有從本義出發，進行隨意篡改、加工，就會造成以訛傳訛，帶來概念理解的模糊、混亂，找不到落腳點了。「哲作」在儀式中就是「程序」，所有的儀式是由不同程序構成的，每一個程序都由儀式內容決定了它的次序，是統一在儀式的宗旨中，有內在的有機統一性。而東巴儀式與東巴經書也是有機統一的，什麼時候讀哪本經書是由儀式程式規定了的，所以，「哲作」雖然在儀式中、經書中的含義有所區別，但都有順序、環節的共性特徵。[1]

3. 東巴博士和繼全：「哲作」就是「故事模式」

「哲作」應該是一個合成詞，「tʂər⁵⁵」的本義是「節」、「段」，「dzo³¹」本義為「槽」，如「tʂʅ³¹dzo³¹」就是做土磚的模具，「ʐua³³dzo³¹」就是馬料槽，有「模仿」、「模子」原初義，從中引申為「模型」、「模式」。兩個本義的有機結合才能準確解釋這一合成詞，以我的理解應該是東巴在儀式中吟誦經書時對經書段落、章節安排、布局的一種處理模式。它有內在規

1　和力民，今年 57 歲，身分較為特殊，應該說是學者兼東巴。主要身分是學者，在麗江東巴文化研究院一直從事東巴文化研究三十年，研究員，研究生導師，參加百卷本《納西東巴古籍譯注全集》的翻譯出版工作，自己翻譯完成 12 卷本，達 474 萬字。他又是麗江有名的大東巴，多次主持民間東巴儀式，創辦東巴文化傳承組織，自身培養了 50 多個東巴傳承人。以上內容系據 2013 年 2 月 14 日訪談記錄整理。

定性，比如說到「哲作」，限定於祈福請神類的儀式及神、正面主人公，不能用於反面的鬼怪類別。把這一名稱翻譯為「故事」、「傳略」、「傳記」，明顯受現當代文學分類的影響，但這也是沒有辦法的辦法，因為一旦譯為漢語，意味著不可能找到完全嚴絲合縫的對應名稱。比較而言，「故事」較為接近，但應加上一個「模式」，「故事模式」可能好些。另外，把「哲作」理解為「儀式程序」應該沒有問題，但它不是指整個儀式的程序，而是指構成儀式的每一個程式環節，環環相扣，和而不同。[1]

4. 東巴師楊玉勳：「哲作」就是「階段故事」

「哲作」的本意是「階段」。在儀式中指的是儀式環節、儀式程序，每個環節緊緊相扣，缺一不可。但也不是說固定死板，在大框架不變動的情況下，可以根據儀式進展情況進行範圍許可內的變動，如可以壓縮、合併一些程式內容。如果出現在東巴經書裡，作為經書名字的時候一般可以理解為「傳記」、「傳略」、「故事」。但我認為應該說是「階段故事」，因為「哲作」在用於東巴經名稱的時候，並沒有詳細記載他的一生事蹟，而只是他一生中的一個階段故事。這些經書也可以靈活機動地運用到具體的儀式程式中，比如儀式時間比較緊張的情況下，可以選擇性念誦其中的關

1　和繼全，今年 40 歲，西南民族大學民族文化學院副教授。和繼全自幼成長於東巴文化發祥地——香格里拉縣三壩鄉，10 歲就從師本地大東巴樹銀甲學習東巴文化，熟練掌握了東巴經典、儀式、地方民俗。大學畢業後在麗江東巴博物館從事東巴文獻整理、研究十餘年，參與、主持各種東巴儀式。2012 年在西南大學獲得語言學博士學位，研究方向為東巴經文釋讀。與上面兩位東巴相比，和繼全對「$tṣər^{55}dzo^{31}$」的解讀更強調語義學分析的重要性。以上內容是據 2013 年 5 月 12 日電話訪談整理。

鍵段落，而不是每一本經書都照本宣科地一念到底。[1]

綜上，關於「哲作」的含義包含了「情節」、「段落」、「儀式程序」、「故事」、「故事模式」、「階段故事」幾個義項。雖然，以上的四個東巴的解釋視角不同，但都有一個共性特徵，都認為「哲作」有儀式與經書文本兩個概念範疇，儀式中的「哲作」主要指儀式程序，「經書文本」中主要指「故事」，且這一合成詞具有相互有機連繫的環節、情節的本義。分歧點在於對「故事」的內涵的理解，如和承德強調了「故事」中的「情節」功能，和力民則強調了「故事」的組合部件——「情節」、「段落」，和繼全則強調了構成故事的「模式」，楊玉勳強調的是故事中的「階段性」特徵。這說明了「哲作」概念內涵的多義性與其概念範疇及外延相關，它在儀式與經書文本中各有所指，但又相互連繫，屬於形態不同，而功能結構一致的異形同構性特徵。所以「哲作」的概念內涵並沒有一個與之相對的漢語詞彙，它應該是多個義項構成的概念合成詞。

二、「哲作」的語義分析及概念特徵

以上筆者是從「哲作」的使用環境——儀式，文字載體——東巴經，使用主體——東巴三個角度對它的概念內涵作了相應的角度探討，其基本概念內涵已經逐漸「浮出水面」，但作為一個有著音、義、形的關鍵字，

1　楊玉勳，今年 38 歲，玉龍縣塔城鄉依隴人，19 歲師從大東巴和訓（國家級「非遺」傳承人）學習東巴文化。2000 年一直在麗江旅遊景區玉水寨從事東巴文化傳承工作，並多次到民間主持東巴儀式，現為東巴文化傳承院院長。2012 年東巴學位評定中被評為東巴師，是僅次於東巴大師的學位。以上內容是據 2013 年 2 月 19 日訪談記錄整理。

從語言文字學的角度探析就成為必要的手段。語義分析法是運用語義區分量表來研究事物的意義的一種方法。在跨文化研究中，常常涉及量表或測試材料的翻譯問題，而翻譯出來的量表材料是否仍保存其原有的全部意義，則往往難以確定。而語義分析法則正是解決這一問題的有效工具。語義分析法在跨文化研究中具有獨特的作用。[8]因哲作這一詞語涉及音、義、形三個方面內容，本文引用了義位元分析及字形分析兩種方法。

（一）「哲作」義位（音、義）分析

表1所示為「哲作」義位分析表。

表1　「哲作」義位分析表

義項	1	2	3	4
tʂər^{55}	節；骨節	恐駭	臺階；石級	淹；浸泡
字源	方國瑜，第744字；李霖燦，第667字	方國瑜，第443頁	方國瑜，第443頁	方國瑜，第443頁
dzo^{31}	槽，馬槽	馬槽	橋	
字源	方國瑜，第1004字	李霖燦，第1105字	方國瑜，1139字	

　　材料品質決定分析的有效度。「哲作」源於納西語，字源源於東巴經文。本文分析材料引用了李霖燦的《納西象形標音文字字典》（以下簡稱「李霖燦字典」）[9]，方國瑜、和志武編訂的《納西象形文字譜》（以下簡稱「方國瑜字典」）。[10]這兩本字典是迄今研究東巴語言文字的權威字典，在國內外學術界廣泛得到使用。從這兩個字的義項分析，兩本字典都把tʂər^{55}的音義解釋為「節」或「骨節」，dzo^{31}字有「槽」、「馬槽」兩個義項也較為接近，方版字譜在「納西標音文字簡譜」中也有「馬槽」的義

項。從兩個字的義群關係分析，tʂər^{55}的義項在方版字譜中分別有「節」、「骨節」、「驚駭」、「臺階」、「石級」、「淹」、「浸泡」等義項，而李霖燦版字典中只有「節」、「骨節」兩個義項。dzo^{31} 字的義項有「槽」、「馬槽」、「橋」三個義項。在李版字典中 dzo^{31} 沒有「橋」這一義項，而是單獨標音為 ndzo^{31}（李版字典第 206 字）。需要指出的是這是兩本字典編訂時所參照的音系不同所致。李版字典參照的是魯甸土語，方版字譜參照的是大研鎮土語。在納西語不同方言區中，大研鎮土語只有一套濁輔音，而寶山州、魯甸、塔城等地的土語則分為純濁音和鼻冠音兩套，寶山土語少 dz、dẓ、β 個輔音音位。也就是說不同方言區導致了同義異音現象，由此也產生了音義混淆現象。

（二）「哲作」的東巴象形文字形分析

表 2 所示為「哲作」東巴文字形分析表。

表 2 「哲作」東巴文字形分析表

字音＼形項	1	2	3	4	5
tʂər^{55}					
dzo^{31}					
tʂər^{55} dzo^{31}					
詞源	《崇忍利恩與楞啟斯普的故事》〔7〕（P241）	《揉巴四兄弟事略》〔7〕（P163）	《美利恒玖與桑汝尼麻的故事》、《九個故事》〔11〕（P25）	李霖燦第667字、1105字。	方國瑜第744、第1004字

　　從東巴字形分析，tʂər⁵⁵的字體寫法有兩類：⌇⌇，⌇⌇，皆為「骨節」之義。⌇⌇的本義為「骨」，音 o³³（李版字典第 665 字），與⌇⌇形似而成為假音字。dzo³¹的寫法有兩類⊓，⊓，皆為「馬槽」義項，字形因槽中馬料不同而有所差異，前者突出了豆類的特徵，後者則突出草料特徵。

　　結合上述音、義、形三種情況分析，我們發現 tʂər⁵⁵的六個義項中，本義為節，後引申為「骨節」、「臺階」、「石級」，而「淹」、「浸泡」與前者沒有內在的引申義連繫，可以排除在外。「骨節」、「臺階」、「石級」三個義項皆從「節」的「分段連接」本義中引申出來。漢語中的「節」（節）的本義「竹節」，《說文》：「竹節也。又操也。」「操」取竹節之堅韌不屈而引申出「操節」、「氣節」等褒義詞彙。「節」在漢語詞彙中的引申義多取於竹節間分段連接的特徵，諸如「季節」、「時節」、「節日」、「節氣」、「節令」、「章節」、「節奏」、「關節」、「節目」、「節拍」、「骨節」、「節骨眼」等等。東巴文中也有類似的象形字，如節節草寫為：🌿讀音為：Ko³¹zɯ³³tʂər⁵⁵，畫其節節中空之形。[9] 其中的「節」讀音為 tʂər⁵⁵，與⌇⌇音同，突出了一個整體的有機構成部分或兩段之間連接的部分。如《九位天神和七位地神的傳說》經書標題的象形文字寫為：

按東巴文本義翻譯應為：「是在關死門儀式中的九位天神和七位地神的六個故事」。

最後一段話的字釋為：▨ tʂua⁵⁵，六；▨ tʂər⁵⁵，章節，引申為故事；▨ ua³¹ 是；▨ me³⁵，語氣助詞。意譯：「這是六個故事」。

該經書分別敘述了九天神、七地神、祭主，都沙赦土、崇仁利恩、高勒趣六個主人公舉行關死門儀式的六個故事。[6]（P88）這六個故事有相對獨立性，因為每一個故事都有完整的情節，但又相互內在關聯，通過六個不同主人公的相似經歷敘事，講述了關門經儀式的來歷，強化了舉行這一儀式的重要意義。從中可以看出，「哲作」包含了「多個故事」的義項，這些多個故事獨立成章，又相互連繫，共同構成了完整的「故事集群」。

dzo³¹在納西語不同方言區中有「槽」、「橋」、「衝殺」、「穿」、「放」等不同義項，「衝殺」、「穿」、「放」為動詞，與「節」、「段」沒有構成語義連繫。「槽」作為一種容器，具有「模子」、「模型」、「套路」的內涵，因為水槽、馬槽、木槽、石槽都有容積、形制的規定性與同一性；另外也有「積蓄」、「集合」的引申義，這與容器功能相關。dzo³¹（ndzo³¹）的另一個本義「橋」，具有「連接」、「連繫」的關聯含義，與 tʂər⁵⁵的義項有交叉部分。需要指出的是，「橋」讀為 dzo³¹ 僅限於大研鎮方言區，而這區域的東巴經書並不占多數，納西語大多數方言區中「橋」讀為 ndzo³¹；且在東巴經書中哲作並無出現與「橋」的象形字搭配的情況，只有「槽」的象形字。

綜上，「哲作」的義項組合是以「節」、「槽」為基本義，這一合成詞

的引申義有「情節」、「段落」、「儀式程序」、「程式集合」「故事模式」、「故事集群」等多個義項。

三、作為「儀式大詞」的「哲作」

（一）「哲作」與「大詞」的對應分析

至此，對「哲作」的概念內涵探討可以作個簡要的總結。「哲作」是一個東巴儀式中經常使用的一個關鍵字，因其概念中包含了「段落」、「情節」、「故事」、「故事集群」、「故事模式」、「儀式程序」等多元內涵，所以在東巴儀式程序、敘事文本中，這一關鍵字與故事類型、母題、原型、功能、程式、傳統性片語、主題、典型場景、故事類型等多種故事形態學或口頭詩學的概念工具相對應，這一對應關係既是由哲作的概念屬性決定的，也是由文本敘事功能決定的，同時受到儀式、文化傳統的制約。從表3關係表中可以清楚地說明這些複雜深層關係。

表3　「哲作」概念關係表

義項	概念特徵	相對應的概念理論	示例
段落	句子或句群，傳統性片語	程式、母題、功能、主題、原型、典型場景、大詞	「很久很久以前」，「快腳的年輕人」，「利眼卜師」，儀式場景，主人公形象，神山，神海，神樹
情節	事件的發展過程	程式、母題、功能、主題、原型、典型場景、大詞、故事類型	創世，洪水，難題考驗，求婚，爭鬥，遷徙
故事	一個完整事件的描述	程式、母題、功能、主題、原型、典型場景、大詞、故事類型	《崇仁利恩傳略》、《董埃術埃》、《白蝙蝠取經記》、《魯般魯饒》、《創世紀》
故事集群	完整的系列事件	程式、母題、故事類型、大詞	天神故事，署類故事，祖先英雄故事

續表

義項	概念特征	相對應的概念理論	示例
故事模式	故事構成方式	程式、母題、故事類型、大詞	創世，遷徙，殉情、靈驗
儀式程式	構成儀式的序列步驟	程式	開壇-設置神壇-建鬼寨-除穢—迎神-獻牲-驅鬼-送神-收壇-祭家神

　　從表 3 中可以看出，哲作的概念義項所指不同，與之相對應的概念理論的適用有效範疇也發生了變化。段落與情節相對應的概念理論比較中，後者多出了一個「故事類型」，這與二者概念所指不同相關：一個情節可以由多個段落組合而成，一個情節可以單獨構成一個故事，而一個段落以描述性敘事為主，並不具備單獨構成故事的功能。這也是情節與故事的概念理論對應項出現一致的內因所在。後兩者的區別在於，情節中的故事類型範圍要小於後者，因為一個單獨故事是由一個到多個情節構成，而一個情節構成的故事只是最小的故事單元。情節是基於故事的敘事結構、手段而言，故事則以文體構成類型而言，狹義的民間文學體裁上可劃分為神話、傳說、故事、歌謠、史詩和民間敘事詩、諺語和謎語、民間說唱、民間戲曲等十類。[12] 廣義上的故事概念指敘事類文體，如神話、傳說、故事、史詩統稱為民間故事，也有學者根據故事的散韻形式分為韻文體敘事、散文體敘事。故事概念內涵的複雜性與多元性特徵決定了它的概念理論特徵的包容性，可以說，從故事形態學到口頭詩學的理論成果，無不基於故事這一研究物件之上，所以它涵蓋了所有的概念理論。

　　故事集群與故事類型在概念理論對應性上也出現了一致的情況，這也與二者都有「超級故事」、「複合型故事」的特徵相關，區別在於故事集群是從外在的同類量而言，故事模式是從內在的相似結構而言。同樣的概

念理論，在不同的義項分析語域中所指是不同的，譬如故事集群中的故事類型主要以故事主人公的類型而定，而後者的故事類型則以故事結構而定，示例中遷徙類型有些類似於荷馬史詩中的「複歸」型故事，其程序是：人間遭遇天災，出現人類生存危機，主人公到天求婚，與天女結婚後返回人間，人類得以繁衍。其故事結構是人類生存危機獲得解決。殉情故事類型的敘事結構是殉情者冤魂獲得超度。故事集群的故事類型則以故事主人公作為劃分標準，如天神故事集群包含了沙英威德、英古阿格、恒丁窩盤、優麻戰神、丁巴什羅等顯赫神靈的系列故事。

從上述比較來看，「哲作」的義項與程式、母題、大詞這三項對應程度最高，在六個義項中占了五個，說明了三個概念理論的適用範圍要大於其他諸項。不難發現，本文提及的這些概念理論的一個共性就是基於重複律的歸納研究，但相對說來，程式、母題、大詞所包含的重複律所指範疇要大於其他概念理論，它們的最小單位可以是一個片語，一段情節，大到一個故事類型、故事集群。三者區別在於：程式與母題是從研究者立場而言，大詞則是從民間故事演述者立場而言。對於研究者而言，這三個概念是相互連繫而又有區別的，但對於故事演述者而言，就是為演述服務的不同「大詞」。所以，「哲作」這一源於東巴口中的傳統性關鍵字更接近於「大詞」的概念所指。但我們又不能不正視這一事實——「大詞」的概念中並不包含「儀式程序」這一義項，而只有「程式」與之相對應。「程式」是與「哲作」義項對應程度最高的一個概念理論，它包含了「段落」、「情節」、「故事」、「故事集群」、「故事模式」、「儀式程序」等所有義項，這一方面說明了哲作最突出的概念特徵就是「程式」，另一方面也證明了

「程式」這一概念理論的普適性及有效性，它本身包含了口頭程式、儀式程式兩個不同層面。程式與重複律、規律、形式、邏輯、結構等有概念互構性，從更廣闊的語義來說，則與宇宙天體的運行規律、一年四季、人生階段、歷史階段等自然、人文的「周而復始」、「螺旋形上升」特徵密切相關，而這一特徵本身具有更為宏觀意義上的程式特徵，屬於「相對真理」的哲學範疇。

「tʂər⁵⁵」的基本義為「節」、「階段」，與漢語的「節」等同，其引申義為「季節」、「時節」、「節日」、「節氣」、「節令」、「章節」、「節奏」、「關節」、「節目」、「節拍」等，「dzo³¹」的基本義為「模子」，可引申為「模式」、「範式」、「形式」、「規律」等。由此可見，「哲作」一詞的核心概念就是「程式模式」，「程式模型」。程式化不等同固定化、死板化，它是「機動靈巧的重複」，它是根據演述者、演述場域、傳統語境、現場受眾、儀式過程等不同情況靈活機動地進行組合、創編，它可以是隻言片語，一個情節單元，可以是一個故事類型，故事集群，甚至包括了儀式程序的大小環節。這裡突出了演述者的主體地位。「哲作」一詞本身也是東巴祭司「建構」的一個詞。而「程式」是「他者」建構的學術詞彙，二者在主體立場上出現了矛盾的一面，而基於「我者」立場建構的「大詞」並不涵蓋「儀式程式」這一義項。可以說「大詞」並不能涵蓋哲作的總體概念特徵。

（二）「哲作」作為「儀式大詞」的特點

由此，引申出了一個問題：是否可以把「大詞」的概念內涵延伸到儀

式程序中，由此構擬出「儀式大詞」？「儀式大詞」的提出，不僅契合了「哲作」概念的整體性特徵，且擴大了「大詞」的理論應用的普適性，涵蓋了不同類型的史詩範疇。儀式本身也是文本，儀式文本的流動性、活態性是與口頭文本平行、同構的，二者共同構成了儀式敘事文本，也是口頭傳統的真實性與整體性的體現。

「哲作」作為「儀式大詞」，有這樣幾個特點：

首先，它基於儀式類敘事文本而言，與儀式的程序、主題、類別、時空、形式、內容密切相關，也就是說，「儀式大詞」既可指一個完整的儀式，或由幾個儀式構成的超級儀式，一個儀式類型或儀式主題，也可指一個儀式中的某一程式，為儀式文化主題服務。「儀式大詞」是構成儀式的重要承接部件。這些「承接部件」既可在一個儀式中進行有機的邏輯組合，也可在不同儀式，包括不同季節、不同場合的儀式中進行「有限度」的穿插、重複使用。

其次，「儀式大詞」涵蓋了儀式文本與敘事文本兩個層面，兩個不同文本又相互融合、交叉，傳統性片語、主題、典型場景、故事類型等不同層面的「大詞」是由演述者靈活機動地嵌入到流動的、活態性的儀式行為中，推動著儀式程序的進程；儀式行為統攝、制約著敘事文本的邏輯展開，二者具有互文同構的特徵。

其三，「儀式大詞」集合了口頭傳統的歷時性與共時性兩個維度，儀式與敘事文本都是傳統的產物，並在具體的儀式行為、文本演述中得以傳承、豐富。「儀式大詞」是東巴敘事傳統的核心特徵，與東巴教義、納西

族歷史傳統密切相關。如按季節性迴圈的春祭、秋祭兩次祭天儀式，其敘事主題與英雄祖先崇拜有關，是族群認同沉澱生成的重要文化媒介；「素庫」儀式則與傳統的結婚禮儀、誕生禮儀等日常民俗活動相關聯，其主題是人口繁殖、家庭興旺。

其四，程式是「儀式大詞」的核心特徵，包括儀式層面的程序程式、時空程式、儀式主題程式，敘事行為層面的主題程式、典型場景程式，故事類型程式，也包含了敘事文本層面的母題、類型、功能、結構等概念程式。這些程式在儀式及敘事文本的基本結構中是相對固定的，重複律是共性，但又是「巧妙的重複」，三個層面在儀式與敘事行為中互動融合，互為前提，形成了三位一體的整體性特徵。這些高度程式化了傳統性片語、主題或典型場景，故事類型根據敘事及儀式進程的需要靈活機動地予以穿插、組合、增減；同樣，在不改變儀式基本結構前提下，儀式的程序、主題、規模、時間、空間可以進行相應的調整、增減、組合，共同構成了流動的、活態的、有機的儀式敘事文本。

其五，口頭傳統中有「大詞」，儀式中也有「大詞」，因為二者皆為傳統的產物，受到傳統的統攝、制約。儀式中有口頭傳統，口頭傳統在儀式的表演中得以體現，與儀式中的舞蹈、音樂、繪畫、工藝、遊戲等表演項目一同構成儀式行為，「大詞」成為這些不同表演內容的共同「串詞」，連串編織成為儀式文本。東巴們能夠有條不紊、張弛有度地完成這樣一個規模宏大、程式複雜、內容繁複的綜合儀式，關鍵內因在於他們能夠熟練、合理地應用著這些「儀式大詞」。「儀式大詞」不僅包括了儀式中口誦經文的內在構成、儀式程式及步驟、儀式類型，也涵蓋了儀式中多種表

演類別，它們都具有與口頭傳統中的核心特徵相一致的共性因素——程式、主題、典型場景、類型。這些核心特徵形成大小尺度不等的「大詞」，通過儀式程式步驟、語言文字、音樂舞蹈、繪畫工藝等多元手段共同完成了這一宏大的儀式敘事文本。

參考文獻

〔1〕麗江東巴文化研究院.納西東巴古籍譯注全集〔M〕.昆明：雲南人民出版社，1999.

〔2〕麗江東巴文化研究院.納西東巴古籍譯注全集（第12卷）〔M〕.昆明：雲南人民出版社，1999.

〔3〕麗江東巴文化研究院.納西東巴古籍譯注全集（第35卷）〔M〕.昆明：雲南人民出版社，1999.

〔4〕麗江東巴文化研究院.納西東巴古籍譯注全集（第67卷）〔M〕.昆明：雲南人民出版社，1999.

〔5〕麗江東巴文化研究院.納西東巴古籍譯注全集（第76卷）〔M〕.昆明：雲南人民出版社，1999.

〔6〕麗江東巴文化研究院.納西東巴古籍譯注全集（第53卷）〔M〕.昆明：雲南人民出版社，1999.

〔7〕麗江東巴文化研究院.納西東巴古籍譯注全集（第36卷）〔M〕.昆明：雲南人民出版社，1999.

〔8〕汪鳳炎，鄭紅.語義分析法：研究中國文化心理學的一種重要方法〔J〕.南京師大學報（社會科學版），2010（4）.

〔9〕李霖燦.納西象形標音文字字典〔M〕.昆明：雲南民族出版社，2001.

〔10〕方國瑜，和志武.納西象形文字譜〔M〕.昆明：雲南人民出版社，
2005.

〔11〕麗江東巴文化研究院.納西東巴古籍譯注全集（第 42 卷）〔M〕.昆
明：雲南人民出版社，1999.

〔12〕鍾敬文.民間文學概論〔M〕.上海：上海文藝出版社，1980.

（原載於《黔南民族師範學院學報》2015 年第 1 期）

口頭敘事與文獻敘事的互證

——論《張秀眉起義史詩》的史料價值

吳一文

　　自一八四〇年第一次鴉片戰爭以後，中國逐步淪為了半殖民地半封建社會，廣大勞動人民生活在水深火熱之中，反帝反封建的農民起義此起彼伏。清代咸豐同治年間，貴州境內發生了風起雲湧的各民族農民大起義，以張秀眉為首的苗族農民起義是這次革命大風暴中持續時間最長、影響最大、覆蓋地區最廣的起義。它歷時十八年，波及今天貴州省黔東南州、黔南州、銅仁市及湘西、桂北、渝東南等地的四十多個市、縣，在中國近代史上寫下了光輝的革命篇章。

　　苗族沒有或沒有保存下來的傳統文字，口耳相傳的神話、詩歌、傳說、故事等是他們保存歷史文化的重要方式。《張秀眉起義史詩》（以下亦簡稱《史詩》）就是廣大苗族人民群眾集體創作並不斷豐富起來的「史歌」。這裡說的《張秀眉起義史詩》實際上不僅包括通常說的《張秀眉歌》，還包括《楊大六歌》、《包大肚之歌》等敘述咸豐、同治年同苗族起義的史詩。這些史詩雖然側重點不同，但都共同反映了這一歷史事件的情況。它們立足於苗族群眾的視角、立場、觀點，以口頭演述的方式，較為全面地敘述了起義的歷史背景、主要經過、重要戰役、起義失敗等方面的情況，具有較高的文學價值，被學術界稱為「廣大人民群眾所熟悉和珍愛的優秀敘事長詩。」[1]（P298）

同時，它也有很高的史料價值，主要體現在三個方面。

一、真實反映起義發生背景及原因，與史載互證

　　歷史上的每一次農民起義，都有其深刻的社會背景。清乾（隆）嘉（慶）苗民起義後，清政府實行「盡豁新疆錢糧，永免徵收，以杜民胥之擾」[2] 的懷柔政策，以緩解民族矛盾和階級矛盾。但是，到十九世紀三四十年代，這一政策不但逐漸廢弛，而且各種賦糧雜稅還日益加重，即所謂：「每年食米取之，煙火錢取之，喪葬嫁娶費取之，男生辰費取之，世職承襲費取之，夫馬供應費取之。」[3] (P267) 臺拱同知張禮度甚至「不收白米，勒折生銀，提押追征，獄為之滿。」[4] 臺拱南部的高坡苗寨素號貧瘠，因追呼急迫，無力繳銀，被迫去挖「買水銀」[1]──「有自掘祖墳，取先人含殮首飾以折價者。」[4] 即所唱：

　　Dol died xit xangs genx（哭哭訴訴憨實人），Xithot ghongs bangx liangx（互相邀約去挖墳），Ghongshlab mongl qeb nix（挖墳去撿殉葬品），Qeb ghetmail eb seix（撿來祖先買水銀），Lol diot Diel Fangb Nix（上交漢官臺拱廳），Lol diot Diel hangb niox（交完稅賦才脫身）。[2]

　　挖自己祖墳陪葬品以抵賦稅之事，對於一向敬祖祀神的苗族群眾來說，可謂大辱，以致黎平知府胡林翼也不得不發出「蒿目痛心，莫此為

1　苗族老人逝世安葬前，叔伯、親友來弔喪時，多有自帶銀片來饋送，以讓死者到陰間去買水喝，故叫「買水銀」。

2　凡本文中未注出處的史詩引文均出自吳一文等采譯的《張秀眉起義史詩》，該書於 1997 年由貴州民族出版社出版，不再另註。

甚」〔5〕（P118）之感歎。而隨湘軍入黔鎮壓苗民起義的文人徐家幹更是直言：「此咸豐間往事，亦致亂之一端也。」〔6〕（P218）

　　苗民在遭受官府壓迫剝削的同時，還受到地主奸商的高利貸等形式多樣的盤剝。據史料記載：「苗疆向有漢奸，往往乘機盤剝。凡遇青黃不接之時，則以己所有者貸之，如借谷一石，議限秋收歸還則二石、三石不等，名曰『斷頭谷』。借錢借米亦皆准此折算。甚有一酒一肉積至多時變抵田產數十百金者。」〔7〕（P217）《史詩》中反映高利貸的情況與此相似：

　　Laix laix jus hxut dlinl（個個焦愁無可奈），Jushxut mongl tub liangl（沒法想了去借債），Tub xat Diel dliuk bil（去借漢債來救急），Leit niangx liet hniut lol（到了年關還債期），Diel daib did said pail（漢家債主敲算盤），Dib bod det hsent lol（敲起木珠把賬算），Hsongd ax hongb hsent yel（本錢不用再算羅），Linf jangx ghab hfat lul（利錢像糠一樣多）！

　　Niangx denx denf bat bongl（年初押去兩頭豬），Denf wangx vob diot Diel（菜園抵給漢債主），Niangx ghangb denf zangt wul（年底又將壩田押），Denf lix hlieb diot Diel（大田都歸債主家），Denf laib lix ghangb vangl（寨腳好田也作抵），Lix dab yib xit sul（還搭一丘育秧地）。

　　Dal laib lix ghab bil（剩丘梯田在山坡），Lix hsat lix dab nil（坡田沙瘦土磽薄），Jangs nenk nax dlub gal（只得栽點矮腳穀），Daib Yat dax hxub mongl（漢人也來搶收去），Dius xongt niox hvib dlinl（男兒頓時心腸斷），Xens hxut jangx eb seil（冷心淡意如水寒）。

　　由於「苗產盡入漢奸，而差徭採買仍出於原戶」，況且「差徭採買，

額已有成定俗例，而非賦役之正供。」〔5〕（P118）在這種情況下，苗民「日久恨深，則引群『盜』仇之。而亂機遂因之而起。」〔7〕（P217）

由於官府與奸商的剝削和壓榨，苗民生活異常艱苦，甚至「良苗終日采芒為糧，四時不能得一粟入口。」〔5〕（P117）《史詩》中描繪道：

Denf vangx hvib mait gal（高坡高嶺都踩矮），Muf jongx ghaib mait zangl（茅草根根都打散），Dliof jongx hveb mait lol（山蕨根根扯出來）。Maib vangx hvib tit nongl（高山陡嶺當糧倉），Maib jongx hveb tit ghol（山蕨根根代米糧），Maib vangx dliongb tit jel（木槽拿來作碓窩），Maib ghab hveb ait ngangl（吊命全靠蕨漿漿）。

Hxib dat fangx ob dlinl（清早起來天麻亮），Hlat bit ghab vangx bil（鐮刀彎月臥嶺上），Zais zeit mongl eb wangl（匆匆跑去水塘邊），Genf dot dongx hveb lol（摳坨蕨粉回廚房），Neif diot niox laib wil（烙烙壓壓熱鍋裡），Genx hveb ghab wik nangl（唧唧啾啾鼠崽啼）。Nongx seix xens ait mal（吃來味兒淡兮兮），Ax nongx das yongt dail（不吃就要餓死哩）。

據有關史料記載，咸豐元年（1851 年）臺拱大水災，三年（1853 年）蟲災，同年鎮遠水災，次年又大旱災，使得當地百姓食不果腹。《史詩》中唱道：

Hniut yenx haib hniut mol（寅年卯年鬧蟲災），Gangb nongx nax Zangt Niongl（蟲吃稻禾丈農寨）；Nongx jox Nix vuk nangl（順臺拱河吃下去），Nongx jox Hniangb jit bil（沿著清江吃上來），Nongx lax nongx not lol（吃呵吃呀長久啦），Nongx lol sos Zangt Diel（吃到漢壩桃賴寨），Ghab Dax

Niangx Kit dlinl（打仰下壩吃光生）。Guf Dax Niangx Kit dlinl（打仰上壩吃乾淨）。

Ninx nongx dal xuk dail（牛吃還剩棵把棵），Gangb nongx maib ait jul（蟲吃一棵也不剩），Dal dol ghab ghok lial（只剩老梗枯荏荏），Mox yib cob dot dul（枯荏一吹火逆發），Seix hxub khub leit nongl（收來盡是癟穀殼），Ax hxub laib leit wil（沒得粒米來下鍋），Linl laib linl hfat ngangl（連糠也要省吃喲），Nongx ax dluf hniut yel（省吃也難把冬過）。

鴉片戰爭後，黔東南苗族地區以木材貿易為主的商業經濟有了一定發展，眾多貧苦百姓，有的受雇於奸商撐船；有的為生活所迫，流落外鄉乞討；還有的參軍入團練隨清軍出征。如苗族起義首領高禾、九松在胡林翼任黎平知府時即被征為「苗練」從軍湖北，以不遵守紀律，被遣散歸，遂聚眾起事。[8]（P43）

這些外出者順清水江、都柳江而下，到達湖南、廣西等地，或看到太平天國起義對清王朝封建地主階級沉重打擊的景況，或進一步感受到社會貧富差異和分配不公。如作為一名逃荒者、雇傭工，《史詩》中的「我」用親身經歷，控訴了社會的不公：

Diel niangb laib khangd khongt（主人閑坐活不幹），Nongx dol vob gad vut（主人淨吃好菜飯），Ngix yenb hlaid gad dat（臘肉塊塊下早飯），Nail yenb hlaid gad hmangt（醃魚條條下晚餐）；Wil nongx vob gad ghot（我吃剩菜臭餿飯），Leif dliel hnaib nongl hmangt（剩從昨天昨夜晚），Dluf mongl fub fal dat（直到明天早上呀），Niox lob nangl bot tiot（耗子腳爪印八叉），

Nongx seix hxib bal lot（吃嘛又怕髒嘴巴），Ax nongx hxib Diel tat（不吃又怕主人罵），Geb lieb mongl gid sot（悄悄溜到灶房裡），Maib eb seil lol pot（舀瓢清水來泡洗），Nongx ghangb seix ngangl zeit（吃得香甜要吞下），Ax ghangb seix ngangl zeit（吃得不香也咽下），Sul ngangl jab hul hot（像吞苦藥全咽掉）。

有的口本中，還敘述了「我」流落廣西，看到戰爭的殘酷情況：

Bet hxongt liek lox hob（打槍就像雷聲響），Dad jid ait xangx hob（身子用來當壁牆），Dad hsongd ait jux hangb（屍骨踩著代橋梁）。

由此可知，苗民起義深受太平天國革命運動的影響。正如清江通判朝超分析：「訪察情形，因徵收以起，實則見四方大亂，意在效尤」。[9]（P43）黎平知府胡林翼亦稱：「其倡亂之言，非說偽太平王登基改元，即說某省某處亦反。」[10]（P95）甚至可以認為，「我」實際上是一批受到太平天國革命思想影響的代表，他們在後來的起義中發揮了重要作用，即如《苗疆聞見錄》所說：「有充勇湘粵遣散而歸者數百人，以聚眾入城，官必不赦，複糾合党類於三月十七日圍臺拱城。」[7]（P208）

綜上可知，由於地主奸商敲骨吸髓的剝削，官府的橫徵暴斂和連年的自然災害，使「苗民無飽食暖衣之日，又時有怨恨報復之心，而欲其不叛，難矣」[11]（269），最終導致了這場轟轟烈烈的民族大起義的爆發。

可見《史詩》中所反映起義發生背景的相關情況，與歷史文獻可以互證，口頭敘事與歷史敘事有時具有同樣的真實性。

二、詳細記錄起義主要經過，補史之所闕

　　咸豐初年，張秀眉、李洪基等人便開始醞釀起義。咸豐五年（1855年）三月，在臺拱廳殺牛坪歃血起義，《史詩》中對起義的各項準備工作、參加地方和主要首領都有詳細介紹，且為文獻史料所未見。

　　Zangb Xongt Mil ib laix（為首一人張秀眉），Hlod Denxdail ib laix（還有一個是邵登），Sox Did Wangf ib laix（稱王魯九是其一），Zais zeit mongl Denb Lux（匆匆跑上登魯寨），Nas Ghet Mal sangb liangx（去和麻公商大計）……Ghab Yif ghab Ghob Ngul（要去革一請高禾），Ghab Fuf Luf ob dail（要請胡祿他兩個），Ob daib ait ghab lail（他倆領頭抗漢官），Ait ghaib set dib Diel（最早成頭造過反）……

　　隨後《史詩》中敘述了邀請凱棠的 Jux Weef Said（九元帥），凱哨的 Jenb Gangb Xangk（金剛相），翁泡的 Vob Jox（媧嬌），壩場的 Nix Ghongl Gib（李洪基），郎德的 Dlas Niel（沙牛），榭島的 Gangb Box Niel（剛寶留）等人，以及各地雲集的盛況。

　　Nangl Dongb ghab Nangl Yol（南東傳話喊南約），Ghab Dongb ghab Gud Ghol（革東傳話喊貢閣），Jes Xangx ghab Ghad Diul（壩場傳話喊光條），Zangx Bangb ghab Langl Nangl（岑邦傳話喊南郎），Ghab Hob ghab Nangl Diel（嘎蒿傳話喊南丟），Zangx Tangb ghab Gongd Xenl（長灘傳話喊貢形），Dangx fangb ghab jul jul（各個地方都邀請），Dongx daxib mail lul（雲集一批領頭人），Jix dax ib mail mal（騎來一批好戰馬），Ghuk diot Zangx Maf Dail（集結苗山殺牛坪），Maf ninx hek hxangd niul（殺牛同吃生血酒），Ghed hlangb vut dib Diel（議椰齊心打漢兵）。

雖然這些敘述是用文學的語言來表達的，但因所敘內容為起義醞釀時期，官府尚未能察，故而史料記錄甚少或有闕佚。

起義發生後，苗、漢民關係一直受到苗族起義領袖們的重視，但史料中有的寥寥數語，有的言焉不詳，有的隻字未提。如反映民屯（主要即漢族群眾）對起義的支持僅見「天柱、思州民屯數百處亦皆蓄髮相從，甘為前驅；湘西靖、會、茫、黔、晃各邊境民屯多與交涉，暗受約束」等數句〔7〕（P195），而《史詩》中一方面表明了起義軍對漢族百姓同等對待的政策，另一方面申明了對地方官僚的「專政」政策：

Dlas Niel dail fangx hvib（大六眼亮心也明），Fangd liul hxangt waix dab（有容天地大胸襟），Ghud wangl tab naix jub（團攏人們千百萬），Nenx lol khab dangx dob（他來告訴兄弟們）：「Fangb Diel dol naix jub（客家地寬人也眾），Xuk dail jus deix xongb（個把確實太兇狠），Ib dangl not naix jub（大半以上苦命人），Seix sail hxat jangx dliangb（窮愁如魔常纏身）。Xet mongl saib nenx jub（別向他們泄仇恨），Bib mongl xongt maix fangb（我們還要相扶助），Maib diangd ait liex gheb（讓他回鄉把田耕），Liangb liul yis maix daib（安心幹活養兒女），Tid xongt lal jox fangb（地方治成康樂地），Hmub Diel xit seix niangb（苗漢相安住一起）。」

Dail niangb xuk laix daib（但凡還有個把人），Dliud gangb ninl naix jub（長的一條螞蟥心），Hxud diot Diel ngax diongb（常時住在衙門裡），Des ghab lial yex lob（尾隨大官寸不離），Cob yul bib naix Hmub（踐踏仇殺我苗民），Dol id bib ghax saib（要恨就恨這種人），Dat lol khab dangx dob（殺他一個來儆百），Khab jul ghab jox fangb（儆戒這些壞蛋們）。

　　《史詩》中的這些敘述，可以得到實地調查資料印證。一九五六年民族學工作者在臺江縣調查得知，起義軍攻下鎮遠城之後，張秀眉下令「不殺一個好漢人」。革一鄉八十二歲的漢族老人鄧安超說：「張秀眉起義時，我家很窮，我的父親鄧能林和母親林氏，都沒有往外逃走，卻去田壩寨九松家幫他種田舂米，苗家待我父母很好。當時和我父母同到苗家去做活路的人很多，幫他們種田。苗家對待窮人很好，並沒有聽到亂殺窮人的事。」革一田壩上寨六十三歲苗族老人楊道文說：「張秀眉的軍隊捉到漢族人民是不殺的，只有捉到當官的才殺。當時有錢的漢人早已逃往別處，沒錢的漢人才留下來，還是照樣做活路。」類似情況在施洞、稿貢、排羊、臺盤等地亦有。〔12〕（P186-187）足見不是個別現象。

　　起義軍勝利進軍，攻佔城池後，取得什麼樣的戰績，如何解決百姓對生產資料生活資料的需求？沒有發現當時苗區留下文字記錄，後世文人雖有所記述稱：「八寨、平越、麻哈、黃平、清平、施秉等廳州縣七八城，苗概拆毀，耕成田地，重山複嶺中，縱橫盤踞七八百里，安居樂業，以抗官兵，官兵往往失利。」但過於籠統簡略，難見其狀。而《史詩》中卻多有描述，使我們得見一斑。如《史詩》中敘述攻破鎮遠後，打開倉門把稻糧分到村村寨寨，大家吃上白米飯，老老少少心喜歡。還說攻下龍里城後，奪得大量銀子，用來給婦女們做成首飾，姑娘們力氣小的都戴不動。還說打退軍兵後：

　　Laix nal jef diex lob（爹媽抬腳回家轉），Diangd zaid kab lix hlieb（返鄉來把大田種）。Yis dol nail lix eb（水田丘丘養魚秧），Nail bangl liek dax hlieb（鯽魚條條桌面長），Nail git hlieb diux diongb（鯉魚大得像門板），

Hsongd nail hlieb max qangb（魚脊樑骨像穿枋），Hfud nail dot dax pab（魚頭要用斧來砍），Nongx nail liek nongx vob（吃魚像吃菜一樣），Fal sod nongt gax hab（清早起來要靸鞋），Fal sod dot gax hab（起來若是不靸鞋），Bel nail bangt liax lob（魚刺錐進腳底板），Ongd songd jus deix mongb（發炎腫痛徹心肝）。

起義軍退守雷公山后，清軍採取「四面兜圍，以收聚殲之效」[13](P890)的進攻策略，同治十一年（1872 年）初，清軍發起總攻，烏鴉坡一戰成為最後的生死決戰。史料對這次戰役的記錄總體亦較詳細，但其中諸如懸賞、勸降等細節未見提及。而《史詩》中卻有敘述：

Dail xid gos Xongt Mil（誰人捉得張秀眉），Gos jangx ves diot wil（活捉他來交我們），Baib nenx bib bat liangl（賞他白銀三百兩），Bib hsangb nix diot bil（三千銀兩到手上）！

Dal dail Sub dad renl（還有漢將蘇元春），Nenx laib ghab jit dol（他的計謀也不低），Nenx niangb laib lot lal（又有一張怪甜嘴），Nenx lol dlab Xongt Mil（他來詭哄張秀眉），「Mongx lol lob Xongt Mil（秀眉秀眉你來吧），Lol ob niangb xuk niongl（來和我住一時期），Baix dol hveb vut lial（談話全拋一片心），Lob bil hsab ait bul（空手論道好交情）。」Xongt Mil ghab hxut gal（秀眉心明眼睛亮），Dlab nenx seix niut lol（花言巧語不上當），Dib nenx seix niut tel（強攻硬打不投降）。

民間也有清將龔繼昌、毛樹勳買通張秀眉的姐夫歐兄旁（有的說是堂姐夫），叫他帶著酒肉去勸張講和，秀眉在下山講和途中被官軍埋伏所擒

的傳說。〔14〕（P182-183）《史詩》中還描述了張秀眉被俘後，檻運長沙被殺害的過程，這些細節均於史未見。

可見《史詩》中所反映起義過程的相關情況，補充了與歷史文獻的諸多闕佚，口頭敘事的史料價值彌足珍貴。

三、重點記述起義重要人事，詳史之所略

臺拱起義後，清王朝統治者大為恐慌，立刻調集兵馬進行鎮壓，但連為義軍所敗，到咸豐六年（1856年）十月，起義軍先後攻下了今天的臺江、施秉、凱裡、劍河、黃平等地，基本上控制了黔東南大部分地區。《史詩》中選取了攻打凱裡，圍攻貴陽，攻克鎮遠、龍里城等重要戰役，集中反映勝利進軍的情況。如《史詩》中敘述了楊大六、李洪基率領義軍紮營香爐山，圍攻凱裡的策略、過程等方面的詳細情況：

Ib hnaib Diel dot bongt（頭天官兵還發狂），Diel cob nex lit lit（木葉吹得嚦嚦響），Ob hnaib Dielxit kot（二天官兵相吼叫），Bib hnaib Diel xit not（三天相怨自慌張），Dlob hnaib lol leit hliat（等第四天一來到），Dlas Niel ghax qit cat（大六火冒三丈高），Gib vongx dul dut bet（龍角吹得嘟嘟響）。Cob gib vil dol vangt（吹號聲聲把眾召），Zob xex yil lol gangt（召喚弟兄快快來），Xex yib ful liul leit（弟兄呼啦齊來到）。

Dlenl laib ngax xit lit（一鼓作氣克凱裡），Sangl Diel ghab hsangb bat（輕鬆全殲千百敵），Dal niangb niox dail dongt（還有一個大頭目），Fal ghangb songx lol leit（爬自床下哭兮兮），Lol ghab nenx dol lit（呼喊他的手下人），

Gol laib ngax lol tet（快來投降求饒命），Kheib naix lul diut hlat（六道繩索將他捆），Kad Linx jul set cat（凱裡沒事得清靜）。

據文獻記載，起義軍圍攻凱裡經年，「城中草根木葉皆已食盡，日有餓死，未死者輒攫死者以為食。」〔15〕（P50）咸豐六年（1856年）七月初九日，凱裡城糧盡被義軍攻破。但史料中卻無指揮將領、攻打情況等方面的記載。另，據民國《貴州通志·前事志》記載，起義軍攻佔清平縣（凱裡系當時的清平分縣）後，「署知縣秦鎮藩從逆」，並引《平黔紀略》稱其戰死，引《黔亂紀實》稱其「遁去……乃不但惜死，且甘心從逆，其肺肝果居何等？抑人言有未可盡信耶？或雲鎮藩本廣西苗人。」引《乙卯苗變記》說「縣官秦陷賊中，後由玉屏觀察營出，回籍。」《前事志》加按語雲：「《紀略》稱秦鎮藩死賊，據《苗變記》則秦陷賊中久始出，《紀實》亦謂其從逆。《紀略》大誤。」〔16〕（P641-642）據史料記載，秦鎮藩系廣西進士，是為書生，因此結合《史詩》中所述「大頭目」躲在床下，求饒投降等細節和文獻資料來看，可推斷所謂「大頭目」即為秦鎮藩。可能因其為廣西苗人，後投苗民起義軍或為起義軍放回。

同治七年（1868年）四月發生的寨頭保衛戰，是苗民起義後期一次十分慘烈的戰鬥，漢文獻對此次戰鬥記載極少，如《平黔紀略》只有「二十七日，破丁把塘，圍攻寨頭，至是拔之，……斬賊首牛官保（即剛寶留）」〔15〕（P401-402）數十字。《咸同貴州軍事史》亦與此基本相同。而《史詩》中對此次戰鬥的經過、重要性和失利後的影響敘述頗詳：

Juf zab yenx mongl nangl（十五個營向南行），Juf zab yenx lol bil（十五

個營朝北進），Ait ob gid hlongt lol（官軍分兵兩路走），Lol dib fangb Zaid Tel（兩路夾攻寨頭村）。Diel wix fangb Zaid Tel（官兵來到寨頭村），Ghab Xib Dox pit nangl（榭島東南紮大營）Hvangb xit gangf laix bil（梭鏢緊緊握手上），Hxongt xit waif laix jil（火槍替換對敵放），Bet sat leit ghab vangx bil（拼殺刀聲響山嶺），Bet hxongt leit fangb waix lol（槍炮轟隆震天庭）……Dus laib vangl Xib Dox（榭島苗寨被攻破），Mongl ib jil lob wangx（失去苗王一隻腳）！Dus laib Xib Dox vangl（榭島苗寨已失守），Das ghet Gangb Box Niel（戰死英雄剛寶留），Dangt dot das laix nal（就像大家死爹媽），Liek los ghab vangx bil（如同高山嶺崩塌）……Dangt dot fangb dlax Diel（家鄉陷落漢官來），Dlax eb diot nail dlenl（洪水橫流魚亂竄）……Lax fangb ait bol dol（地方千里糟蹋爛）。

《史詩》中不僅涉及了許多苗民起義將領、清軍將領的情況，甚至還包括了外國參與鎮壓苗民起義人員的情況。據記載，英國軍火商麥士尼長期留居貴州，為清軍採買洋槍洋炮，參與創辦近代貴州第一所兵工企業貴州機器局，創辦近代貴州第一家股份制企業白馬洞礦股份公司，被貴州提督周達武委任為「總理貴州全省洋炮處」，獲清廷授予巴圖魯稱號。[17] 他在清軍中充任顧問，參加黃平舊州、新州、重安等戰役，「自用洋槍斃『賊』，前後共計二百五十餘人」[18]。《史詩》中記錄了他幫清軍購買、運輸洋炮，並描寫了洋炮的外觀、性能等：

Wangx baib bib bat liangl（皇帝撥給三百兩），Bib hsangb nix leit bil（三千紋銀到手上），Mail yangf guaif hxongt lol（買得一批好洋槍），Laix Fab gangf diot bil（官兵得來緊緊握），Jus ghob ghax bet dongl（手指一扣

響），Eb ib seix dot bongl（硝煙未見在何方）。Dail dal mail hxongt lul（還買得了大洋炮），Maif Sid Qif ait lol（麥士尼來幫買到）。Ib ghox hlieb xit Diel（炮身粗如漢家甑），Hniub yenx hlieb tok jenl（炮彈大似茶罐罐）。Maib niangx qab jit bil（用船載起往上運），Qab lax ab hlongt lol（船運洋炮上苗山），Lol leit jox Hvab mal（洋炮運到小江畔），Niangx qab ax jit lol（水小船劃不過灘），Dliof bax ghob jit bil（改用滑車拉上山）。

可見《史詩》反映的許多重大事件、重要人物的情況，補充了史料之未詳或所略，口頭敘事對歷史敘事之豐富作用可見一端。

鍾敬文先生指出：「在古代和現代社會發展緩慢的一些少數民族中，人民的口頭創作同時也就是他們的歷史。」[1] (P16) 我們通過上述《史詩》與漢文獻內容的對比研究，可以看出它的史料價值。對於歷史上沒有文字的民族來說，民間文學作品就是他們的「歷史文獻」之一，我們可以通過它看到歷史的發展趨勢，糾正被歪曲的事實，追尋豐富的文化。當然，口傳史詩等口碑資料不像文字記錄那樣可以長期基本保持不變，它具有活態性，雖然其中很多資料可以證史之所載，詳史之所略，補史之所闕，但有的情節、細節亦非信史，當明辨之審視之方可發揮其真正之功用。

◐ 參考文獻

〔1〕鍾敬文.民間文學概論〔M〕.上海：上海文藝出版社，1980.

〔2〕魏源.聖武記（卷七）〔M〕.北京：中華書局，1984.

〔3〕易佩紳.稟請變通舊制各事宜〔M〕//翦伯贊，等.中國通史參考資料·近代部分（上冊）.北京：中華書局，1965.

〔4〕丁尚固，修，劉增禮，纂.臺拱文獻紀要·兵事下〔M〕//貴州府縣誌輯（全50冊），成都：巴蜀書社，2006.

〔5〕胡林翼.論東路事宜啟〔M〕//胡林翼集（第二冊）.長沙：嶽麓書社，1999.

〔6〕張秀眉起義史詩〔M〕.吳一文，校注.貴陽：貴州人民出版社，1997.

〔7〕徐家幹.苗疆聞見錄〔M〕.吳一文，校注.貴陽：貴州人民出版社.1997.

〔8〕淩惕安.鹹同貴州軍事史（第七十三章）〔M〕//《中國野史集成》編委會，四川大學圖書館.中國野史集成（第43冊）.成都：巴蜀書社，1993.

〔9〕韓超.苗變紀事〔M〕//《中國野史集成》編委會，四川大學圖書館.中國野史集成（第43冊）.成都：巴蜀書社，1993.

〔10〕胡林翼.陳明黃平事竣並厘定糧章啟〔M〕//胡林翼集（第二冊）.長沙：嶽麓書社，1999.

〔11〕易佩紳.稟請變通舊制各事宜〔M〕//翦伯贊，等.中國通史參考資料·近代部分（上冊）.北京：中華書局，1965.

〔12〕《民族問題五種叢書》貴州編輯組.苗族社會歷史調查（三）〔M〕.貴陽：貴州民族出版社，1987.

〔13〕中國科學院民族研究所貴州少數民族社會歷史調查組，中國科學院貴州分院民族研究所.清實錄·貴州資料輯要〔M〕.貴陽：貴州人民出版社，1960.

〔14〕楊光磊.張秀眉起義資料彙編（下集）〔C〕.黔東南州文聯編印，2001.

〔15〕羅文彬，王秉恩.平黔紀略〔M〕.貴州大學歷史系中國近代史教研室，點校.貴陽：貴州人民出版社，1988.

〔16〕貴州通志·前事志（第四冊）〔M〕.貴州文史館，校勘.貴陽：貴州人民出版社，1988.

〔17〕余學軍.英人麥士尼與近伐貴州工業化的緣起〔J〕.黔南民族師範學院學報，2011（4）.

〔18〕唐炯.援黔錄（卷四）〔M〕//《中國野史集成》編委會，四川大學圖書館.中國野史集成（第43冊）.成都：巴蜀書社，1993.

（原載於《黔南民族師範學院學報》2014年第3期）

侗臺語民族祈雨儀式的口頭敘事隱喻

——以壯族史詩《布伯》與泰國神話

《青蛙神的故事》的比較為例

李斯穎

一、壯族英雄史詩《布伯》及祈雨儀式

　　壯族民間師公教有群體性的祭天祈雨活動，被稱為「打醮」。祈雨儀式使用的經文是民間頗為聞名的英雄史詩《布伯》唱本。[1] (P268-271) 在祈雨儀式中，師公不但要吟誦經文，還要設壇祈雨，完成各種儀式舞蹈、動作等。除了史詩的形式之外，在民間也流傳著散文體的神話，在壯族人民心中，布伯是鬥雷的英雄。在此介紹梁庭望先生在廣西南寧市馬山縣搜集到的史詩《布伯》文本，並與泰國東北的神話進行比較。

　　在該《布伯》版本中，雷神有兩個兄弟，「娘生雷公三兄弟，三個天下最逞狂。第一先生風伯兄，第二才生雨師郎。第三生你為小弟，兩目四瞳似月圓。頭上戴個天庭帽，右手鐵杖左金剛。你三兄弟會變化，天上人間樣樣強。大哥入山變成虎，二弟入海變龍王。三郎太陽當中坐，坐鎮太陽當雷王。太陽變化來複去，早東升晚落西方。」雖然雷王做了天上的主宰，可以變化出風、雲、雨、水，但卻不關心人類疾

苦，不體察人間苦難，一天到晚遣妖作法，為害人間，使得人間病魔、瘴
癘作怪，民不聊生。但雷王還以功自居，「你在天上做老大，人間肥牛歸
你嘗。六月祭雷嫌牲少，不讓雨水落塵凡。天上雨池歸你管，氣急敗壞做
天旱。」人間大旱三年，田裡的水稻沒有水，杆子比韭菜還小，山上的樹
木也都枯死，動物們也都遭了殃。老人家卜過卦，才知道是雷王造成的災
難。「天下頻傳布伯強，讓他求雨必應驗。牲禮紙錢眾人備，布伯開壇誦
雷章。唱第一章求要水，唱第二章求雨降。唱第三章求雷公，人間久旱亂
發狂。」但布伯求雨並沒有效果，雷王並不答應下雨，人間依然處處暴曬
於太陽之下，「天邊紅得像血漿」。布伯氣得怒髮衝冠，把廟中雷王的塑
像扳倒在地，用鐵杖去鏟塑像的鼻梁。等到第二天，天上還是沒有一滴
水，布伯氣得臉發脹，直接提著斧頭就往天上奔去了。他「第一先到東門
望，雷京金光亮閃閃。第二又到西門望，雷兵雷將站滿崗。第三才到雷王
殿，雷王飲酒在殿堂。布伯瞪眼斥雷王：『誰不給雨行蠻強？』雷王蹺腳
放酒杯：『是我大人不給放！』布伯一聽氣沖天，臉紅脖粗怒發狂。想扳
雷王拿來剁，氣沖喉管又忍讓。布伯舉斧高過頂：『要頭要水任你選！』
雷王見斧臉煞白：『明天定給雨下凡。』布伯聽了下雲端：『我在人間瞪
眼望！』」沒想到，布伯一走，雷王就變卦了，他恨得咬牙切齒，磨刀磨
斧，準備到人間和布伯決戰。雷王在天上磨刀磨斧，人間則感覺到天上雷
鳴不已，天地動搖。布伯聽見聲音，知道事情不好，趕緊撈來水草，鋪滿
了自己的房頂。水草又濕又滑，無論是放火燒還是用雷劈，都不管用。雷
王的五雷將奉命卷風而來，弄得人間到處霧氣籠罩，到處陰陰沉沉。他們
劈來劈去，也沒辦法把布伯的房子劈倒，就回天庭去稟告雷王。雷王大發
脾氣，再派兵將來輪番劈砍，天地昏暗，蒙昧不清，但不論兵將如何劈

砍，布伯的房子依然穩固如初。雷王見此情景，氣得連連踩腳，引起天地晃蕩。「布伯聽見雷公怒，拿網簷下等雷王。雷王舉斧跳出殿，大地九天都震盪。閃第一下到雲頭，閃第二下到半空，閃第三下斧猛劈，左摔右滑腳朝天。跌落簷下身未起，布伯已跳到近旁。雙手一揚網一撒，撒開收攏捉雷王。布伯拍手哈哈笑：『看你雷魔回天上？』雷王馬上就變化，變做公雞把頭揚。布伯立刻就識破：『拿穀喂你好來劏。』雷公第二又變化，變做懶豬往下躺。布伯便叫伏羲兒：『鐵鉤鉤住送屠場！』雷公第三又變化，變做駿馬把頭昂。布伯立刻又問兒：『配上馬鞍騎它逛！』雷公第四又變化，變做水牛角彎彎。布伯又叫伏羲兒：『你拿繩子穿鼻梁。雷變水牛我也殺，雷變駿馬我也劏。』」抓住了雷王，大家對著他怒目圓睜，連聲咒罵。布伯把雷王關到穀倉裡，拿稻草讓雷公搓草繩。布伯還把蜘蛛放進穀倉裡，雷王每搓出一段草繩，蜘蛛就把它偷走。因此雷王咬牙切齒，發誓只要看到蜘蛛就把它劈死。布伯準備到集市上買金壇，把雷王殺了吃肉，臨走前叮囑自己的兒女說：「伏羲兄妹聽我講，雷公問水莫搭腔。討茶你們不能給，要粥你們不能讓。給水喝了它有勁，發作起來化道光。」雷公知道布伯要殺他，害怕得淚流滿面，向伏羲兄妹討茶喝。他最後討到一點豬潲水，「伏羲拿潲到倉邊，倉中樂壞了雷王。喝第一口得解渴，喝第二口透心涼。喝第三口猛一噴，吹散穀倉飛四方。雷王拍手哈哈笑：『不被殺掉又生還。』」得救的雷神送給伏羲一顆牙齒做獎賞，讓兄妹倆將牙齒種下，等著牙秧長成大葫蘆，等到發洪水的時候躲進葫蘆裡。雷王回到天上，往人間降下幾個月的大洪水，把人類都差不多淹死了。伏羲兄妹躲在葫蘆裡呼喊，讓雷王停止下雨。雷王聽到後伸腳測試水面，卻被騎「豔」的布伯砍去一隻腳。之後，洪水盡消，流進了昆侖歸入海洋。人間

只剩伏羲兄妹兩個人。經過金龜、烏鴉、竹筐的勸說和驗證，兄妹倆結為夫妻。三天之後生下一個磨刀石一樣的孩子，雷王用匕首剁碎肉團灑四方，天底下的人類才繁衍起來。

這部史詩的內容情節主要分成兩部分，整合了英雄鬥爭與洪水神話的情節。第一部分的主要核心是布伯鬥雷王，逼迫雷王下雨。其敘述又可分為以下六個母題：（1）雷王因嫌棄祭祀牲品少，不願降雨給人間；（2）布伯開壇請雷王降雨，被雷王拒絕；（3）布伯奔往天上逼迫雷王降雨，雷王假意同意；（4）雷王帶兵三次攻打布伯的屋，沒有獲得成功，第三次自己反跌落簷下，被布伯用網網住；（5）雷王與布伯鬥法，雷王四次變化都被布伯識破，被關進穀倉；（6）雷王問伏羲討得豬潲水，逃離穀倉返回天上，並放水淹天下。第二部分的主要核心是洪水後，伏羲兄妹婚配繁衍人類。這部分敘事可分成以下六個母題：（1）伏羲兄妹種下雷王贈給的牙齒，牙秧長成了大葫蘆；（2）雷王下了幾個月的大雨，把人類都淹死了，只有伏羲兄妹和布伯還活著；（3）雷王伸腿探水深，被布伯砍掉一隻腳；（4）洪水退去，只剩下伏羲兄妹二人；（5）經過金龜、烏鴉和竹筐的勸說和驗證，伏羲和芝妹結成夫妻；（6）伏羲兄妹生下一個磨刀石一樣的孩子，被雷王剁碎撒四方，繁衍了天下的人類。

二、泰國東北部的神話《青蛙神的故事》及芒飛節

泰國東北部被泰國人稱為「Isa（a）n」地區，有二十個府，包括那空拍儂、加拉信、色軍、黎府等，面積超過十六萬平方公里，該區域東部有湄公河流過，成為泰國與老撾的天然界河。泰國東北部人口約為二千三百

萬，占泰國人口三分之一強，居住有泰伊訕（Isan）、[1]佬族（Lao）、普泰（Phu Tai）、佬龍人（Lao Lom，包括黑傣、白泰）等侗臺語民族支系。[2]（P26）

　　芒飛節又被稱為「火箭節」，是泰國東北部很有名的民俗節日，舉辦者主要為當地信仰佛教的侗臺語族群人民。在西曆五、六月分雨季來臨時，東北各地的民眾擇期舉辦芒飛節祈求雨水豐沛。各村鎮都會組織激烈的燃放芒飛（Mang Fai，即火筒、火箭）的比賽，以祈求天神下雨，滋潤作物，迎來豐收。該節日也標誌著新的水稻耕作季節的來臨，在節日活動之後，大家就要投入到繁忙的農耕勞作中去。芒飛節不但被視為祈雨的必需儀式，也和村民的個人健康、整年平安吉祥相連繫，對個人和集體而言都有特殊的寓意。

　　關於芒飛節儀式的起源有不少神話傳說，其中最廣為人知的是神話《青蛙神的故事》。該故事收錄在《泰國民間故事選譯》中，內容如下：

　　恬神是非常偉大的神，按照節令向世界供雨。那時青蛙神是猛的首領，統治著人民群眾，人們生活幸福美滿。由於青蛙神威力大，影響也大，大大小小的動物都非常敬重他，讚美他的恩德。禿鷹和烏鴉原本承擔著拿食物獻給恬神的任務，後來也都來守候在青蛙神身旁，居然忘記了給恬神送食物。恬神得知事情的真相後，非常生氣，他想減弱青蛙神的威望，於是就不讓天上的雨水按節令下來。

1　泰伊仙族群是泰國東北部各府的主要居民，亦自稱泰佬（Lao），佬（Lao），與老撾的佬族同源。

崇敬青蛙神的民眾和大大小小的動物由於乾旱而忍饑挨餓，種田沒有收成，糧食和水果都很少，動物找不到吃的東西，大家都去青蛙神處叫苦。青蛙神知道乾旱的原因，他對民眾和動物說，恬神綁住了龍王，不讓龍王玩水，龍王不能玩水就不能噴水，龍王噴的水飄落到地面上就是雨水，所以天下乾旱。青蛙神還和民眾、動物商量說，必須和恬神發動一場戰爭，並計畫派大大小小的動物作為軍隊到天上和恬神作戰。它吩咐臣民們築了高高的牆壁，然後從牆壁上造梯子，梯子一直延伸到恬神住的天堂。青蛙神率領他的兵丁踩著梯子一直爬到恬神住的地方，向恬神發起進攻。

恬神早已有戒備心理，秘密藏著武器準備應戰。青蛙神知道恬神藏武器的地方，就派白螞蟻到恬神的武器的柄上鑿洞。於是，恬神的長刀、長矛、弓箭等的柄都被白螞蟻鑿空了，青蛙神還使恬神的刀、矛、梭鏢等生銹不能使用。

第二天早上，恬神吩咐大臣拿武器來分發給士兵們，才發現武器已經壞了，全都不能使用了，恬神只好改變策略，想通過念咒語來制服和戰勝青蛙神。青蛙神叫青蛙、田雞、知了等大聲叫嚷，干擾恬神念咒語。恬神又變出蛇把青蛙、田雞、知了咬死。青蛙神見狀又叫老鷹把蛇吃掉……雙方進行了一場又一場智慧和神力的較量，但始終不分勝負。最後，恬神和青蛙神進行鬥象比賽，恬神輸了，被青蛙神捉住，雙方商定停戰協議：恬神同意繼續向世界供水，如果某一年恬神忘了供水，就讓世界上的人燃放火筒，提醒恬神按照時令供水。

所以，如果哪一年雨水遲遲不下，東北部的人們就點燃火筒提醒恬神供水，天長日久就有了點火筒（筆者注：即芒飛）的習俗。[3]（P5-6）

該神話的主要核心情節是青蛙與雷神鬥法，提取其主要的五個母題：（1）恬神不滿青蛙神的威望，並因為人間忘記獻祭食物給他，便不給人間降雨；（2）人間的民眾和動植物都向青蛙神訴苦，青蛙神做出計畫，準備到天上和恬神作戰。（3）恬神準備好了武器發給士兵們，但都被白蟻鑿壞了；（4）恬神和青蛙鬥法，最終恬神輸了，被青蛙神捉住；（5）恬神答應向人間供水，讓人間燃放火筒提醒他。

二〇一二年六月，筆者曾到泰國東北地區，有幸觀摩加拉信府（Kalasin）古奇那萊（Kuchinarai）縣一年一度的芒飛節活動。該地的芒飛節於西曆六月十八至二十日舉辦，地點就在古瓦（Kutwa）鎮古瓦村。據當地小學老師 Sathaphom 介紹，住在這一帶四個村子的主要是普泰族，從中國經過老撾、越南遷徙到了泰國東北部。原先芒飛節的舉辦日期通過巫師卜卦後，由村寨長老共同決定，擇日舉辦。但隨著社會的發展，政府參與到芒飛節的建設之中，日期則主要由政府與民間精英一起商議決定，擇日時還保留著占卜、看雞骨卦的習慣。

芒飛節各項活動以村寨為基本單位。古瓦鎮此次舉辦的芒飛節，召集了當地四十九個自然村寨的村民前來參與。芒飛節的主會場就在當地佛寺的旁邊。芒飛節的活動主要集中於三天，第一、二天主要是各村寨的花車遊行和「芒飛」展示、選美比賽。各村村民開著裝扮一新的花車、「芒飛」和 Phadaeng 王子、Nang Ai 公主，在主幹道上四處巡遊，展示自己的各種

藝術成果。在花車後面，有樂隊，有村民，有遊客，大家隨著節奏跳著輕盈、歡快的舞蹈，芒飛節的氛圍就是如此地濃烈起來。在主會場周圍，有許多小商販，出售食品、玩具與各種生活、生產用品。節日活動的第二個夜晚，則有以普泰文化、通俗文化為主題的兩臺晚會。關於普泰人文化的晚會，展示了他們節奏感十足的音樂、民歌與民間舞蹈。第三天則是最精彩的「芒飛」比賽。如今，芒飛節活動的表現形式及規模都有所變化，但其活動內容的核心與主題卻具有超強的穩定性，展示著普泰人悠久的文化與歷史。在古瓦村，筆者也採錄到若干個芒飛節源起的神話，內容與《青蛙神的故事》大同小異，在此不再贅述。

三、《布伯》與《青蛙神的故事》的共同母題與儀式背景

通過以上的羅列和歸納，不難看出史詩《布伯》的第一部分與《青蛙神的故事》在內容上極其相似。在此列出表格進行對比分析（見表1）。

表1　《布伯》、《青蛙神的故事》共同母題對比表

《布伯》	《青蛙神的故事》	共同母題
雷王因嫌棄祭祀牲品少，不願降雨給人間	恬神不滿青蛙神的威望，並因為人間忘記獻祭食物給他，便不給人間降雨	天界不滿人間的獻祭，不降雨
布伯開壇請雷王降雨，被雷王拒絕	人間的民眾和動植物都向青蛙神訴苦，青蛙神做出計畫，準備到天上和恬神作戰	
布伯奔往天上逼迫雷王降雨，雷王假意同意		
雷王帶兵三次攻打布伯的屋，沒有獲得成功，第三次自己反跌落簷下，被布伯用網網住	恬神準備好了武器發給士兵們，但都被白蟻鑿壞了	天界與人間的第一輪鬥爭

續表

《布伯》	《青蛙神的故事》	共同母題
雷王與布伯鬥法，雷王四次變化都被布伯識破，被關進穀倉	恬神和青蛙鬥法，最終恬神輸了，被青蛙神捉住	天界與人間的鬥法，以天界的失敗而告終
雷王問伏羲討得豬潲水，逃離穀倉返回人間，並放水淹天下	恬神答應向人間供水，讓人間燃放火筒提醒他	

　　從內容上來看，乾旱的起因相同，乾旱所引起的鬥爭過程相似，但結果卻不太一樣。布伯被洪水淹死，標誌著人間鬥雷戰爭的失敗。在有的版本中，布伯的紅心變成了天上的啟明星。[1]（P268）史詩《布伯》的第二段敘述是中國西南部常見的洪水兄妹婚神話，雖然這一神話母題在東南亞也十分常見，但根據目前掌握的資料，卻沒有和《青蛙神的故事》結合在一起。

　　從兩個敘事的第一個共同母題可以看出，「天界不滿人間的獻祭，不降雨」，與儀式有著密切的關係。在這個時候，無論是壯族還是泰國東北部侗臺語民族的先民，他們都已經擁有了特定的神靈觀念，對掌管著人間雨水的天界神祇保持了一定的崇拜與敬畏之感。這種崇拜與敬畏，其根源是侗臺語族先民歷史悠久的稻作生產傳統。只有在人工栽培水稻、相對穩定地在某些地區進行農事生產之後，他們對於雨水的渴望才會變得具體而現實，顯得迫切起來。沒有雨水，水稻無法生長，人們就會缺乏稻米充饑。人們不但從早期自然崇拜的觀念出發，想像出了天上的神祇，還向他們獻祭，採取相關的儀式來表達自己的敬意，以祈求他們定期降雨，護佑稻禾的生長。也許一開始，這個神只是「天」，但隨著時間的推移，壯族的雷神與泰東北恬神概念逐漸形成，並具有了生動的形象。

　　兩個敘事中的其他共同情節,「天界與人間的第一輪鬥爭」、「天界與人間的鬥法,以天界的失敗而告終」也具有十足的儀式感。敘事中並沒有描繪殘忍的廝殺、流血的場面,但卻是通過聰明的手法來化劣勢為優勢,並通過變形的鬥爭來制服天神,顯得喜感十足。在每一種變形中,都體現了「一物降一物」的辯證法思想,展示的是民族生活中的智慧力量。這種虛擬的鬥爭和變形,在各民族的儀式活動中常常出現,它也是人類「模擬巫術」的一種展示。侗臺語族先民試圖通過咒語等多方面的巫術努力,去與神祇相溝通,讓神祇為人間的生產服務。正如《神話思維》一書所指出的,「巫術咒語支配自然,咒語可以改變自然存在及其過程的固有規則:『讖語或銘刻能夠引出光明。』並且咒語還對神祇施加無限的威力,迫使他們改變自己的意願。」〔4〕(P243) 以上的共同母題,是對早期人類試圖控制自然力量、達成自身願望的一個生動的儀式展現。

　　因此,從這兩個敘事的共同情節,可以回溯早期侗臺語族群早期的神話與儀式關係。「基本的神話宗教情感的真正的客觀化不是在眾神的赤裸裸的偶像中,而是在敬奉神祇的祭祀中,因為祭祀是人們與神祇的主動關係。在祭祀中,不是間接地表現和描繪神性;相反,是對神性施加直接的影響。」在早期乾旱缺水的狀態下,侗臺語族先民通過對天神的祭祀來試圖獲得雨水,並運用各種可能的巫術手段來達到這個目的。從根本上說,布伯也是一個「師公」的投影,而「青蛙神」已然具有了為人類代言的神祇身分,而不僅僅是動物本身。整個神話描繪的是一場為了獲得雨水的熱烈而懇切的巫術儀式,人們以灼灼有據的語言向天神訴說人間如火似焚的乾旱,並祈求獲得天神的同情與通達。在儀式上,巫師還要達成對天神的

有效指令，即通過若干的「鬥法」來表現自己的特殊能力，實現人類對自然的操控。正如著名神話學家恩斯特・凱西爾所述：「絕大多數神話主題起源於一種祭祀的直覺，而不是起源於自然過程。這些主題並不追溯到物質性事物或事件，但追溯到人的一項活動，明確地表現在這些神話主題中的正是這種活動。」〔4〕（P240-241）這種情形也展示在本文所展示的兩篇敘事中，儘管一篇以史詩的形式出現，一篇以敘事體神話的形式出現，但形式在此並不成為將二者連繫起來的障礙。正是由於侗臺語族先民早期具有形象感、聯想豐富的祈雨儀式，才鑄就了壯族和泰東北的這兩則敘事，其中的共同敘事內容，是對儀式過程的再現，是對歷史記憶的隱秘保留。

　　由此，又可以看到神話、史詩等人類早期口頭敘事與儀式之間的張力。在一開始，《布伯》、《青蛙神的故事》的原初形態與描繪和闡釋儀式、增添儀式氣氛、增強集體情感等有著很大的關係，它們的敘述也許比現在我們看到的文本要簡單得多，並且與儀式之間的直接關聯更為凸顯。隨著時代的發展，無論是《布伯》還是《青蛙神的故事》，都增添了比儀式現場本身要豐富得多的內容，其內涵也更為豐富，呈現出可以脫離儀式而存在的一種獨立敘述。如《布伯》添加了洪水神話、兄妹婚的情節，在民間以散體形式流傳。《青蛙神的故事》從表面上看來已經發展為單獨解釋人們放射芒飛原因的文本，與祭祀儀式的直接關聯已經喪失。由於泰東北過芒飛節的侗臺語民族已經改信小乘佛教，在芒飛節期間只會到佛寺賧佛、請和尚送佛經，祈求佛祖護佑，向恬神舉行的祭祀儀式都已經消亡。神話、史詩等口頭傳統遠離了他們最初依附的儀式之後，並沒有變成無本之木、無源之水，相反地，它們與更廣闊的民族文化結合在一起，獲得了

獨立的意義和新的生存空間，並繼續對民眾的信仰塑造、精神訴求等發揮了一定的積極作用。

四、族群文化意義

這兩則敘事不只留給我們對早期口頭傳統與儀式之間的反思，還有利於我們探索早期侗臺語民族的共同文化。《布伯》和《青蛙神的故事》都展示了侗臺語民族深厚的巫覡傳統、悠久的稻作生產文化與儀式，並且和侗臺語族廣泛的蛙崇拜有著密切連繫。

（一）越巫傳統

越巫是被統稱為「百越」的侗臺語族先民中負責祭祀、巫術的巫師。明朝鄺露曾記載漢代京師的越巫活動：「漢元封二年（西元前 109 年）平越，得越巫，適有祠禱之事，令祠上帝，祭百鬼，用雞蔔。斯時方士如雲，儒臣如雨，天子有事，不昆命於元龜，降用夷禮，廷臣莫敢致諍，意其術大有可觀者矣。」[5](P52) 可見，越巫之術早在漢朝就已經聞名天下，並為漢朝天子所看重。因此，越巫的巫術傳統直至今日仍存留在壯族和泰國東北部侗臺語先民後裔的信仰習俗中。其中，最常見的是雞蔔，至今仍被壯、普泰等民族所沿用。

除了使用雞卜，越巫在儀式活動中所盛行的模擬巫術、接觸巫術，也對今日的儀式和口述傳統產生了影響。據《百越風土記》所述，唐代時人們「病不服藥，日事祈禱」，「延巫鳴鐘鐃，跳躍歌舞，結幡楚楮，灑酒椎牛，日久不休。事畢插柳枝戶外，以禁往來。」[6](P459) 在這其中，是

越巫向神請求、協商與溝通的過程，也是我們在《布伯》、《青蛙神的故事》等敘事中可以解讀出的資訊，包括獻祭、與天神溝通、與天神的鬥法、變形等等。

（二）稻作文化傳統與蛙崇拜

分布在中國及東南亞的侗臺語族群後裔，大都以稻米為食，歷史上多以種植水稻為生。在《侗臺語言與文化》一書中，李錦芳先生亦指出：「侗臺語族（包括黎語支和仡央語支）、南島語系及朝鮮語之間的『水稻』、『稻米』二詞對應比較整齊」，時間可以上溯到六千多年前。而侗臺語族內部一個指稱「稻穀、稻米、米飯、飯」的詞，更保持了高度的一致性，李方桂先生構擬出的原始臺語為＊xəu，該詞在二千多年前就已存在。[7]（P187）從考古出土的稻粒及水稻加工工具，可以將中國華南地區的稻作人工種植上溯到七八千年至一萬年前。可以推測，在侗臺語族群先民分散、遷徙之前，他們已經具有了栽培水稻的經驗，以稻米為食，並創造了一系列稻作文化傳統。這種傳統，首先體現在對「灌溉之水」的渴望上。他們寄希望於天上的神祇，使人間風調雨順、五穀豐登；也同時通過祭祀、巫術等被認為「行之有效」的手段，來達到自己的目的。這使得《布伯》和《青蛙神的故事》都透露出濃厚的稻作農耕民族文化的色彩。

與稻作文化密切相關的，是對蛙類的崇拜。在《青蛙神的故事》中，青蛙神依靠智慧和勇氣與恬神作戰，替人間贏得了雨水。在《布伯》中雖然沒有青蛙的出現，但壯族民間保留了生動豐富的蛙崇拜傳統，如紅水河一帶有名的螞蟲另節，就是以埋葬青蛙、以蛙骨占卜而聞名，並且附著有

豐富的神話傳說。從語言學材料來看，各侗臺語族語言中，「青蛙」、「蛤蟆」等蛙類用詞大多發音相似。這證明在這些族群尚未分化之前，就已經存在對蛙類的定義和概念。這也是各地蛙崇拜表現出一致性的一個基本條件。有學者曾搜集侗臺語族臺語支的北、中、南部地區語言材料，其材料證明了不同地方「青蛙」、「小青蛙」的叫法都相對一致。如「青蛙」，西南語支中泰語、白傣、黑傣語、清邁泐語和中部語支的 Lei Ping 方言、憑祥方言的發音均為 Kop^2，撣語為 Kop^4，西南語支中的景東泐語、Muong Yong（緬甸東北部）泐語和 Nong Khai（泰國東北部）方言、中部語支的寧明方言（聲調存疑）發音均為 Kop^1，中部語支的 Lung Ming 發音為 Kop^3，西部儂語發音為 Kap^6，龍州方言為 Kup^2，北部語支中 Yay 方言為 Kap^3，些克語（Saek）為 Kap^4，武鳴方言為 Kop^5。有一種小青蛙的發音基本一致為「paat」，音調稍有差異。[8]（P77、137）可見在族群分化之前，侗臺語族群先民就已經產生了對蛙類的深刻印象和認識。

從根本上來說，侗臺語族先民在彼此分離之前，已經廣泛採取稻作農耕的生產方式，觀察到了「蛙鳴─雨水─水稻豐收」的關係。為了實現穀物豐產的目的，在當時特定環境、原始思維活動支配下，人們把蛙類視為祈雨的使者，並通過各類模擬和接觸巫術企圖實現對雨水的需求。隨著侗臺語族先民的活動區域不斷擴大、族群不斷分化，在不同區域的不同侗臺語民族支系受到了不同時期、不同層次的異文化影響，使得原本或許有著共同起源的祈雨儀式在發展中逐漸形成了新的面貌，包括壯族師公教的祈雨儀式與泰東北的芒飛節等，並保留了豐富的、母題相似的口頭敘事。

參考文獻

〔1〕農冠品.壯族神話集成〔M〕.南寧：廣西民族出版社，2007.

〔2〕Joachim Schliesinger：Tai Groups of Thailand （Volume2）〔M〕.
Bankok：White Lactus Press，2001.

〔3〕刀承華.泰國民間故事選譯〔M〕.北京：民族出版社，2007.

〔4〕恩特斯·凱西爾.神話思維〔M〕.黃龍保，周振，選譯.北京：中國社
會科學出版社，1992.

〔5〕鄘露.赤雅〔M〕.北京：中華書局，1985.

〔6〕梁庭望.壯族文化概論〔M〕.南寧：廣西教育出版社，2000.

〔7〕李錦芳.侗臺語言與文化〔M〕.北京：民族出版社，2002.

〔8〕Thomas John Hudak，William J.Gedney's Camparative Tai Source Book，
Oceanic Linguistics Publication （NO.34）〔M〕.Hawaii：University of
Hawai 』I Press，2008.

（原載於《黔南民族師範學院學報》2015 年第 1 期）

論苗族古歌的對比敘事

吳一文

　　苗族古歌是苗族的文化元典，對比敘事在苗族古歌中既是一種重要的敘述技巧，也是重要的修辭方法，又是一種敘事程式，其運用之頻繁，形式之多樣，內容之廣泛，在苗族文學中非其他作品可比。古歌中的對比敘事主要有：今古對比敘事、物物對比敘事、人人對比敘事、人神對比敘事等。

一、今古對比敘事

　　古今對比是古歌中最常用的對比敘事手法，就內容而言主要是同一類事物、動作、事象的古今對比。從形式來看，有的是直接在歌句中出現「現在」、「當初」之類的標誌性時間詞匯的古今對比；有的是隱藏在歌詞中，通過特定的詞反映出來的古今對比。

　　下面兩段就是直接表明「現在」、「當初」同一事物的古今對比：

Ait liek laib niangx nongd	若是這個年代啊，
Det hxet ghab vangx vud，	樹木就在山林裡，
Lol hmut laib niangx qend，	來看起初的年代，
Det hxet jes gheix xid？	樹木生長在哪裡？
Det hxet menx hob zaid.	樹長在雷公家裡。
……	……

Nongt vangs jut deix jend，　　　造船得找鋸子呀，

Jut liek yangs gheix xid？　　　鋸子像個什麼樣？

Jut liek yangs nangx tangd，　　鋸片像張芭茅草，

Jut det jut niox nend.　　　　　用它來把木頭鋸。

Dios liek laib niangx nongd，　　要是這個年代啊，

Zab bis ghab vangx vud，　　　　木板曬在山坡上，

Wangx hnaib heik dul pid，　　　太陽王撮火來烤，

Laix naib diot bil lind，　　　大人們用手來翻，

Bis ngas hangb dax tid，　　　　木板幹了才造船，

Laib nend laib niangx nongd，　　這是當今的事啊。

Lol hmut laib niangx qend，　　　來看起初的年代，

Zab bis jes gheix xid？　　　　板子曬什麼地方？

Zab bis vangx vib nied，　　　　板子曬在山石上，

Bongl daib pik ghab liangx，　　有對女郎是天仙，

Hfed jent nangl eb dax，　　　口哨打從河東來，

Hfed jent ngas bis niangx.　　　吹乾造船的木板。

Ngas bis ngas niox nend，　　　木板已經乾透了，

Nongt vangs xangs dax tid.　　　快請師傅來造船。

Dios liek laib niangx nongd，　　要是這個年代啊，

Mongl ghab dail xangs wangs，　　找個木匠並不難，

Vangs diub vangl gid niangs，　　本寨能找好木匠，

Laib nend laib niangx nongd.　　這是當今的事情。

Lol hmut laib niangx qend，　　　來看起初的年代，

Xangs hxet jes gheix xid？　　　　木匠在什麼地方？

Xangs hxet Yux Ghongb zaid，　　木匠出在友工家，

Yux Ghongb bad ait xangs.　　　　友工的爹是匠人。

Dios liek laib niangx nongd，　　要是這個年代啊，

Sos liek ninx ghab hmid，　　　　鑿子好像水牛牙，

Taib liek ghangx gangb mod，　　鉋子像水薑下巴，

Dot liek dax lob bad，　　　　　　斧子好像人腳板，

Laib nend laib niangx nongd.　　這是當今的事情。

Lol hmut laib niangx qend，　　　來看起初的年代，

Dot liek yangs gheix xid？　　　斧子像個什麼樣？

Dot liek gib vongx bad，　　　　斧子好像雄龍角，

Sos liek vongx ghab hmid，　　　鑿子好像龍牙齒，

Taib liek nif vongx bad.　　　　鉋子好像雄龍舌[1]。

　　以上是《運金運銀》中對造船去運金運銀過程的敘述，歌中「niangx nongd」意為「當今」、「現在」；「niangx qend」指「遠古」、「起初」。這是一組古歌中最為常見的時間狀語。此處共運用了四次這組標誌時間性的詞彙，敘述「現在」造船與「起初」的不同。

　　有的今古對比並不用表示時間的概念，而是用「現今」的人物和遠古的人物來代表各自所處的時代，從而形成一種隱藏的古今對比敘事：

Ob hmut Fux Fangb tid.　　　　　來看福方造新房。

Dios liek Jangx Vangb tid，　　要是姜央蓋新房，

Jangx Vangb not ad dod，	姜央家裡姐妹多，
Liongx jangb Vangb nenl ed，	勇和姜央是郎舅，
Vangb jangb Liongx nenl ed，	姜央和勇是舅姑，
Ghenx dax ib dongl gad，	挑來一籃糯米飯，
Ghenx dax ib heb jud，	擔來一壺好米酒，
Ib dak gas dax zaid，	擔只鴨子到家頭，
Pot xit zux dab pend，	鞭炮爆響飄煙塵，
Ob sangx nix ghab jid，	二錢白銀揣在身，
Dent denf Jangx Vangb zaid，	來賀姜央蓋新房，
Laib nongd Jangx Vangb gid.	這是姜央的事情。
Lol hmut Fux Fangb gid，	來看福方的事吧，
Denx ax dot dail dod，	長他的沒有姐姐，
Ghangb ax dot dail ad，	小他的沒有妹妹，
Hsangk yox ib dail xid，	這是個什麼人啊，
Dent denf Fux Fangb zaid？	來賀福方蓋新屋？
Vongx eb ghab hnid hliod，	水龍聰明又善良，
Nenx dax ib dongl gad，	他擔一籃糯米飯，
Nenx dax ib heb jud，	他來一壺好米酒，
Ob sangx nix ghab jid，	二錢白銀揣在身，
Pot xit zux dab pend，	鞭炮爆響飛煙塵，
Dent denf Fux Fangb zaid.	來賀福方蓋新房。
……	……
Lol hmut Fux Fangb tid.	來看福方造新屋。

Dios liek Jangx Vangb tid，　　若是姜央造新屋，

Jangx Vangb not ad dod，　　姜央家裡姐妹多，

Pik niangx xenb fal sod，　　姑娘起得早又早，

Niangx xenb gangs dal gad，　　姐妹拿盤糯米飯，

Gangf langx vob fal sod，　　早起端著菜盤來，

Diot Jangx Vangb fal zaid，　　拿給姜央立新房，

Laib nend Jangx Vangb gid.　　這是姜央的事情。

Lol hmut Fux Fangb tid，　　來看福方造新房，

Nenx ax dot dail dod，　　他家沒有姐和妹，

Hsangk yox ib dail xid？　　是什麼人來幫忙？

Niux Dliangb gangs dal gad，　　妞香拿盤糯米飯，

Gangf langx vob fal sod，　　早起端著菜盤來，

Diot Fux Fangb fal zaid.　　拿給福方立新房。

……　　……

Lol hmut Fux Fangb tid.　　來看福方造新房。

Dios liek Jangx Vangb tid，　　若是姜央造新房，

Maib hxub liel nenk ghenk，　　用些稻草來撐絞，

Hfab jab bil saik saik，　　兩手緊撐慢慢搓，

Sos jangx bongl hlat gek，　　絞成一雙緊硬繩，

Jef dad lol xongt qok，　　才得用來立撐杆，

Dliof longx hlieb mongl mak，　　拉提大梁去安放，

Laib nend Jangx Vangb gid.　　這是姜央的事情。

Lol hmut Fux Fangb tid，　　來看福方建新屋，

Maib gheix xil nenk ghenk？　　用啥東西來撐絞？

Dad mongl ob pit bok，　　　　他到兩邊坡上去，

Dab fangx bil nenk ghenk，　　　拿黃泥巴來撐絞，

Sos jangx bongl hlat gek，　　　絞成一雙緊硬繩，

Jef dad lol xongt qok，　　　　才得用來立撐杆，

Dliof longx hlieb mongl mak.　　拉提大梁去安放[2]。

　　上段中的兩組古今對比的敘事，沒有出現一個表示時間的詞彙，而是通過大地神人 Fux Fangb（福方）和「現今」人類始祖 Jangx Vangb（姜央）的故事來開展今古的對比。古歌中常用於今古對比敘事的這類人物、神人或事物的擬人格還有：laix naib（爹娘，表示「現今」），Hxenb Xongx（辛雄，木匠名，表示「現今」），Ghed Lul（顧祿，大地的擬人格，表示「遠古」），Wangx Wul（旺巫，石頭的擬人格，表示「遠古」），Hxub Niux（休紐，創始之初的神物，表示遠古）等等，還有的用 nangl（東方，表現「遠古」）、Wens Tinb Senx（文天省，遠古東方地名）、jes（西方，表現「現在」）等地理概念、地名來標識今古對比。這類具有一定隱蔽性的今古對比敘事，必須置於苗族人民群眾的語言文化生態和現實生產生活中才能感受和理解。

二、物物對比敘事

　　古歌中的所謂物物對比敘事指物與物之間相同、相近或相似事情的對比，有三個主要類型：一是指人之物與物之物之間的對比，二是指物之事與物之事之間的對比。三是人之事與物之事之間的對比。

　　由於苗族一向認為萬物有靈，所以在苗族傳統觀念和古歌中，除了人、動物以外，一些植物甚至礦物都具有生命（有時是擬人的），他們有屬於自己的物，也有屬於自己的事。在敘事過程中經常把彼此的事物拿來對比。例如，《運金運銀》和《尋找樹種》中分別用媽媽（指人類）的蚊帳與金銀的蚊帳，人類的追野獸的狗和老天的追種子的狗進行對比，形成了人之物與物之物間的對比：

Naib dad bil gent vas，	媽媽手巧指甲長，
Maib hmub mongl tiet xens，	好棉抽紡成細線，
Tiub lal laib xot mais，	縫成媽媽好蚊帳，
Xab gangb yud hlat xongs，	遮住七月的蚊蟲，
Gangb hmenb dlenl dot sos，	小小跳蚤鑽不通，
Lol hxid laib xot lis，	來看金銀的帳子，
Bub dail xid gent vas？	誰人指甲長又尖？
Maib diel xid tiet xens？	用什麼來紡成線？
Eb seil dail gent vas，	清水指甲長又尖，
Maib dub niul tiet xens.	綠藻青苔紡成線，
Tiub lal laib xot lis，	縫成金銀的帳子，
Gangb kongb dlenl dot sos.	小小蝦子難得鑽[2]。

　　此處以媽媽抽棉紡織蚊帳與清水用綠藻青苔製作金銀蚊帳進行對比，前者言為人之物，後者敘是物之物，雖然都是蚊帳，卻各為其主，各施其術。而下文則以人的獵獸之狗與老天的追楓之狗進行對比：

Dios liek vof jongb jud，	若是追野獸的狗，
Ghet nenx bib had gad，	給它三坨大飯團，
Nenx dail jef hangd hnid，	它就心甘情願幹，
Heb ngax ghab hfud vud，	追獸直到山林巔，
Ib diex def ib had，	一步狠狠咬一口，
Ob diex def ob had，	兩步狠狠咬兩口，
Def zux dliub pend pend，	咬得獸毛落紛紛，
……	……
Lol hmut vof jongb dod，	來看追楓種的狗，
Mais ghangb waix lol hsad.	老天媽媽來生育。
Ghet nenx gheb diel xid？	拿什麼來酬報它？
Ghet nenx ghab gib qed，	田邊地腳給它住，
Hniut vut nenx ax ed，	豐收之年它不取，
Hniut yangf nenx dax dod，	荒年災年來採收，
Duf dius ait xix hxed.	咬摘莊稼作報酬[2]。

前段敘述人的獵狗追咬獸之狀，後段描述天之獵狗的情況。其實這裡所謂天之狗，實為田鼠之擬物。苗族傳說田鼠糟蹋莊稼嚴重之年必是荒年。還說原來各樣種子都在東方，田鼠在尋找種子過程中曾立有大功，故舊日每在首次摘取棉桃或其他作物時，總是先丟一兩枚在地上，並說「這是田鼠的！」一則表示不忘其功勞；二則希望它得一份後就不要再來為害了。

物之事與物之事的對比，如《播種育楓》中用栽秧的事與栽楓的事進

行對比：

Jangs nax jangs bil tangd，　　　　栽秧要插芭茅草，

Jangs nangx dongb sul gad.　　　　插把芭茅伴秧苗。

……　　　　　　　　　　　　　　……

Jenl mangx jenl hlod baid，　　　　栽楓要栽竹子陪，

Bangl ghaib mangx hxad hxud.　　　竹子伴著楓腳長〔2〕。

人之事與物之事進行對比，如《運金運銀》中用了大量篇幅對爹媽（指人類）的祭祖牛與金銀的祭祖牛進行對比：

Ob hxid dail niak lis，　　　　　　我倆來看銀牯牛，

Dios beid dail niak mais，　　　　若是媽媽的水牯，

Dail ninx diel hek nes，　　　　　那祭祖的水牯牛，

Ninx mongl nangl dint sais，　　　它要東去畫旋紋，

Ninx mongl nangl xongt vas.　　　它要東去安犄角。

Nenx mongl nenx hot deis？　　　它走時說了什麼？

Nenx khab dail xid liangs？　　　它對誰說快生長？

Nenx khab ghab gangd liangs：　　它勸說了滑皮榔：

「Mangx niangb nongd yet bas，　「你們在此待著吧，

Wil mongl nangl dint sais.　　　　我要東去畫旋紋，

Wil mongl nangl xongt vas，　　　我要東去安犄角，

Wil diangd lol leit jes，　　　　　我再回到西方時，

Maib mongx lol xongt dongs，　　用你來做那犁柱，

Ob xit dad kak bis，	我倆一同去耕田，
Xob jex nongl leit mos，	收糧滿滿九大倉，
Jus dad lol but mais，	拿來祭祀我爹娘，
Hxangb Bangx dlongd ait dlas.」	祭祀祖先才興旺。」
Dail nend dail niak mais，	這是爹娘的牯牛，
Lol hxid dail niak lis，	來看金銀的水牯，
Dail ninx liangl vuk langs，	金銀牯牛順河走，
Nix mongl nix hot deis？	走時說了些什麼？
Nix khab ghab bil liangs，	銀子勸山坡快長，
Khab ghab vangx dangl jes，	勸說西邊的山嶺：
「Mongx niangb nend yet bas，	「你們在此待著吧，
Wil mongl nangl ait dlas，	我去東方求財富，
Wil diangd lol leit jes，	我再回到西方時，
Ob xit dad dangt jens，	我倆一同造物件，
Dib hnaib nil bil xongs.」	鍛造太陽伴高天。」[1]

三、人人對比敘事

此處所說的人人對比敘事不僅僅是一人與另一人的對比，更多的是指某個人群與其他人群之間的對比。文化差異和文化多樣性導致了各民族、群體、支系文化之間的不同，因而形成了各自不同的文化特點，在長期的社會文化交往過程中，苗族祖先們意識到與漢族與其他少數民族之間、各少數民族之間、苗族內部支系之間存在著某些文化差異，因此，古歌中多

處出現了這三種類型間的對比敘事。苗漢對比如：

Nongx jangx nongt hsongt niel，	祭過祖先得送鼓，
Nongt hsongt hek dax dail，	把鼓送回山林裡。
Dail Diel ait vongx denb，	漢人過年玩龍燈，
Bib nal nongf sox gheib，	我們爹娘催雞鴨，
Liul jed hsongt niangx hlieb，	舂打糍粑過大年，
Gid nend gid hsongt ot.	這是過年節的事。[2]

Lol wix khangd hsongt jens，	我們唱到送工具，
Lol xangx khangd hsongt jens.	我們來贊送工具。
Ninx mongl dal hfut vas，	水牛去了留下角，
Dangl niangx ghangb lol sos，	等到以後的年代，
Yox baib dail xid gangf？	拿給哪個人去用？
Yox baib daib Diel gangf，	拿給漢人去亂用，
Dail Diel gid nangl jes，	漢人扛起到處遊，
Mongl xangx hfib xangx dlas.	到處走去誇富貴。[3]

以上二段分別用漢人過年與苗族過年習俗，苗族對祭祖牛角的尊重和漢族將之作吹角用進行對比，反映兩者間的文化差異。

古歌中還敘述苗族、漢族、侗族、瑤族從姜央、孃妮兄妹開婚生下的肉坨坨中出來後不會說話，後來跟著竹爆的聲音學發音，用「去去去」作為例證反映不同民族語言的差異。

　　由於長期的文化隔絕和自然條件的制約等多方面的原因，苗族內部支系紛繁複雜，各支系之間語言、服飾、節日、原始崇拜等都不盡相同，古歌中對一些支系文化差異現象進行了對比，例如：用古歌收集地社區語音與勇畢說 gad 和 niaf[4] 進行對比即是例證。按，勇畢是苗族古代社區或支系名稱，niaf 和 gad 都是飯的意思，但有的社區或支系說 niaf，而有的說 gad，古歌中以之來反映他們間存在的文化差異。

四、人神對比敘事

　　人神對比敘事是指用人之事物與神之事物進行對比，主要有用人之物與神之物（也可以理解為事事對比之一種，但這裡應該重點強調的是人與神，而不是事與事的對比）、人之事與神之事對比。苗族傳統觀念認為神有著與人相同或相似的各種生活，因此古歌在敘事過程中，人神對比十分常見。如下段就是人之物與神之物的對比：

Dios liek Jangx Vangb dul，	若是姜央的火啊，
Nenk ghenk jongx jib lul，	用老杉根來絞鑽，
Hfab ghok baif jangx dul，	楊桃搓磨出火苗，
Wil vib dul xit diut，	捉住火石相抵角，
Dad vob hvid gheik hxangt，	艾絨夾在一邊躲，
Zux eb dul zeit leit，	的答的答火花落，
Laib nend Jangx Vangb dul.	這就得了姜央火。
Ll hmut Niux Dliangb dul，	來看看妞香的火，
Niuf mais deis dax diangl？	哪對爹媽來生養？

Das ghet Bangx Xangb Yul，	死了公公榜香尤，
Hniub mais jangx denb dul，	眼睛變成了燈火，
Hxik mais jangx vob gil，	睫毛變成了木藍，
Jef dot Niux Dliangb dul，	這才得了妞香火，
Laib nend hniub dul yil.	這是年輕的火種。
Dail dal hniub dul lul，	還有古老的火種，
Niuf mais deis dax diangl？	哪對爹媽來生養？
Mais vut yis daib lal，	好娘養出好娃崽，
Mais yangf yis daib bal，	惡娘生的是醜兒，
Yis mif Niux Hxib dul，	生出這個妞希火，
Lif dliongs fangb waix lol，	一閃從天往下落，
Jef dot hniub dul lul.	才得古老的火種。[2]

這裡的姜央是「現代」人類的代稱，妞希是掌天火之神，穿紅衣，嗜血。據說天火落在何處，何處就會失火，當指流星，故人們夜裡見流星，就一邊吐口水一邊說：「Mongl XX nongx mif liod lul mongl（到某處吃老母牛去）！」可使本地免遇天火之災。據說妞香是位個子特別高大，長有四腳八手，手抓天邊舂米的女神。古歌中用人類之火的產生與妞香火、妞希火的來源分別進行對比，反映其中之不同。

人之事與神之事的對比敘事，在《犁耙大地》中最具代表性，幾乎通篇採用姜央（人類）與香兩（犁耙大地以播種樹種的神人）的事蹟展開，分兩條線分別敘述了姜央、香兩如何購買耕牛，如何製作犁耙等工具，如何犁耙大地，最終「地方平坦像張席，平像糧倉的地坪」的整個過程。

《犁耙大地》開篇敘述道：

Lol hmut Xangb kab nangl，	來看香兩犁大地，
Ghet kak jes hnaib niul，	老人耙山在太古，
Bil nongf ngax dab bil，	山坡原是野豬坡，
Diongl nongf niongx dlub diongl，	山谷本是雉雞谷，
Xangb juf dex deis mail？	香用什麼買下來？
Xangb juf jongx hveb mail，	香用蕨根買下來，
Mail gos ngax dab bil，	買下野豬的山坡，
Xangb jef zend ghod mail，	香用榛子買下來，
mail gos niongx dlub diongl.	買下雉雞的山谷。
Lol hmut Xangb kab khongd，	來看這兩犁大地，
Dios liek Vangb kab qed，	若是姜央犁田啊，
Kab zangt lix ghangb zaid，	犁耙寨腳的田壩，
Kab zangt yis zab bad，	犁田養那五祖公，
Yis diut ghet hnaib qend，	養活六位老祖宗，
Dail ninx hlieb dail liod，	水牛黃牛一般大，
Vangb tiet mongl kab qed，	姜央拉去犁田地，
Laib nend Jangx Vangb gid.	這是姜央的事情。
Lol hmut Xangb kab khongd，	來看香兩犁大地，
Dail ninx hlieb diel xid？	他的水牛有多大？
Dail ninx hlieb dail ghangd，	他的水牛像蛤蟆，
Xuk diot laib vux hlod，	將它關在竹籠裡，

Xuk zeik zeik dax nongd，　　　輕輕提起就來啦，

Juf diot Xangb Liangx dad，　　交給香兩拿去用，

Xangb kak ax jangx khongd.　　香耙大地耙不成。

……　　　　　　　　　　　　　……

Dail ninx hlieb dail ghangd，　　水牛只有蛤蟆大，

Bil dios Xangb Liangx liod.　　不是香兩的耕牛。

Dail ninx hlieb nongl dongd，　　水牛大得像糧倉，

Hxub niux ait dail liod，　　　他的耕牛是休紐，

Xangb dad mongl kab khongd，　　香兩拉去犁大地，

Kak jes jenl hniub dod，　　　耙平山坡種楓木。[2]

　　隨後又敘述了姜央去哪裡買牛，香兩去哪裡買牛，姜央的牛關在何處，香兩的牛關在何處等等一系列的問題，系統敘述了人之犁耙田地與神之犁耙大地之不同。

五、對比敘事特點與作用

　　就古歌的「外部」而言，通過運用大量的今古對比，喚起人們對歷史的回顧和尊重，增加對現今的了解和認識，「通過古今差別，反映社會的發展，襯托出古人的艱苦，告訴世人古今異同」[5]，暗喻著古今的連貫性和無古不成今的社會發展規律，告誡人們須時常吸取歷史經驗教訓。通過物物對比，反映出不同事物之間的廣泛連繫和各自的差異性；運用人人對比，告知世人各民族和民族內部各社區、支系本是同根生的歷史淵源和發展變化中產生的不同；通過人神對比諭示出苗族「人神雜糅」「人神平等」

的傳統觀念。

就古歌的「內部」而言，對比敘事反映古歌內部結構的平衡和連貫，產生關聯美、差異美、平衡美；能推進敘事的進程，把所敘之事不斷推向深層次，使人清晰地認識事物的發展脈絡；增強演述實景中對聽眾的影響力、感染力，讓人聯想翩翩，形成了一種傳承、演述的程式，促進記憶，便於傳承。

在古歌對比敘事中，苗族民間歌手並不是簡單地「為對比而對比」，而是十分注意安排好對比事物雙方的輕重，強調被敘述主體一方的分量，突顯重點。例如《犁耙大地》中雖然以姜央（人類）的犁田地和香兩的犁耙大地對比而敘事，但全歌四百五十二行歌詞中有三四二行反映香兩犁耙之事，占百分之七十五點七，只有一百一十行反映人類犁耕之事，突出了香兩犁耙大地事蹟的主體性。在《種子之屋》二四二行敘述對比福方之屋與薑央（或「爹娘」）之屋的詩行中，有一五六行敘述種子之屋的情況，占百分之六十四點五，只有八十六行敘述人類之屋的情況，亦突出了福方營造種子之屋這一被敘之事的主體地位。

◉ 參考文獻

〔1〕吳一文，今旦.苗族史詩‧運金運銀（苗漢英對照）〔M〕.貴陽：貴州民族出版社，2012：212-214，176.

〔2〕吳一文，今旦.苗族史詩通解〔M〕.貴陽：貴州人民出版社，2014：257-261，265，277，325，428，292，194.

〔3〕燕寶.苗族古歌‧犁東耙西〔M〕.貴陽：貴州民族出版社，1993：

455.

〔4〕吳一文，今旦.苗族史詩·溯河西遷（苗漢英對照）〔M〕.貴陽：貴州民族出版社，2012：634.

〔5〕吳一文，覃東平.苗族古歌與苗族歷史文化研究〔M〕.貴陽：貴州民族出版社，2000：32.

（原載於《黔南民族師範學院學報》2016 年第 5 期）

兄弟的隱喻
——中國西南地區同源共祖神話探討

高健

神話在某種意義上具有真實性，這種真實性可以從兩個維度來考量：對於局內人（insider）來說，神話是絕對真實的，人類學家走下搖椅，來到田野，發現神話並非普通的敘事，或者說神話並非只是敘事，還是局內人的特許證書、百科全書、根譜、信條；第二種真實是相對於研究者而言，這些局外人（outsider）雖然體悟（embodied）不到神話本身的真實性，但神話敘事行為本身就是一種事實，神話「是民族歷史觀念的真實寫照，是先民真實的關於歷史的觀念。」[1]（P114）神話作為研究族群特別是無文字族群歷史與當下的一種材料，並非迫不得已的策略上的需求，而是勢在必行的選擇。以往對神話的研究大多將神話視作虛構的產物，「進行文學—文字象徵解讀，或歷史背景解讀」[2]，忽視神話現實的社會情境，從而使神話的許多特質被遮蔽。本文結合神話所處的社會情境，將神話看作一個族群的集體記憶，對同源共祖神話進行探討。

族源神話是人類起源神話的一個重要類型，講述了一個或多個族群如何起源以及族群間的關係。同源共祖是族源神話的一個母題，比較典型的情節是某一始祖生下兩個或兩個以上孩子，這些孩子後來分開發展為多個族群，並講述不同族群的差異以及這些差異

的來源。¹根據王憲昭的統計，他搜集到含有多民族同源母題的神話二百二十一篇，西南地區最多，二十一個民族共有一百四十四篇，占全部搜集神話數量的百分之六十五點一，有二個民族沒有搜集到相關神話；其餘北方地區七個民族共有同源共祖神話五篇，占搜集到的全部神話數量的百分之二點三，有四個民族沒有搜集到相關神話；西北地方十四個民族共有九篇，占全部搜集神話數量的百分之四點一，有九個民族沒有搜集到相關神話；華南地區九個民族共有三十五篇，占搜集到的全部神話數量的百分之十五點八，有三個民族沒有搜集到相關神話；中東南地區四個民族共有二十八篇，占搜集到的全部神話數量的百分之十二點七，有一個民族沒有搜集到相關神話。⁽³⁾本文的研究是以西南這個同源共祖神話數量最多、敘述較為典型的地區為中心。

一、族群與集體記憶

族群成員的族群認同與族群間的族群關係並不是一成不變的，與之相應的集體記憶也會隨著社會情境的變化而變化，並且反過來還會反作用於社會情境。²神話是一種特殊的集體記憶，它由敘事與信仰構成。這裡的敘事是廣義上的敘事，涉及口頭、文獻、圖像、儀式、空間等諸多要素。信仰則表明神話具有神聖性，人們相信神話的內容。所以神話作為集體記

1　同源共祖神話涉及氏族、部落、支系、民族等人類群體的起源，本文更多地借用族群這個更具彈性的概念來概括這些大大小小的群體。

2　本文是在比較寬泛的意義上使用集體記憶這個概念，可以説既包括哈布瓦赫的集體記憶（collective memory），也指康納頓的社會記憶（social memory），即本文強調的是記憶的社會屬性。

憶很容易發揮其功能。「神話是文化傳統的核心支柱，認同了一種神話也就認同了一種文化，棲居在一種神話所營造的文化母體之中，也就意味著成為這個民族文化的一員。」〔4〕（P241）族群既具有客觀的內涵，同時作為政治、經濟現象，也具有很強的主觀性。在特定的時空中，社會情境如發生變化，神話也會適應性變化，產生新的文本，那麼就可以說作為集體記憶的神話同族群一樣具有建構的成分。神話的神聖性與可被建構性看似矛盾，其實正因為神話的神聖性能使其敘事內容與信仰功能發揮更大的作用，所以才要盡力使神話適應當時的社會情境，否則會阻礙族群成員對族群共同體的認同，影響本族群與其他族群間的關係。但是神話的變異不同於其他民間口頭傳說，神話為神聖的敘述，多在莊嚴的情境中演述，建構神話的任務多由族群的宗教、政治精英來完成。重新建構神話的途徑主要是對敘事的增添、修正和結構性失憶等。

同源共祖神話是與現實連繫比較密切的集體記憶，其中可以發現許多被建構的成分。大概兩次事件促成了同源共祖神話的建構。首先，同源共祖神話是人類起源神話，起源之初每個被敘述者就帶有各自的族群身分。人類是群體性動物，起先認為世界上只有我族，當與非我群體的成員主動或被動地頻繁接觸後，發現他族與我族在體質、文化、居住地、經濟等方面不盡相同，產生了陌生感，族群成員通過與他族的對比，發現本族與他族之間的區別特徵，進而思考為什麼各自族群會有這樣那樣的特徵，在尋找答案的過程中也就產生了族群意識，所以說「族群並不是單獨存在的，它存在於與其他族群的互動關係中。無論是由『族群關係』或『族群本質』來看，我們可以說，沒有『異族意識』就沒有『本族意識』，沒有『他

們』就沒有『我們』，沒有『族群邊緣』就沒有『族群核心』。」[5][P9] 同源共祖神話表明了該族群從一個自在的族群變為一個自覺的族群。正如謝林所說：「一個民族，只有當它從自己的神話上判斷自身為民族時，才能成其為民族。」[6][P220] 第二次促使同源共祖神話建構的事件是中華人民共和國成立後所進行的民族識別工作。這次歷時四十年的政治學術「運動」，最後正式確認中國有五十六個民族。在各個少數民族聚居的地方設立自治區、自治州、自治縣（旗），每個民族都被國家進行分類與命名，每個人都有了自己的「民族身分」，對其他族群的他稱也發生了改變。自民族識別以來，大批的口頭傳說搜集整理研究者來到民間，聽眾是族群內部成員，這些局外人的介入無疑會對以往基本在族群內部流傳的神話的演述產生影響，同時，神話的書面文本化也不會是神話的本真意義的再現。當然，神話的建構並不是隨心所欲的，神話的內核或「保留了音樂家可能敘之為『旋律』的東西」[7] 就比較穩定，它表徵著族群的核心價值，只有當其社會情境徹底改變，神話的內核才會相應發生變化。

二、建構同源

同源共祖神話首先敘述了各族群的同源。一方面因為人類分類思維的細化，將人類與動物、植物等看作不同的類別，整個人類有著自己的始祖；[1]另一方面同源的敘述具有很強的策略性。

在同源共祖神話中，各族共用同一祖先，他們是兄弟的關係，這種以

1　人類起源神話有一類為人與動物甚至神、鬼共用同一始祖，這應當是人類起源神話較早的形態，處於人類與自然融為一體、物我未分的思維階段。

血緣關係隱喻各族群間的關係，表達了一種相對平等的觀念。在敘述中我們能看到「同」與「不同」，相同的血緣有著不同的文化，這與漢族「同文同種」的觀念以及現代學術認為的族群、種族可以被描述為「血緣與文化的共同體」[8]（P15）的思路有著不盡相同之處。講述此種神話的族群認為文化與血緣在某種程度上並不是同一回事，西南地區各民族長久以來大雜居、小聚居，相互交錯的「混雜居住模式」，並且呈現立體性。山頂、山腰、平壩居住著不同族群，他們之間並不是各守一隅，互不打擾，有時會互通有無，友好往來，有時會因族群間的資源競爭與分配產生對抗區分，於是在交往的過程中會建構出同源共祖這樣的敘事，創造和諧的氣氛。雖然並不是多個族群共用同一個同源共祖神話，大多數同源共祖只是某一族群的一廂情願，但許多族群都有此種意識，認為自我和其他族群來源同一始祖。

　　「宇宙創生神話為所有起源神話提供了模式」[9]（P173），同源共祖神話也體現了宇宙起源神話的模式。宇宙起源神話有一個重要母題是鑿開宇宙之卵，講述宇宙在形成之前是一個混沌體，然後天地分開，產生萬物。同源共祖神話多與複合型洪水神話粘連在一起，據王憲昭統計，在他所搜集到的二百二十一篇多民族同源神話中，以洪水後人類再生為背景的神話有一百三十七篇，占搜集到的神話總數的百分之六十二。這類洪水後人類再生神話中，有兄妹婚再生人類母題的神話有八十四篇，占總數的百分之六十一點三。[3]「洪水神話中水的象徵意義值得關注，原始水是造物的原始元素，婦女懷孕的羊水曾受原始人的崇拜。」[10]（P133）這災難性的洪水象徵著宇宙形成前的「混沌」，人類產生於它。與兄妹婚（也出現少量姐

弟婚的敘述）母題的粘連可能是進一步強調同源，即人類始祖也為同源。
另外，還有一些象徵物也有著特殊的意味，如肉坨、渾身懷孕的身體、葫
蘆、山洞等，這些象徵物的特徵是外形為圓形，有如比較宗教學中所言的
「大母神」，有如宇宙開闢前的「混沌」，有如中國先秦哲學中的「太一」，
其深層目的一方面是表明其特別能夠繁育生殖，另一方面則是強調各族群
的同源。「異於常人的肉球、肉塊並非在說明兄妹婚的不正常性，而是不
平常性，神聖性，往往是在強調神奇，強調種族的同源。」[11]（P105）

　　雖然西南地區有的同源共祖神話在一定程度上暗合了民族史，如普米
族一則神話講到，一男性洪水遺民與神女結婚生下三個兒子，這三個兄弟
後來就成為現在的普米、藏、納西三族[12]（P125），這三個民族都是氐羌族
系的後裔，符合主流民族史，但是包括這些為數較少的暗合了民族史的同
源共祖神話在內，一般提到具體族稱的同源共祖神話所涉族群多為講述此
神話的族群與其周邊的族群。同源共祖神話非常重視與周邊族群的關係，
雖然同源共祖神話敘述了各族群居住地的不同，但這是從小的區域來看，
從大的地域來看，尤其是西南地區山地多，平壩少，各族群呈立體性分
布，相互比鄰，同源共祖神話將地緣等同於血緣，即相鄰族群無論語言、
體質、生活習俗等有何不同，大家都是同一始祖的後代，大家都是兄弟。
同源共祖神話同源是敘述各族差異的前提，這是一種敘事上的策略，要表
達的是我們雖然不一樣，但我們來自同一始祖，這說明講述此神話的族群
主觀上要建構一種和諧的族群關係，即求同存異。

三、解釋差異

　　同源多是想像的，但差異卻客觀存在。西南地區族群眾多，支系龐雜，僅雲南二十五個少數民族就淵源於四大古代族群：百濮、百越、氐羌、苗瑤，以及元以後大量遷入的蒙古、回、滿等族群，從支系到民族都有各自的特徵。

　　同源共祖神話對於不同族群的差異已經體現了一些識別原則。如基諾族的一則神話講到，洪水後，瑪黑、瑪妞兩兄妹結婚，從他倆種的葫蘆裡跳出各民族，第一個跳出來的是布朗族，他跳出來的時候碰到火堆裡的焦樹幹，把臉染黑，所以長得黑，布朗族不會說話，瑪黑和瑪妞讓他聽水聲，布朗模仿水聲說話，所以布朗話「咕嚕咕嚕」的；第二個跳出來的基諾族碰到栗樹幹，所以長得不黑不白，基諾族說瑪黑、瑪妞的話；第三個跳出來的傣族碰到芭蕉杆，所以長得白白的，傣族也不會講話，但他很聰明，他學著講布朗話和基諾話，然後自己又進行了改進，所以傣話更好聽些。神說「基諾族做官，布朗族種地，傣族種壩子地」，基諾族不願意幹。接下來分工具，布朗族拿了鋤頭，基諾族拿了背籮，傣族拿了扁擔。最後分文字，基諾族的文字寫在牛皮上，傣族寫在芭蕉葉上，布朗族寫在麥粑粑上。回去的時候遇到過九條江，大家的文字都被打濕了，於是攤開來曬，布朗族餓了，把粑粑吃了，所以布朗族沒有文字；傣族芭蕉葉被雞扒爛了，綠斑鳩在芭蕉葉上拉了一泡屎，按綠斑鳩的屎來造字，於是傣族的文字又細又彎；基諾族用火烘牛皮，發出很香的味道越聞越香，實在忍不住了，就自言自語道：「唔，不要緊的，吃在嘴裡，記在心裡。」說完把牛皮吃了。於是基諾族也失去了文字。[13](P491-496) 僅從這一則神話我們

就能看出用來區分不同族群的特徵有：膚色、語言、生產方式、生產工具、文字，在其他神話中我們還能找到通過居住地、服飾、節日、生活方式等特徵對不同族群的區分。神話的主要功能之一就是對事物的解釋，神話中關於這些特徵的解釋雖然不是十分科學，但強化了族群內部的認同，劃分出族群的空間邊界與文化邊界，而且也表達了現實中的族群關係。在同源共祖神話中敘述族群的差異時涉及比較多的是語言、文字、體質、居住地、生產工具等。從現有的材料來看，對同源共祖神話各族群差異講述比較詳細的族群多為在族群關係中處於劣勢地位的族群。從這些差異的講述來看，一方面反映了族群現實的情況，另一方面顯示了這些族群通過神話的表述體現講述主體的示弱情緒，並進行自我安慰的策略。

在上述差異敘述中，語言被提及最多。「共同語言」是史達林定義「民族」的四大特徵之一。語言不僅是交流的工具，還是文化的承載體，不同的語言可以表現不同的文化。正是由於語言的多樣化才造成文化的多元化，才使得族群成員對本族群產生認同，對他族產生區分。兩個操著不同語言的族群第一次接觸，除了有特別明顯的體質差異，最直觀的印象就是語言的差異，因為這是影響雙方繼續交往下去的障礙。當然，神話中對語言差異的敘述有的並不符合現代語言學的譜系分類，都是憑藉直觀的感受，有的族群屬於同一語系、語族甚至語支，但在神話中還是被作為區分的特徵。上文提到的基諾族同源共祖神話講到「傣族也不會講話，但他很聰明，他學著講布朗話和基諾話，然後自己又進行了改進，所以傣話更好聽些」，從基諾族的歷史來看，清朝政府曾任命車裡宣慰司對基諾族統治相當長的時間，傣族在與基諾族的交往中一直處於強勢地位，通過這段描

述我們可以看出基諾族認為自己的話沒有傣話好聽，但是我們也能看出基諾族民族自尊心的表現，雖然傣族的話好聽，可這是學習布朗族和基諾族的話，而基諾族的話是始祖神「瑪黑、瑪妞講的話」。大部分族群都有自己的語言，但文字對於許多族群來說就是一件「奢侈品」，許多同源共祖神話中敘述了族群對文字的神話式想像。佤族的同源共祖神話講到，人從司崗裡出來時，沒有文字，也不懂得用文字記事情，莫偉拿出一塊牛皮給岩佤，拿出了一匹芭蕉葉遞給尼文，拿出貝葉遞給三木傣，拿出一張紙給賽口，對他們說：「這是我給你們各自的文字，以後你們會用得著，千萬要好好保存。」後來，一次鬧饑荒，岩佤把牛皮燒著吃了，從此，佤族的學問在肚子裡了。尼文又一次攆麂子攆到江邊，用芭蕉葉蓋了窩鋪，夜雨把芭蕉葉淋壞了，一些字變得模糊不清，辨認不出來了，從此，拉祜族的文字就殘缺不全了。三木傣、賽口的貝葉和紙保存得好，傣文、漢文就流傳下來。[14] (P8) 筆者在雲南滄源佤族自治縣也聽到過類似情節的神話，講述者強調，我們佤族的文字原來是最好的，寫在牛皮上，但被我們吃了……一方面透露出自嘲無奈和對文字的嚮往，另一方面也在某種程度上進行了自我安慰，即我族本來可以有文字，但由於某種原因而失去了。如果兩個族群間體質上有所不同，那麼這將是第一眼就能發現的差異，同源共祖神話經常提到各族群的膚色不同，並在神話中給予解釋，如上文基諾族的例子。還有提到體型的差異，如布朗族講到，艾不林嘎和依娣林嘎用泥巴捏人，後來泥巴不夠，有的沒有嘴唇，他們就從有的泥人身上刮下來一點泥安給缺嘴唇的人，這些人的嘴唇又厚了，他們是今天的布朗族，被摳掉泥的是今天的傣族，所以傣族婦女體型苗條。[15] (P175) 同源共祖神話並沒有把體質等同於血統，雖然有不一樣的膚色，但還是來源於同一始

祖。一方面是其認為只要是人類就應該同源共祖，另一方面各族群混雜居住在一起，這樣的敘述可起到在一定程度上建構和諧氣氛、緩解矛盾的作用。土地具有空間的不可移動性和面積的相對有限性，而且直接影響著一個族群的生產方式。一般講到此情節的族群多居住在山地，同源共祖神話對此有多種解釋，如布朗族說「弟弟的日子應該過得更好一些，就把漢族、傣族遷到壩子住」[16][P31]；基諾族說「漢人一出來就到處走，所以漢族占的地盤最大」[17][P536-540]；哈尼族說「漢族從手指上生出來，常住平地，傣族從腳板上生出來的，常住河壩」[18][P14-17]；阿昌族說「分地方時，漢族栽下石樁，傣族挖了土坑，阿昌族結草為界，景頗族打木樁為界，後來野火燒山，漢族和傣族的界標燒不掉，故有地方，而景頗族和阿昌族的標誌被火燒去因而沒有地方」[19][P90]。這些敘述具有自我安慰性質，我族本來可以居住在好的地方，或者我族是由於一些特殊原因才居住在現在這個地方。這些居住在高地的族群有的是後遷徙到此，因為平壩已被佔用，所以只好到山上生活生產，有的則是為了逃避強勢族群，他們不願意承認自己是被逼迫來到生活生產環境都比較惡劣的高地，於是選擇結構性失憶，而又建構出種種可以接受的原因。[1] 近年來，「zomia」成為一個學術熱點，這個概念特指一個地理空間區域，James C.Scott 所劃定的 zomia 範圍主要包括中國境內的雲貴高原以及東南亞高原。[20][P17] 生活在這個區域的「高地人」並不是被遺棄的，他們是主動選擇高地，目的是逃離低地帝國的壓迫——奴隸制、徵兵、賦稅、強迫勞動、傳染病和戰爭。[20][Preface，ix] 同時，他們也選擇了逃避的農業、逃避的社會結構以及逃避的文

1 　有的居住在山地的人也會說因為壩子裡有瘴氣，而生活在壩子裡的民族如傣族則會配製防瘴氣的藥。

化。同源共祖神話也正是在這種社會情景下建構出來的。生產工具是經濟
生活的表現，和居住地有著直接連繫，拉祜族講到漢族的祖先拿了扁擔挑
東西做買賣，所以漢人歷來就會做生意；苦聰人拿的是鋤頭，於是世世代
代住在山上，靠挖山地，種苦蕎、苞谷過日子。[21]（P178-180）這些敘述表現
了各族群現實中的特徵，而這些特徵被認為在族群的創始階段就是如此了。

　　在同源共祖神話中詳述差異的族群多為人口較少，居住在山地的族
群，而且所述族群的特徵在當時當地的社會情境下多被認為是「劣勢
的」，而這些差異被他們通過神話表述為神的旨意或本族祖先自我選擇的
結果，以此能夠達到自我安慰的效果。當同源共祖神話涉及經濟政治水準
相近的幾個族群，那麼所述關係都相對平等，當漢族、傣族等「強勢」族
群進入神話敘述中，其內容就發生了變化。如景頗族有這樣一則同源共祖
神話：（江心坡）土人種族甚多……或謂彼等為蚩尤之子孫……而年老土
人則謂：「我野人與擺夷漢人同種，野人大哥，擺夷二哥，漢人老三。因
父親疼惜幼子，故將大哥逐居山野，二哥擺夷種田，供給老三。且懼大哥
野人為亂，及又令二哥擺夷住於邊界，防野人而保衛老三。」[22]（P332）通
過這些策略性的表述，我們能夠看出「劣勢」族群和神話中經常出現的
「強勢」族群（多為漢族、傣族）之間的族群關係是不平等的。漢族經常
進入同源共祖神話的敘述中，這主要是因為大部分時間漢族對這些族群進
行直接或間接的統治，影響力較大，滲透性較強，所以我們可以看到漢族
在同源共祖神話中被敘述佔有了絕對優勢的資源，這和現實情況是相符
的。那麼漢族自身對本族的族群特徵和他族的族群關係怎樣看待呢？王憲
昭在《中國各民族人類起源神話母題概覽》中所列出的三百五十九篇漢族

人類起源神話中只有兩篇是同源共祖母題[23](P349-413)，其中一篇講到洪水後兄妹成親，生下一個肉球，將肉球剁碎，和著沙子撒出去變成的人為後來漢族的祖先；和著泥土撒出的後來變成土家族的祖先；和著青草苗苗撒出去的後來成了苗族的祖先。[24](P10-15)這個文本流傳於湖南石門，「石門世為少數民族聚居區，特別是土家族聚居區，土家族占全縣人口的百分之五十六點四一」[25]。在王憲昭這本書中所列出的土家族同源共祖神話共有六篇，其中六篇都講到洪水後兄妹成親，將其生下的肉坨剁碎與沙、泥、樹苗等物混合成為不同族群。很顯然這個地區漢族的同源共祖神話受到了土家族的講述傳統影響。漢族另一則同源共祖神話《漢苗彝的來歷》[26](P57-58)採錄於貴州省西北部的金沙縣，金沙縣共有二十六個鄉鎮，其中彝族自治鄉有九個，所以這個文本也很可能是受到彝族的影響。上述表明，在民間，漢族對族群的認同和族群關係並不是十分關心，這一方面因為漢族人口眾多，聚居程度高，居住地域廣，大多處在族群的中心，導致主體漢族人族群意識比較弱。另一方面因為漢族佔有豐厚的資源，具有強烈的種族中心主義，在與周圍族群的接觸中一直處於主體地位。漢族這樣的主體民族不需要同源共祖神話，同源共祖神話中的策略性表述是專門為那些「弱勢」族群準備的。

同源共祖神話既是族群對過去的回憶，又是族群根據現實社會情境建構出來的產物，體現了現實中族群認同與族群關係，從中我們能發現現實中的集體記憶是如何被建構的，是研究神話產生、傳承、變異的理想物件。同源共祖神話一方面敘述了本族的特徵，強化了族群認同，規定了族群的地理、文化邊界；另一方面遏制與緩解了族群間的衝突，促進了族群間的和睦相處。

參考文獻

〔1〕萬建中.民間文學引論〔M〕.北京：北京大學出版社，2006.

〔2〕呂微.神話信仰—敘事是人的本原的存在——《現代口承神話的傳承與變遷》序言〔J〕.青海社會科學，2011（1）.

〔3〕王憲昭.論我國多民族同源神話的分布與特徵〔J〕.內蒙古師範大學學報（哲學社會科學版），2012（4）.

〔4〕田兆元.神話學與美學論集〔M〕.上海：上海文藝出版社，2007.

〔5〕王明珂.華夏邊緣：歷史記憶與族群認同〔M〕.北京：社會科學文獻出版社，2006.

〔6〕麥克斯·繆勒.宗教學導論〔M〕.上海：上海人民出版社，1989.

〔7〕李子賢.存在形態、動態結構與文化生態系統——神話研究的多維視點〔J〕.雲南師範大學學報（哲學社會科學版），2006（3）.

〔8〕斯蒂夫·芬頓.族性〔M〕.勞煥強，等，譯.北京：中央民族大學出版社，2009.

〔9〕阿蘭·鄧迪斯.西方神話學讀本〔M〕.朝戈金，等，譯.桂林：廣西師範大學出版社，2006.

〔10〕黃澤，黃靜華.神話學引論〔M〕.海口：海南出版社，2008.

〔11〕陳永超.中國民間文化的學術史觀照〔M〕.哈爾濱：黑龍江人民出版社，2004.

〔12〕楊照輝.普米族文化大觀〔M〕.昆明：雲南民族出版社，1999.

〔13〕李子賢.雲南少數民族神話選〔M〕.昆明：雲南人民出版社，1990.

〔14〕尚仲豪.佤族民間故事選〔M〕.上海：上海文藝出版社，1989.

〔15〕穆文春.布朗族文化大觀〔M〕.昆明：雲南民族出版社，1999.

〔16〕中國各民族宗教與神話大詞典編審委員會.中國各民族宗教與神話大

詞典〔M〕.北京：學苑出版社，1990.

〔17〕谷德明.中國少數民族神話〔M〕.北京：中國民間文藝出版社，1987.

〔18〕中華民族故事大系編委會.中華民族故事大系（第六卷）〔M〕.上海：上海文藝出版社，1995.

〔19〕民族問題五種叢書雲南省編輯委員會.阿昌族社會歷史調查〔M〕.昆明：雲南民族出版社，1983.

〔20〕Scott J C.The art of not being governed：An anarchist history of upland Southeast Asia〔M〕.City of New Haven：Yale University Press，2009.

〔21〕中國民間文學集成全國編輯委員會，《中國民間故事集成·雲南卷》編輯委員會.中國民間故事集成（雲南卷上）〔M〕.北京：中國 ISBN 中心，2003.

〔22〕華企雲.中國邊疆〔M〕.南京：新亞細亞學會，1932.

〔23〕王憲昭.中國各民族人類起源神話母題概覽〔M〕.北京：民族出版社，2009.

〔24〕中華民族故事大系編委會.中華民族故事大系：第一卷〔M〕.上海：上海文藝出版社，1995.

〔25〕石門概括.民族宗教〔EB/OL〕.〔2013-09-19〕.http：//www.shimen.gov.cn/Category_23/Index.aspx.

〔26〕中國民間文學集成全國編輯委員會，《中國民間故事集成·貴州卷》編輯委員會.中國民間故事集成·貴州卷〔M〕.北京：中國 ISBN 中心，2003.

（原載於《黔南民族師範學院學報》2015 年第 1 期）

從蠶馬神話到盤瓠神話的演變

吳曉東

　　盤瓠神話，據後世的注釋與引用，最早見於漢文獻中東漢應劭所撰的《風俗通義》，此書原有三十一卷，盤瓠神話並未出現在流傳於世的十卷本中，估計原來收集於其他遺失的卷中。晉代干寶《搜神記》所記載的盤瓠神話最為詳細，值得參考。如下：

　　高辛氏有老婦人居於王宮，得耳疾歷時。醫為挑治，出頂蟲，大如繭。婦人去後，置以瓠籬，覆之以盤，俄而頂蟲乃化為犬，其文五色，因名「盤瓠」，遂畜之。

　　時戎吳強盛，數侵邊境，遣將征討，不能擒勝。乃募天下有能得戎吳將軍首者，購金千斤，封邑萬戶，又賜以少女。後盤瓠銜得一頭，將造王闕。王診視之，即是戎吳。「為之奈何？」群臣皆曰：「盤瓠是畜，不可官秩，又不可妻。雖有功，無施也。」少女聞之，啟王曰：「大王既以我許天下矣。盤瓠銜首而來，為國除害，此天命使然，豈狗之智力哉！王者重言，伯者重信，不可以女子微軀，而負明約於天下，國之禍也。」王懼而從之，令少女從盤瓠。

　　盤瓠將女上南山，草木茂盛，無人行跡。於是女解去衣裳，為僕豎之結，著獨立之衣，隨盤瓠升山入谷，止於石室之中。王悲思之，遣往視覓，天輒風雨，嶺震雲晦，往者莫至。蓋經三年，產六男六女。

盤瓠死後，自相配偶，因為夫婦。織績木皮，染以草實，好五色衣服，裁制皆有尾形。[1][P382]

　　在盤瓠神話研究中，因苗、瑤、畬等民族具有相關的信仰、儀式，學者們多把其故事視為一場真實的歷史事件，把狗看作苗、瑤、畬三族的圖騰。也有學者否認盤瓠故事的真實性，如郭志超認為，盤瓠的原型不是犬而是水獺[2][P21]，何光嶽認為盤瓠的原型是葫蘆[3][P40]，陳元煦認為盤瓠的原型是虎熊[4][P4]，孟令法在其碩士論文中認為，盤瓠的原型是星宿：「盤瓠形象經歷了星宿—繭卵—龍麒—龍（龍犬）—獸首人身—人（現代）的複雜變化過程，實現了從無形到有形、物形到人形的轉變。」[5][P8]在盤瓠神話研究早期，沈雁冰已經注意到盤瓠神話與蠶馬神話的相似性，可惜他認為蠶馬神話可能是有人仿造盤瓠神話造出來的[6][P248]，顛倒了本末。近些年的盤瓠神話研究中，幾乎沒有學者再提及蠶馬神話，忽略了盤瓠神話的真正來源。《仙傳拾遺》記載的蠶馬神話是這樣的：

　　蠶女者，當高辛氏之世，蜀地未立君長，無所統攝，其人聚族而居，遞相侵噬。廣漢之墟，有人為鄰士掠去已逾年，惟所乘之馬猶在。其女思父，語馬：「若得父歸，吾將嫁汝。」馬遂迎父歸。乃父不欲踐言，馬蹡嘶不齕。父殺之，曝皮於庭中。女行過其側，馬皮蹶然而起，卷女飛去。旬日見皮棲於桑樹之上，女化為蠶，食桑葉，吐絲成繭。[7][P336]

　　《神女傳》記載的異文如下：

　　蠶女者，當高辛帝時，蜀地未立君長，無以統攝，其父為鄰所掠去，已逾年，唯所乘之馬猶在。女念父隔絕，或廢飲食，其母慰撫之，因誓於

眾曰：「有得父還者，以此女嫁之。」部下之人唯聞其誓，無能致父歸者。馬聞其言，驚躍振奮，絕其拘絆而去。數日，父乃乘馬歸。自此馬嘶鳴不肯飲齝，父問其故，母以誓眾之言白之。父曰：「誓以人而不誓於馬，安有人而偶非類乎？」但厚其芻食，馬不肯食，每見女出入，輒怒目奮擊，如是不一。父怒，射殺之，曝其皮於庭。女行過其側，馬皮蹶然而起，卷女飛去，旬日得皮於桑樹之下，女化為蠶，食桑葉，吐絲為繭，以衣被於人間。父母悔恨，念念不已，忽見蠶女乘流雲駕此馬，侍衛數十人，白天而下，謂父母曰：「太上以我孝能致身，心不忘義，授以九宮仙嬪之任，長生於天矣，無復憶念也！」乃沖虛而去。今家在什邡、綿竹、德陽三縣界。每歲祈蠶者四方雲集，皆獲靈應。宮觀諸處塑女子之象，披馬皮，謂之「馬頭娘」，以祈蠶桑焉。[8]（P130）

這兩則文本都與《搜神記》記載的那篇盤瓠神話極為相似。為了便於分析，我們可將以上的盤瓠神話文本分解為以下零至四等五個情節：

盤瓠出世（0）—承諾婚事（1）—立功（盤瓠取得敵國將軍首級）（2）—悔婚（3）—盤瓠與公主結合（4）

蠶馬神話也可分解為以下五個情節：

承諾婚事（1）—立功（馬載父歸）（2）—悔婚（3）—馬皮卷女飛走（4）—女子化為蠶蟲（馬與女子結合）（0）

蠶馬神話的情節（1）「承諾婚事」與盤瓠神話的情節（1）「承諾婚事」相對應，情節（2）「立功（馬載父歸）」與盤瓠神話的情節（2）「立功（盤

瓠取得敵國將軍首級）」相對應，就這兩個文本而言，兩個故事的歷史背景皆為戰爭，故事主角馬或狗需要到敵方去完成一項難以完成的任務，作為換取婚姻的條件。蠶馬神話情節（3）「悔婚」對應盤瓠神話情節（3）「悔婚」。蠶馬神話情節（4）「馬皮卷女飛走」與盤瓠神話情節（4）「盤瓠與公主結合」對應。不過也有稍許不同，蠶馬神話的結合方式比較暴力，而盤瓠神話的結合方式比較和平。蠶馬神話情節（0）「女子化為蠶蟲（馬與女子結合）」與盤瓠神話的情節（0）「盤瓠出世」對應，不同的是，盤瓠神話將這這一情節放在開頭，交代盤瓠（狗）的來源，而蠶馬神話將這一情節放在結尾，交代蠶的來源，從蠶到犬與從馬到蠶，正好是逆向的。

通過以上分析，盤瓠神話與蠶馬神話具有內在連繫，換言之，兩者一定是傳播變異的關係，而不是偶然的巧合。那麼，誰在先誰在後呢？從故事的合理性來看，蠶馬神話應該在前，盤瓠神話應該在後，是從蠶馬神話發展而來。理由如下：

首先，蠶馬神話的情節雖然極富有想像力，但有其現實基礎，而盤瓠神話卻缺少邏輯連繫。蠶馬神話說馬皮卷走了女子化為蠶蟲，是因為在長期的養蠶過程中，人們覺得蠶的頭很奇怪，像馬頭，而蠶有蛻去舊皮換上新皮的蛻變現象，所以，想像蠶蛻皮時換上了馬皮，是完全合理的。相比之下，盤瓠神話卻難以解釋其情節的形成過程。盤瓠是由一隻像蠶繭的蟲子變化來的，不僅以上的文本是這樣說的，目前民間流傳的諸多文本同樣不失這樣的情節。一則名為《龍麒傳說》的故事是這樣說的：

古時候有個高辛皇帝，他的正宮娘娘劉德成皇后是婁金星下凡。高辛

帝在位四十五年的五月初五日，劉皇后夜裡夢見婁金星降凡，因此人驚醒，並覺得耳痛，於是宣太醫院的醫官治療，但一直醫不好，三年後從耳中取出一物如蠶蟲，模樣稀奇，就將它放在盤裡養著。一日，蟲變成了一條滿身花斑的龍，高辛帝認為不祥，想把它驅逐出去，但在大臣的勸阻下，還是把它留在宮中飼養，並取名龍麒，號曰盤瓠。[9]（P344）

福建省寧德市金涵畬族鄉上金村的相關故事是這樣的：

沒過多久，皇后的左耳朵就疼了起來，於是就請太醫前來治病。太醫從皇后娘娘的耳朵裡挖出一個蠶繭樣的東西，還閃閃發光，於是就把它放到了盤子裡，用瓠蓋上，沒一會就聽到瓠底下有響動，打開一看原來是一條像龍不是龍，像麒麟又不是麒麟的神獸。它跑到高辛帝面前就說：我是玉皇大帝身邊的婁金星，特地前來幫助高辛帝平亂。說著來到城門處就把皇榜揭了去。高辛看它器宇不凡，就賜名龍麒，號盤瓠。[5]（P66）

蠶馬神話與盤瓠神話的結構幾乎一致，最大的不同便是關於「蠶的來源」與「狗的來源」，一個是馬皮加女子變化為蠶，一個是蠶變化為狗。前者是可以找到現實基礎的：大家知道，中國很早就掌握了養蠶的技術，蠶絲可織成絲綢，這對人們的生活產生了極大的影響。人們在養蠶的過程中，仔細觀察到蠶的一個特點，就是它的頭很奇怪，像馬頭，於是人們就編故事加以解釋。這一故事用蠶蛻皮來做文章，說蠶在蛻去舊皮的同時，換上了一張馬皮，所以蠶的頭就像馬頭了。相反，蠶變化為狗這一情節卻歷來被認為很詭異，學者們百思不得其解。蟲子為什麼會變化為狗，我們找不到生活中的現實基礎，所以，最合理的解釋便是：其實，這是馬皮加

女子變化為蠱的變異、顛倒。蠱馬神話在傳承過程中發生變異，馬被狗代替，即女子許諾的對象變異為狗，卷走女子的皮子變異為狗皮，狗皮卷走女子後變化為蠱蟲，這樣便有了狗與蠱互變的基礎：狗與女子一起可以變成蠱蟲，蠱蟲變化為狗也就成為可能。

蠱馬神話的關鍵點是蠱頭的形狀，那是馬與女子結合變成蠱的現實基礎。盤瓠神話有的異文也具有盤瓠為人身犬首的情節：高辛帝想悔婚，盤瓠發話：「將我放入金鐘內，七天七夜，就可以變成人形。」不料到了第六天，公主怕他餓死，打開金鐘，盤瓠身已變成人形，但犬首未變。盤瓠只得以犬首人身與公主完婚。可見，無論是蠱馬神話還是盤瓠神話，無論是馬變蠱還是蠱變狗，其關鍵都在頭，故事變異的關鍵節點依然可見。

其次，從顏色的描寫也可以看出是蠱馬神話在先而盤瓠神話在後。盤瓠是一隻狗，它的顏色確實是五色的，即「其文五色」。盤瓠的後裔也好五色：「織績木皮，染以草實，好五色衣服。」現實生活中沒有五色的狗，對盤瓠五色的描寫，可以視為是對蠱蟲顏色描述的遺留。晉干寶《搜神記》記載：

園客者，濟陰人也。貌美，邑人多欲妻之，客終不娶。嘗種五色香草，積數十年，服食其實。忽有五色神蛾，止香草之上。客收而薦之以布，生桑蠶焉。至蠶時，有神女夜至，助客養蠶。亦以香草食蠶，得繭百二十頭，大如甕。每一繭，繰六七日乃盡。繰訖，女與客俱仙去，莫知所如。[1]（P35）

這則故事是關於蠶神助人養蠶，文中渲染了蠶的五色特點，說是一隻

五色的蛾子生出了桑蠶。致使五彩蛾子過來的原因，是園客種五色的香草，並不斷服用。古代蠶的顏色只有一種，但人們有用「五彩」來描寫蠶的傳統，盤瓠由蠶蟲演變而來，自然被說成是五彩的，其後裔也被說成是「好五色衣」。這也證明了蠶馬神話比盤瓠神話產生得更早，盤瓠神話是由蠶馬神話變異形成的。

那麼，盤瓠神話中的主角為什麼叫盤瓠呢？

這個問題十分複雜，還牽涉到牛郎織女神話，因為蠶馬神話不僅演變為盤瓠神話，還演變為牛郎織女神話。牛女神話的結構就是一個關於蠶蛻皮的神話，是一個換皮的故事。典型的牛女神話雖然版本很多，但基本上都有兩個最核心的情節：一個是牛郎偷藏織女的衣服，織女不得已嫁給他；另一個是織女飛回天上的時候，牛郎借助牛皮的力量想追回織女，雖然結果不怎麼理想，但畢竟一年能見一次，也算是兩者的結合。織女，其實是蠶的擬人化，用蠶絲做成布叫織，用麻線做成布叫績，加上蠶能吐絲織繭，因此蠶被稱為織女、蠶姑娘。所以，牛女神話的這兩個情節其實也是用來解釋蠶的來源的，即蠶失去舊皮之後，換上牛皮，牛與蠶便結合了。牛女神話裡的牛代替了蠶馬神話裡的馬。

這一關於蠶的故事在地上形成之後，又被附會到天上的星星去。現在大家都知道，銀河兩邊分別分布有織女星與牛郎星。其中牛郎星與其兩邊的兩顆星排成一條直線，像一根扁擔一樣，故稱扁擔星。值得注意的是，在中國，扁擔星被說成牛郎星，但在日本，被說成飼犬星。柳田國男在《犬飼七夕譚》一文中把牽牛星叫飼犬星 [10]（P6），可見牛女神話被附會到

天上的時候，故事的版本是多樣的，與織女結婚的不僅是牛郎，也是盤瓠。這在中國已經失傳，但在日本還有保留。日本古代還有一個叫《養犬星與七夕星》的故事：「一個小夥子帶著犬去開荒，看見仙女在湖中洗澡，衣服掛在樹上，故取之。仙女無法離去，與他成親並生有一子。婚後七年孩子六歲時，織女發現被藏的衣服，披而飛去。小夥子每天望著星空歎息不止。這時鄰居一老人告訴他，只要把一千雙草鞋埋在瓜秧下面，瓜秧可高達上天，人便可攀登上去。小夥子編到九百九十九雙時便把草鞋埋下。當秧長高後，小夥子攜子帶犬爬了上去。可是還差一雙草鞋遠怎麼也夠不著，於是他先把犬舉上去，自己再拉著犬尾巴爬上去。這時織女正在織布，小夥子從秧上摘下一個瓜送給她。誰知瓜一切開，瓜汁流出變成一條天河，又將夫妻隔開，那個小夥子就是對岸的養犬星，他們每年七月七日才能見一面。」[11]

「扁擔星」這一名稱應該是比較古老的，三星相連，很容易被想像為一根扁擔。扁擔星在《大荒北經》裡記為槃木，也就是爿木，爿木即被劈成片狀的木頭，實指扁擔。因為槃木星也被說成是飼犬星，才導致了盤瓠神話中的狗稱為盤瓠。「盤瓠」在其他文本中也記為「槃瓠」，估計就是從「槃木」訛誤而來。

盤瓠神話對於苗瑤畬三個民族中崇拜盤瓠的人群來說，其意義非同一般，因為這部分人群信奉盤瓠，相信盤瓠是其祖先。也正因為這一點，學者們多認為盤瓠神話是真實歷史的變異，其背後定有一場真實的戰爭發生過，比如鍾敬文先生說：「盤瓠神話中的狗祖先及其行為，在很長的年代裡一直被南方少數民族認為是真實的事情。可見這盤瓠神話無疑是真的存

在過的。它不是後人（包括記錄者）的隨意捏造。」〔6〕〔P116〕筆者曾經寫過《盤瓠神話：楚與盧戎的一場戰爭》一文，也是持這樣的立場，認為盤瓠神話講述的歷史實際上是楚與盧戎的一場戰爭。〔12〕這樣的解釋，無非是想證明盤瓠是人，不是狗，苗瑤畬三族的盤瓠信仰是祖先崇拜而不是圖騰崇拜。可是，或許是由於民族關係的問題，學術界鮮有人討論苗瑤畬的盤瓠神話與黎族《五指山傳》的關係，如果正視黎族《五指山傳》與盤瓠神話是同一神話的變異，我們便會看出，苗瑤畬對盤瓠的崇拜其實也是後起的。

《五指山傳》的異文也叫《吞德剖》，都是海南黎族的祖先歌，其中的「天狗下凡」一節講述的是黎族始祖天狗在天上很有威望，他救過南蛇和蜂王。在它們的幫助下，天狗克服了重重困難，多次治好了天帝之女婺女的腳傷。婺女的父皇一開始許諾，只要天狗治好了女兒的腳傷，就把女兒嫁給它，可是他在天狗治好了其女兒的腳傷之後，又悔約了。最後，婺女不顧父皇的反對，入山與天狗成婚。〔13〕〔P2〕在這裡，狗立功的事蹟由咬掉敵人的頭顱變成治好了腳傷。其實，在瑤族流傳的盤瓠神話中，也有這種說法：

昔某皇帝患爛足疾，國內的醫生都不能醫好。皇帝便下命令誰能夠醫好爛腳便把皇女嫁他。某天，有一匹狗來對皇帝說，你的腳讓我舐三天一定會好的。皇帝起初不相信它。後來覺得有點奇怪便讓它試試看，卻意外地有了效果。因為舐過一次而大大減少了痛苦，便讓它繼續舐下去。第三天，腳竟完全好了。於是，狗便向皇帝要求皇女。但是，皇帝和皇女因為它是畜生而不允許它。狗便說：「請你把我藏在櫃中，四十九天之後我便

成為一個漂亮的人了。」皇帝照著它的話做了。皇女非常懊喪地在第四十八天就把櫃子打開來。這時狗的身體已經變成人樣，只有頭還沒有變成。他因為皇女不守戒約而不能變成完全的人樣，所以很恨皇女。這時候皇帝和皇女已經不能找出口實來拒絕他，便招他做了駙馬。他們所生的五個孩子由皇帝賜以五姓，即雷、藍、鍾、鼓、盤。[6]（P201）

從故事情節看，黎族的這一神話傳說活脫脫就是盤瓠神話的翻版，不同的是，皇帝的腳傷變成了天帝女兒婺女的腳傷。如果我們僅僅從苗瑤畬信奉盤瓠是其祖先就認定盤瓠神話是真實歷史的話，那我們怎麼解釋黎族的這一情節相似的神話故事？黎族同樣信奉他們的祖先歌是真實的歷史。由此可見，民間信仰也有可能來自故事，也就是說，先有故事後有信仰的可能性是存在的。

黎族的祖先歌《五指山傳》有一個細節很值得注意，即狗醫治的是二十八宿的婺女。婺女是傳說中的帝女，又名須女、務女，其實就是主紡織的，是早期的織女星。婺女星屬於二十八宿中的北方七宿之一，北方七宿為鬥、牛、女、虛、危、室、壁。蠶馬神話因為是關於蠶的擬人化之織女的，所以首先被附會到天上主管紡織的婺女星，而婺女星旁邊正好是牛宿（原來的牽牛星），於是織女與馬的故事變成了織女與牛的故事，形成了早期的牛郎織女神話。這個故事被附會到扁擔星與三角形的跂踵星，即目前我們所說位於銀河兩岸的牛郎星與織女星，那是後來的事情，因這屬於另一個論題，這裡不加以論證。這裡想說明的是，黎族的祖先歌《五指山傳》中的「天狗下凡」，保留了早期蠶馬神話剛附會到天上星宿時的某些狀況。當故事將牛郎由牛宿轉換到扁擔星（槃木或爿木）時，扁擔星也

被說成飼犬星。這種說法在中國雖然不見於文獻，但日本卻有保留。扁擔星由於牛郎織女神話變成了牛郎星，卻因為盤瓠神話變成了飼犬星，檠木（爿木）一詞也就成了盤瓠神話的主角：盤瓠。

參考文獻

〔1〕搜神記全譯〔M〕.黃滌明，譯注.貴陽：貴州人民出版社，1991.

〔2〕郭志超.畬族文化述論〔M〕.北京：中國社會科學出版社，2009.

〔3〕何光嶽.論盤瓠氏的起源、分布與遷徙〔C〕//張永安.盤瓠研究.內部資料，1990.

〔4〕陳元煦.畬族研究回顧〔M〕//馬建釗.畬族文化研究.北京：民族出版社，2007.

〔5〕孟令法.畬族圖騰星宿考——關於盤瓠形象傳統認識的原型批評〔D〕.溫州：溫州大學，2013.

〔6〕鍾敬文.鍾敬文民間文學論集（下冊）〔M〕.上海：上海文藝出版社，1985.

〔7〕杜光庭.仙傳拾遺〔M〕//郭聲波.四川歷史農業地理.成都：四川人民出版社，1993.

〔8〕蔣猷龍.浙江認知的中國蠶絲業文化〔M〕.杭州：西泠印社，2007.

〔9〕石奕龍，張實.畬族：福建羅源縣八井村調查〔M〕.昆明：雲南大學出版社，2005.

〔10〕小男一郎.中國的神話傳說與古小說〔M〕.孫昌武，譯.北京：中華書局，2006.

〔11〕於長敏.日本牛郎織女傳說與中國原型的比較〔M〕//鍾敬文.名家談
牛郎織女.北京：文化藝術出版社，2006.

〔12〕吳曉東.盤瓠神話：楚與盧戎的一場戰爭〔J〕.民族文學研究，2000
（4）.

〔13〕孫有康，李和弟.黎族創世史詩五指山傳〔M〕.廣州：暨南大學出版
社，1990.

（原載於《黔南民族師範學院學報》2016 年第 1 期）

論水族民間文學的分類

石尚彬

　　在中華民族五十六個民族組成的大家庭中，水族是一個有著古老悠久的文明史的民族。在水族民間文化藝術寶庫中，水族民間文學作品不僅為水族人民所喜聞樂見代代流傳，而且早已引起學界的關注並加以研究。早在二十世紀五〇年代，水族著名學者潘一志先生在其《水族社會歷史資料稿》中便已對水族民間文學進行了論述，該書的「口頭文學」一節中寫道：「水族的口頭文學，在形式上，大體分為三種，一是詩歌形式的敘事歌和即興歌；二是散文形式的故事、傳說和神話、寓言；三是句式整齊並且押韻的格言。」[1](P440-441) 接著即按「詩歌體」、「散文體」、「格言詩」三部分分別進行論述。潘一志先生甚為關注本民族的社會歷史之發展變遷並進行深入研究，篳路藍縷，具有開創之功。

　　潘一志先生對水族民間文學作品的三分法，多為其後論者所沿襲。如《三都水族自治縣概況》一書在論述「水族民間口頭文學」時，即是分為「水族民歌」、「故事傳說」、「格言、成語、諺語」[2](P41-53) 三部分一一論述。該書的修訂本在論述水族民間文學時寫道：「水族民間文學按文體可分為韻文體和散文體兩大類，韻文體作品多為歌謠、歌訣、說唱類；散文體按內容和形式，大致可分為神話、傳說、故事、

童話、寓言、熟語、諺語、謎語、歇後語等。按形式大體上可劃分為三種類型：一是散文形式的故事傳說和神話寓言；二是詩歌形式的敘事歌、即興歌和以念唱為主的調歌、古歌等；三是句型整齊且押韻的格言、熟語、成語、民諺和反語等。」[3](P196) 很明顯，編寫者一方面承襲了前賢之說和前書之說，而另一方面又對水族民間文學的分類進行思考，試圖另行分類，但又未能理清思路，竟然提出了兩種不同的分類法（即其所說的「兩大類」和「三種類型」），其分類相互抵牾，未能進行清晰界說。

一九九二年八月出版的《三都水族自治縣縣誌》亦是承襲潘一志先生的三分法。該書論述「民間文學」時寫道：「水族的民間口頭文學，大體可分這三個類型。一是散文形式的故事傳說和神話寓言；二是詩歌形式的敘事歌、即興歌和以念唱為主的調歌、古歌等；三是句型整齊並且押韻的格言、成語和民諺等。」[4](P171)

范禹先生主編的《水族文學史》在論述水族民間文學時寫道：「水族文學形式豐富多樣，按文體形式可分為韻文體和散文體兩大類。韻文體中，若按演唱環境、方式而形成的分類法去劃分，可分為單歌、調歌、詰歌和亦說亦唱的雙歌、菀歌」；「而散文體按其內容和形式劃分，可分為神話、傳說、故事、童話、寓言、諺語、謎語等類別。」[5](P19)

要而述之，上述各家之說多是沿襲了潘一志先生的「三分法」。應當看到，潘一志先生首先將水族民間文學作品劃分為「詩歌形式」和「散文形式」這兩大類別是頗有見地的、很是科學的；而其所劃分的第三類，或許是考慮到此外那些「句式整齊並且押韻的格言」，既不是「散文形式」，

而雖「句式整齊並且押韻」，但又不能歸屬於「詩歌」一類，故只好另分為一類處理罷了。

綜觀水族民間文學作品，筆者在認真研究並吸收上述諸家之說的基礎上，對水族民間文學作品的分類提出一種新的「三分法」：其一為「散文形式的水族民間文學作品」，其二為「韻文形式的水族民間文學作品」，其三為「韻散結合的水族民間文學作品」。如此分類，方切合水族民間文學作品之風貌。

現將如此劃分之依據論述如下，並請方家師友不吝賜教為謝。

一、散文形式的水族民間文學作品

筆者甚為贊同潘一志先生「三分法」之中的一種論述，即是說水族民間作品中的一大類別為「散文形式的故事、傳說和神話、寓言」。

自二十世紀八〇年代以來，內容極為豐富的散文形式的水族民間文學作品便引起了相關機構和專家學者及民間文學愛好者的廣泛關注。在黔南布依族苗族自治州三都水族自治縣概況編寫組編寫的《黔南水族簡介》、《三都水族自治縣概況》、三都水族自治縣縣誌編纂組編纂的《三都水族自治縣縣誌》，以及范禹主編的《水族文學史》等書中均有專門論述，並有祖岱年、羅文亮、劉世杰、岑玉清選編的《石寶馬》（水族民間故事選），潘朝年、陳立浩選編的《月亮山》（水族民間故事選），岱年、世杰選編的《水族民間故事》等書相繼問世。

　　正如潘一志先生所述：水族民間「散文形式的故事傳說和神話寓言，有的是敘述歷史故事，有的是對勞動人民勤勞勇敢和聰明才智的讚揚，有的是對殘酷愚昧的封建統治者的抨擊，有的是對生活落後現象的諷刺，有的是把男女的愛情描寫出來」[1]（P441-442）。此類散文形式的水族民間文學作品，既有反映遠古時期「人的起源」、「洪水潮天」、「牙仙造人」等內容的神話傳說，更有大量的反映水族社會不同時期的生產、生活、鬥爭的故事。值得注意的是，除了傳統的神話、傳說之外，隨著社會的發展，水族民間故事中亦相應地產生了不少反映社會變遷和時代風貌的優秀作品。例如反映清朝咸豐、同治年間潘新簡率眾起義的《簡大王的故事》；歌頌水族人民的優秀兒子、中共一大代表的《鄧恩銘的故事》；謳歌抗日戰爭中水族人民奮起抗敵的《月亮山下打日寇》；反映水族人民歡天喜地迎接解放、堅決擁護新生的人民政府的《第一張布告》；更有反映粉碎「四人幫」之後，農村落實了生產責任制，水族人民生產積極性大大提高的《蒙三靠買機》等新故事。

　　《三都水族自治縣概況》中，將此類「散文」形式的水族民間文學作品統稱之為「故事傳說」，並按其內容劃分為「神話、風物、愛情、民俗、善惡、抗暴起義、機智人物、動植物、寓言和新故事」[2]（P49）。

　　這類作品，雖產生於水族社會的不同歷史時期，但均是講述者以敘述故事的形式（即學界所稱的「敘事體」）進行講述，即便經過民間文藝工作者搜集整理乃至成書出版，依然保留著其以說話方式口頭敘述故事的原生態風貌，故而將其歸屬為「散文形式的水族民間文學作品」，當是實至名歸而不應有何疑義的。

二、韻文形式的水族民間文學作品

筆者亦贊同潘一志先生的另一觀點，即水族民間文學的另一類是「詩歌形式的敘事歌和即興歌」。潘一志先生進而論述道：「敘事歌多半是敘述歷史人物，如人類起源（多半是神話之類）、民族的遷徙、英雄人物的頌歌等。」「即興歌多半是即景生情，隨口編唱。一唱一和，詞句精煉，寓意幽默，耐人尋味。」[1]（P441）顯而易見，潘一志先生所說的「敘事歌」，即是全篇為韻文組成，以誦唱的形式敘述故事的水族民間文學作品；而「即興歌」則是「即景生情，隨口編唱」的較為短小的以抒情為主的歌謠。此類作品的顯著特徵便是全為韻文、用於誦唱，故而筆者將其劃歸為「韻文形式的水族民間文學作品」一類，以區分於「散文形式的水族民間文學作品」。

《三都水族自治縣縣誌》中說道：「水族民歌是水族民間口頭文學的重要組成部分……水歌按其形式可分為雙歌、單歌、蔸歌、調歌、詰歌五種，按其內容則可分為古歌、頌歌、生產歌、風物歌、風俗歌、禮儀歌、酒歌、情歌、婚嫁歌、喪葬歌等類別，而各類中還可分出若干細目。如情歌可分為青春歌、惜春歌、會面歌、分別歌、約會歌、想念歌、相信歌、訂婚歌、逃婚歌等等。」[4]（P173）《水族文學史》的論述與此基本相同：「水族歌謠，若按內容可以分為史詩（古歌），頌歌、生產歌、風物歌、苦歌、反歌、酒歌、情歌、婚嫁歌、喪葬歌和亦說亦唱的雙歌、蔸歌等十多個類別。」[5]（P919）

上述兩書對此類作品的分類，筆者反復思考，屢經推敲後仍是難以認

同。何故？因其將上述作品的表現形式與其內容雜糅不分混為一談了。即如《水族文學史》所說，「雙歌」、「蔸歌」乃是「亦說亦唱」的民間文學作品，作者明顯是從其演唱形式上著眼的，亦看到了「雙歌」、「蔸歌」的這一明顯區別於其所說的「史詩（古歌）、頌歌……婚嫁歌、喪葬歌」的不同的藝術特徵，卻又沿襲水族民間稱其為「歌」而甚為牽強地將其劃歸於「水族歌謠」（即民歌），故而不妥。即是說，不應將「雙歌」、「蔸歌」僅僅視同於一般水族民歌。至於「雙歌」、「蔸歌」的表現形式及其藝術特徵，筆者將在下文予以論述，此不贅言。

如同「散文形式的水族民間文學作品」一樣，「韻文形式的水族民間文學作品」「內容極為豐富，多層次多側面地反映了水族的歷史和生活」(5)(P19)。既有探索大自然奧秘和人類起源的《開天闢地》、《開天地造人煙》、《恩公開闢地方》之類的古歌，亦有反映民族源流的《遷徙歌》和長達三千多行的《調布控》之類的敘事歌；有反映水族民族節日、民族風情、生產習俗等等內容的《端節歌》、《造棉歌》、《造五穀歌》、《造屋歌》；有反映愛情、婚姻生活的《貓抓心腸》、《怨氣全消》、《窮雖窮，不丟朋友》等情歌；更有產生於近現代社會歌頌水族人民抗暴鬥爭的英雄潘新簡的長達三百多行的《簡大王歌》，歌頌紅軍的《水家寨裡降救星》、《枯樹開了紅花》、《水家兒女當紅軍》等等歌謠；新中國的誕生，水族人民唱出了《贊土改》、《共產黨來了》、《水族唱起歡心歌》、《歡唱三都水族自治縣》等歌頌黨、歌頌社會主義、歌頌民族大團結的新民歌，其中三都水族自治縣原副縣長蒙世花在三都水族自治縣成立二十五周年縣慶時即興編唱的一首《共產黨勝過仙王》，頗有代表性：

我父老苦彎了腰，不見仙王來可憐。／千年的石菩薩，你見誰把古老山河改變？／共產黨來了，勞動人民笑開臉。／新社會來了，古老山河換新顏。／解放後三十二載，勝過牙巫開天千萬代。／三都建縣二十五年，賽過拱恩闢地千萬年。

（按：牙巫，水語，女仙人；拱恩，水語，男仙人。牙巫、拱恩為水族神話中開天闢地的仙人。）

上述水族民歌，無論其產生於何朝何代，亦無論其反映的是何種內容，其共同的藝術形式是全篇均由韻文組成而由歌者演唱誦念（長達數百行以上者往往採用或唱或誦之形式）。這正是潘一志先生所說的「詩歌形式的敘事歌和即興歌」，故而筆者將其劃歸為「韻文形式的水族民間文學作品」。

三、韻散結合的水族民間文學作品

筆者所說的「韻散結合的水族民間文學作品」，亦是著眼於其藝術形式上的顯著特徵，即是說，水族民間廣泛流傳的韻散結合的說唱文學作品，應當劃歸為水族民間文學作品的第三類。

此類作品主要指的是為水族人民所喜聞樂見、在水族地區廣泛流傳的「雙歌」和「蔸歌」。依據水族民間習慣用語，學界現統稱之為「旭早」。據專家學者考察認定，「從清初到一八四〇年鴉片戰爭的兩百年間，是水族歷史上社會經濟較為發展時期……由於水族社會經濟的發展，水族人民對文化生活的需求也愈來愈高，原有的民間歌謠傳說故事已不能滿足需

要，於是在此基礎上，更能適應社會需要的功能性更強的曲藝品種——旭早便應運而生了。」[6][P37] 此後旭早便在水族人民之中逐漸流傳開來。

　　「『旭早』（ɓip⁸tsau⁶）是水語，譯為漢語，『旭』（ɓip⁸），是歌的意思；早（tsau⁶），是雙的意思，所以漢語叫『雙歌』。因為一般每個段子裡對唱的歌都是兩對、四對或六對，全是雙數」[6][P40]，故名之為雙歌。也有的水族地區稱之為「旭凡」，「凡」，是說故事的意思，「旭凡」即說唱故事之意。「菀歌」，水語為「旭虹」，「旭」是「歌」的意思；「虹」即一菀、一蓬、一叢之意，　歌（即旭虹）意為演唱的歌像叢生的莊稼一般，一菀一蓬聯為一組來演唱一個故事。無論雙歌、菀歌，其顯著的藝術特點均是有說有唱，韻散結合；不同點在於雙歌演唱時其起歌及歌尾觀眾均要齊聲唱和，而　歌演唱時其起歌或歌尾沒有幫腔和聲。雙歌演唱時，每唱段的開頭和結尾，觀眾均要幫腔予以配合，演唱者開頭起唱之時男性觀眾和唱道：「流海育喂！流海育喂！」女性觀眾則和唱道：「臘絫育喂！臘絫育喂！」演唱者唱完最後一句時，所有觀眾均要配以和聲，重複這句唱詞。由此可見旭早在水族地區流傳甚廣，頗受水族民眾所喜愛。

　　發展至今，傳統的水族旭早曲目已有二百餘篇，其中百餘篇為傳統篇目，其他為民間藝人或文藝團體所創作改編的曲目。如一九八六年黔南布依族苗族自治州文化局和三都水族自治縣文化局、文化館組織人員，依據水族民間傳說《七大王造銅鼓》新編的旭早《造銅鼓》（楊樂、艾水、王希建整理），由楊勝佳、石紹霞表演，參加同年貴州省曲藝會演並獲鼓勵獎即是其中一例。

　　為了更為清楚地說明這種「韻散結合的水族民間文學作品」的藝術特點，現將水族旭早《龍女和漁郎》簡介如下。

　　故事說的是龍女愛慕勤勞的漁郎，便故意讓自己被漁郎的魚鉤鉤傷，又托獺貓轉告漁郎，讓漁郎採來仙藥為她治癒了傷口，從此漁郎龍女結為幸福美滿的夫妻。其後漁郎托請獺貓攜帶禮物代表自己到龍宮拜望岳父母，不料龍王龍母得此訊息，竟然殘酷地殺害了獺貓，又捉回了龍女，活活拆散了這一對恩愛夫妻。

　　這篇旭早一開頭便以一段說白交代龍女和漁郎相識的緣由，以引出故事。接著便為龍女、漁郎分別安排了若干段唱詞，並於其間穿插了五處說白，生動地描繪出龍女和漁郎真誠相愛、辛勤勞作的情景，讚美了他們對自由幸福的愛情的追求。結尾處則以說白的形式交代因龍王龍母的破壞造成了這一愛情悲劇，並以浪漫主義的手法描述天上因之而出現了一道絢麗的彩虹，從而讚頌了龍女對愛情的忠貞不渝。

　　可見，這篇旭早中的說白和吟唱部分是兩相結合、缺一不可的，可謂相互穿插，交替進行，環環緊扣，聯為一體。說白補充交代了吟唱部分不便敘述的內容，從而推進了故事的發展；吟唱部分的若干唱段則主要用於龍女和漁郎互訴衷情。吟唱與說白的交替進行使得旭早的表演富於變化，頗為生動活潑。

　　作為代表性篇目，《龍女和漁郎》已收入一九八九年貴州人民出版社出版的《水族曲藝旭早研究》一書，該書共收入旭早十篇；另有水族民間藝人潘靜流著，燕寶譯注，貴州省民間文藝研究會一九八一年八月內部出

版的《水族雙歌單歌選》，內收旭早一百一十七篇；黔南文藝研究室、三都文藝研究組周隆淵、范禹、潘朝霖共同選編的一九八一年十二月內部出版的《島黛瓦》，內收旭早十一篇；潘朝豐、陳立浩選編的《鳳凰之歌》，內收旭早十篇。讀者翻閱賞鑒，便可更為清晰地領略水族旭早之風貌。

總而言之，水族旭早具有鮮明的藝術特色。簡而述之，其一，水族旭早一般均有較為完整的故事，且主要人物之間往往有著一定的矛盾衝突，從而構成或喜或悲或實或幻的故事情節。其二，水族旭早有異於一般的民間敘事詩，乃是由演唱者充當演員代表其中的某一角色或幾個角色進行演唱，因而已可視為「代言體」的文學樣式，而絕非如我們常說的敘事詩一般（如古詩《孔雀東南飛》、《木蘭傳》之類）乃是由歌者（吟誦者）以第三者的身分敘述故事，因而此類敘事詩學界稱之為「敘事體」而非水族旭早式的「代言體」。第三，有說有唱。表演者不但要為其中角色代言演唱，亦要以第三者的身分完成說白，說白與演唱兩相結合，交替進行，且觀眾往往要在表演者演唱歌頭和歌尾時引吭歌唱、齊聲應和。故而筆者認為水族的旭早不僅具有了說唱文學的基本特徵，更可視之為水族戲劇之雛形（可參看拙文《從我國最早的劇碼〈東海黃公〉等看水族的「雙歌」、「歌」》，載《貴州民族研究》1989 年第 3 期）。

其實，不少專家學者早已注意到水族民間文學中大量存在著此類韻散結合的作品。最早的是二十世紀六〇年代，貴州省民間文藝研究會的燕寶同志（苗族，本名王維齡）到三都水族自治縣采風，便將水族民間著名藝術家潘靜流編著的《旭早歌書》（漢語諧音手寫本）進行譯注，其後於一九八一年八月貴州《民間文學資料》第四十六集內部出版。二十世紀八

〇年代出版的《三都水族自治縣概況》中指出水族民間有「說唱類」[3]
[P196]作品，但該書卻又將其歸之於「韻文體」作品之中。一九八七年
十一月出版的《水族文學史》一書不但指出水族民間文學中有「亦說亦唱
的雙歌、菀歌」[5][P19]，更辟出專章（該書第十五章）以「民間說唱文
學──雙歌和菀歌」[5][P188-209]為題進行論述，惜該書在「緒論」部分仍
是將此類別具特色的作品歸屬於「韻文體」[5][P19]之中。二十世紀八〇年
代，中國文化部、國家民委、中國文聯聯合發出編纂出版十套（文學、戲
曲、音樂、舞蹈、曲藝等）集成志書的通知，貴州省、黔南州相關機構一
批專家學者對水族旭早進行了深入考察研究，並將羅文亮、肖自平、范
禹、石尚彬、劉世彬、岑玉清、石國義、康成、潘朝豐、姚福祥、李繼
昌、楊有義、李國忠、燕寶等水族和其他兄弟民族的專家學者撰寫的相關
論文彙編為《水族曲藝旭早研究》一書，該書一九八九年十月由貴州人民
出版社出版。「這些文章，從各個角度論證了旭早是水族民間獨具特色的
曲藝品種，對旭早的認定和研究開了先河，具有學術參考價值。」[6][P66]
惜該書是從專門角度論證並認定「旭早是水族民間獨具特色的曲藝品
種」，故而未能涉及水族民間文學作品的分類問題。

　　迄今為止，筆者所見到的關於水族民間文學的論述中，或是因水族民
間將此類韻散結合的作品稱之為「旭早」、「旭凡」、「旭虹」（旭早、旭凡、
旭虹，水語，意為演唱故事的成雙成對的歌）的緣故，因而均將其歸屬於
水族民間「韻文體」或稱「詩歌形式」的作品之中；而在對水族民間文學
作品進行分類時，亦往往是相沿成習地將其劃分為「韻文體」（亦稱「詩
歌形式」）和「散文體」（亦稱「散文形式」）這兩大類，而未能將此類

別具一格的具有鮮明藝術特色的韻散結合的說唱文學作品單列為一大類別，這是令人感到十分遺憾的。

基於上述原因，筆者認為水族的雙歌、蔸歌，即現今學界統稱的「旭早」，在考察、研究、界定水族民間文學作品時應單獨列為一類，即「韻散結合的水族民間文學作品」。

綜上所述，水族民間文學作品應劃分為三大類為宜，即是說，可劃分為「散文形式的水族民間文學作品」、「韻文形式的水族民間文學作品」、「韻散結合的水族民間文學作品」（即韻散結合的水族民間說唱文學）三類，此乃是考察其表現形式、藝術特徵的顯著區別而劃歸為不同之類別；至於「句式整齊並且押韻的格言」之類的水族民間文學作品，則可歸入「韻文形式的水族民間文學作品」之中。

參考文獻

〔1〕貴州民族學院，貴州水書文化研究院.水族潘一志文集〔M〕.成都：巴蜀書社，2009.

〔2〕三都水族自治縣概況編寫組.三都水族自治縣概況〔M〕.貴陽：貴州人民出版社，1986.

〔3〕三都水族自治縣概況編寫組，三都水族自治縣概況修訂本編寫組.三都水族自治縣概況〔M〕.北京：民族出版社，2007.

〔4〕三都水族自治縣編纂委員會.三都水族自治縣縣誌〔M〕.貴陽：貴州人民出版社，1992.

〔5〕范禹，周隆淵，潘朝霖.水族文學史〔M〕.貴陽：貴州人民出版社，
　　1987.

〔6〕羅文亮.中國文藝集成志書·貴州省黔南布依族苗族自治州曲藝集
　　〔Z〕.黔南（94）內資准第 4-018 號都勻，1995.

（原載於《黔南民族師範學院學報》2010 年第 5 期）

論莫友芝散文的地域特徵

李朝陽

莫友芝（1811-1871 年），字子偲，自號郘亭，晚號眲叟，布依族，清代貴州獨山人。其所著《郘亭知見傳本書目》、《宋元舊本書經眼錄》向為文獻學家所重，其所撰《唐寫本說文木部箋異》被語言學界視為說文研究的重大發現，其所搜集整理的《黔詩紀略》被看作是貴州歷史文獻的珍寶，而其所創作的詩歌也被視為清代宋詩派的重要成果，故《清史稿》譽其為「西南大師」。[1]（P13410）而莫友芝身為貴州學子，其身心飽受黔文化的薰染，故其提筆為文時，其文中總是有一股難以化解的貴州情結，充滿了貴州地域文化的因數。

一、鮮明的地理特徵

莫友芝是貴州這塊神奇的土地上成長起來的學子，對貴州這塊熱土充滿了熱愛，貴州地理的區域特徵在其文中得到了充分表現。

第一，莫友芝散文中所出現的地名大多是貴州的地名，如貴陽、遵義、都勻、麻江、古州、獨山、銅仁、荔波、定番、黎平、平越州等等，這些貴州地名的密集出現，為莫友芝文的地域特徵定下了基調。

第二，莫友芝散文中的歷史地理大多與貴州有

關，其文中經常出現的夜郎、牂牁、犍為等或為歷史古國，或為古郡，皆是貴州故地郡縣，其文中出現的延江、鱉水、五溪也是歷史所記載的河流。延江即今烏江，是流經黔北的一條重要河流，而「五溪」則因唐代王昌齡貶謫夜郎而聞名，李白有詩《聞王昌齡左遷龍標遙有此寄》吟詠道：「楊花落盡子規啼，聞道龍標過五溪。我寄愁心與明月，隨君直到夜郎西。」

第三，莫友芝散文中對貴州的自然地理有大量描繪，這在其山水遊記中表現得尤其突出。如其山水遊記文《桃溪遊歸記》、《登小龍山得左丘記》、《魚梁江源流記》、《游天池記》、《上巳游勝龍山記》等，文中所記之桃溪、小龍山、天池、勝龍山在遵義附近，魚梁江則在今貴州凱裡市麻江縣和都勻市福泉市境內，為清水江支流。在這些遊記中，其所記景色秀美，很有「山國」的山水特色，如《上巳游勝龍山記》所雲：「沿溪下為洗馬灘，急湍活活，疊石磊砢，徑稍窄，疾趨過，得坦處小憩。複前行，則溪水澄碧，夾以古柳，回曲二裡許，對岸原田平衍，林木翳如，人家在花竹中，書聲、機聲、舂聲、叱犢聲、小兒嬉笑聲，與時鳥弄晴聲，煙水相答，隨風去來，倏近而倏遠。」〔2〕（P720）急湍、疊石、溪水、古柳、原田、林木、花竹、時鳥、煙水……共同構成了一幅山裡人家的生活環境，自然和諧，頗具詩意。

第四，莫友芝散文中還有不少對貴州人文地理的敘寫。貴州山川秀美，風景迷人，但在人們的心目中卻是一塊文化的荒漠。其實，貴州這塊神奇的土地也不乏人文地理的內容，這在莫友芝的文中就有大量的記載，如《重建魁星閣記》中對「魁星閣」的記載，《待歸草堂後記》對「待歸

草堂」的記敘，《影山草堂本末》對其自家老屋「影山草堂」的敘寫，《濛
水迎恩橋烈女墳祠記》對「烈女墳祠」的描繪，《聽鶯軒花木記》對遵義
府署「聽鶯軒」的記寫，《記王少伯墓》對「王昌齡墓」的考證……無不
說明貴州不僅風景秀麗，且具有豐富的人文景觀和文化底蘊。這在《魚梁
江源流記》中對「葛鏡橋」的記敘中表現得尤其感人：「又東北二十裡得
葛鏡橋，橋在平越州東南五裡，舟渡多艱，明萬曆中，鄉人葛鏡再建再
圮，鏡慟絕復蘇，毀家誓死，鑿空壘石，崇乃益堅。」〔2〕（P647）葛鏡建橋
的事蹟，不僅說明貴州地勢險峻、交通不便的事實，還顯示了葛鏡拋家棄
業、造福鄉里、功利千秋的獻身精神。葛鏡建橋的精神深深感動了後人，
後來貴州總督張鳴鶴親筆為其所建之橋題名為「葛鏡橋」。余陛雲《吟邊
小識》對此有記載云：「黔中有葛鏡驛，兩岸削立，欲渡無梁。昔黔帥張
公曾建橋，歲久傾圮，而碑尚存。其地有葛鏡者，立誓造橋，橋毀更造
之，卒底於成，至傾其家。遂以葛鏡名其驛。莫友芝為黔中名宿，有過葛
鏡驛詩云云。」〔3〕（P9657）這座橋至今還屹立在清水江上，著名的橋梁專家
茅以升先生在中國大學西遷時期考察過此橋，對此橋的建築品質和牢固程
度讚不絕口，稱之為中國古代十大名橋之一，故又有「北有趙州橋，南有
葛鏡橋」之譽。

二、濃郁的地域風情

　　莫友芝出生於貴州獨山縣，於十三歲移居遵義，五十多歲時入曾國藩
幕府遷徙江蘇南京，莫友芝的大半生都是在貴州度過的。因此，莫友芝對
於貴州的風土人情瞭若指掌，這在他的散文中亦多有表現。

首先，莫友芝散文中有對貴州節日文化的描繪，《上巳游勝龍山記》雲：「遵之俗，前後清明十日上塚，戚好內外咸集。郭之外，龍山、鳳山又其北邙。風晴日麗，青鞋黃帽，華妝袨服，參差掩映於雜花芳草之間，固一歲之盛觀也。」[2]（P720）文中記載了遵義人過清明節的習俗，即在清明節的前後十天為死去的親人上墳，表達對先人的哀思。但按照遵義人的習俗，清明節前後的日子也是親朋好友聚會的日子。因此，人們又會於此時把自己打扮得亮麗入時，出門上墳的同時也去走親會友。此時，人們紛紛出門，走在路上的人們和路邊的雜花芳草相映成趣，形成一道亮麗的風景線。

其次，莫友芝散文中記錄了貴州人重視祭祀的習俗。貴州人家中往往在堂屋的正中位置安放一張方正的八仙桌，上面安放祖宗的靈位，常年供奉香火，以表達對先人的哀思和追念，同時祈求先人的在天之靈佑福後人。莫友芝《清故例授孺人顯妣莫母李孺人行狀》對此有所描寫：「於祖宗壽辰忌日，聞張太孺人語及，識無一遺爽。太孺人沒，垂三十年，先期具祀品，一如太孺人時。今年開歲，孺人病兩月矣。十有二日，即戒婦夏早儲周太孺人十六誕節常祀物；廿有五日，即又戒曰：『二月六日太翁誕節，記未也？』即臚舉祖宗來生卒日以示勿忘。」[2]（P773）莫友芝的生母李孺人時刻牢記婆婆的教訓，三十年如一日地慎重對待祖先的誕辰忌日，就是在其生病的時刻也不忘記祭祀祖宗，並告誡媳婦夏芙衣牢記勿忘，可見貴州傳統習俗中對祖先祭祀的重視程度。

貴州人不僅對祭拜祖先有足夠的重視，對神靈也有相當的敬畏之心。莫友芝在《上巳游勝龍山記》中對此有所記敘：「橋南迤左折，山麓一

洞，深二丈許，廣丈許，口容一人梯下，鐘乳累累然，垂狀不一。五年前，土陷洞出，有婦人病乳，試禱而適愈，遠近相嘩以神，香火相屬一年。所官禁，莫能止，尋自寂然。去年一過之，土石封焉，而陳香楮望封拜者，乃百數，則皆數年前病禱而今愈以償神者也。今則封複開，香火複屬矣！世俗之尚鬼好淫祀，大類此。」[2] (P720) 山區缺醫少藥，山區的婦女患有乳病者既羞於求醫問藥，又缺乏自然常識，以為自然凝聚而成之鐘乳石乃神靈所賜，故對其生成一種敬畏崇拜之心，常常於山間祭祀之，以求神靈幫助去除自己的乳病。

　　黔人好祀的風尚在《濛水迎恩橋烈女墳祠記》中亦有描寫。迎恩橋烈女墳祠在定番州，順治四年，張獻忠部將孫可望攻陷貴陽後，又攻下定番州，烈女在戰亂之中為守貞潔而死，後人建烈女祠對其進行表彰。莫友芝對烈女的貞烈行為進行記述之後，還製作了三首《享神之詩》以供後人祭祀烈女之時歌唱。第一首頗有《楚辭》遺韻，為招魂之曲，祭祀之人擊打著銅鼓，在春天的江畔樹起靈旗，讓百花環抱著靈芝裝飾的遮蓋，但是烈女的魂靈遲遲不來，這讓祭祀之人面對百花，心生悲愴之情，神情也因此而惝恍不定。詩中祭祀時擊打的銅鼓是西南地區特有的祭祀樂器，其中蘊含的銅鼓文化有特定的地域文化特徵。第二首寫神靈享用祭品，福佑鄉里，使其年年豐收，子孫千秋萬代受到神靈的保佑。詩中所寫享神之物「茨梨酒」和「雲子飯」也反映了貴州人的飲食習慣。貴州地處雲貴高原，高寒潮濕，故貴州人多有吃辣椒、飲酒以禦潮濕瘴氣的習俗。除了以糯米、高粱、玉米等釀造糧食酒的習俗而外，還有用各種野生果品泡酒的習俗，如以葡萄、山楂、櫻桃、楊梅泡酒。「茨梨酒」就是這眾多果酒中

的一種，所選茨梨為貴州所獨有，所泡之酒甘甜香醇，回味綿長。

再次，莫友芝散文中還記錄了苗人尚武的習俗。《上李中堂書》云：「蓋其聚落多依岩傍穴，不履不冠，腳板如鐵，走嶔若坦途，其鳥槍挾於腋下，四面俯仰，隨所指發以擊飛走，無不中，其精妙殆有過索倫、吉林馬射者。」於此段之下，莫友芝有自注：「凡夷俗生子，群以精鐵為賀，積二三百斤，煉至二三十斤以成一槍，幼弄長習，行立坐臥無輒離，故能專精如此。」〔2〕（P627）此處對苗民彪悍的尚武精神的描寫，非常處少數民族地區、熟悉其風土民情者不能道。蓋苗民居於山野之中，打獵是其重要的生活來源，故從小養成了善走山路、長於使槍的習俗，《苗疆聞見錄》即云：「苗人好獵，善用鳥銃，其銃之長有至五六尺者，其子路亦可及百二三十步之遙，隨山起伏，最為准捷……苗人生長深山，穿林飛箐是其長技，故凡不逞之苗皆恃林箐為障蔽，遇官軍奮進，往往逃入林箐而莫可誰何」。〔4〕（P184-185）

三、黔中先賢及黔中人物

莫友芝對貴州歷史上的文化名人無比崇敬。貴州至明代才建省，在人們的心目中不僅是貧窮落後的地區，也是一塊文化的荒漠，很少有人知道貴州文化的歷史淵源，即使有一些印象，也是諸如「夜郎自大」、「黔驢技窮」之類的負面印象。因此，挖掘貴州文化的淵源、塑造貴州文化名人的形象，對於貴州文化的建設就無比重要，而莫友芝在這一方面已經作出了一定的貢獻。

　　對貴州歷史上的文化名人，莫友芝尤其推崇漢代貴州三賢：犍為文學舍人、盛覽和尹珍。莫友芝對這三人的推崇與其父莫與儔的影響不無關係，莫友芝在《清故授文林郎翰林院庶起士四川鹽源縣知縣貴州遵義府學教授顯考莫公行狀》一文中雲：「二十一年三月，祠漢三賢於學宮左。三賢，一注《爾雅》之犍為文學，一長卿弟子盛公覽，一受經南閣之尹公珍。命鄭珍記之曰：『吾不能專精文字訓詁，成一家之書以報師友，愧十九年多士師。惟三賢漢儒專門，又皆國教，以此倡士，蔚有興者，吾志畢矣。」〔2〕（P769）文中所記的貴州漢代三賢，一為注釋《爾雅》的犍為文學舍人，是首位為《爾雅》作注的學者，《隋書‧經籍志》言其所注《爾雅》在梁代亡佚。莫友芝在《遵義府志》中對犍為文學舍人有詳細考證；後來，莫友芝認為自己在《遵義府志》中對犍為文學寫得還不夠詳細，又特為《犍為文學傳》一文，以補《遵義府志》之闕，並表達對黔中文化鼻祖犍為文學舍人的尊重。第二位是向司馬相如學賦的盛覽，此事《西京雜記》中有記載：「司馬相如為《上林》、《子虛》賦，意思蕭散，不復與外事相關，控引天地，錯綜古今，忽然如睡，煥然而興，幾百日而後成。其友人盛覽，字長通，牂牁名士，嘗問以作賦。」〔5〕（P19）後來，莫友芝、鄭珍在編撰《遵義府志》時依據《西京雜記》之說把盛覽編入《遵義府志》，將其推為貴州文化的源頭之一。第三位是向許慎學習的尹珍，字道真，毋斂人。《華陽國志‧南中志》雲：「明、章之世，毋斂人尹珍，字道真，以生逖裔，未漸庠序，乃遠從汝南許叔重受五經，又師事應世叔學圖緯，通三才，還以教授，於是南域始有學焉。珍以經術選用，歷尚書丞、郎、荊州刺史，而世叔為司隸校尉，師生並顯。」〔6〕（P197）對此《後漢書‧南蠻西南夷列傳》也有記載：「桓帝時，郡人尹珍自以生於荒裔，不知禮

義，乃從汝南許慎、應奉受經書圖緯，學成，還鄉里教授，於是南域始有學焉。珍官至荊州刺史。」[7] [P2845] 莫友芝對貴州漢代三賢的記述，實是追尋貴州文化的根，對於貴州文化淵源研究意義重大。

其次，莫友芝散文中多有黔籍功名卓著者之記述。這些人物多數為明清科舉得意者，或為舉人，或為進士，或為一方大員，或為地方縣令……這些人物或者在政治上有所貢獻，或者在武功上有所作為，大多在民國《貴州通志・人物志》中有傳。如《清故授文林郎翰林院庶起士四川鹽源縣知縣遵義府學教授顯考莫公行狀》一文敘述了其父莫與儔任鹽源縣知縣時的政績和教授遵義府學時的事績。《外舅夏輔堂先生墓誌銘》借夏鴻時的自敘述其政績，又對其生性耿直、儉樸廉潔的作風給予了高度讚揚。《通奉大夫二品頂戴湖北按察使前湖北布政使唐公神道碑銘》則記述了一方大員唐樹義勇武善戰、生性豪爽的性格特徵。《楊侍郎別傳》所記之楊文驄和史可法齊名，為明末清初著名的抗清將領，後戰敗被俘，不屈而死，名震朝野，以忠勇著稱。

這些功名卓著的黔籍人士，是黔地的精英，在他們的身上體現了黔人的精神面貌。黔中多山多石，人亦如山如石，山不言而自高峻，石不言而自堅定，故黔中之人多有堅定不移之傲骨、自信豪爽之性格，彰顯出黔人堅定沉穩、自信、自豪的個性特徵。黔人生性耿直不阿、勤苦耐勞、清正廉明的性格特徵在莫友芝文中的黔籍人士身上得到了很好的體現，黔文化的精神實質也在他們的身上得到了傳播。

再次，莫友芝散文中記述了很多外籍在黔為官的人士，這些人士為貴

州的政治、經濟、文化的發展作出了一定的貢獻。如《樗繭譜序》中的陳省庵為山東曆城人，其任遵義知府時，從山東引進山蠶，並請來蠶師、織師教遵義人種桑養蠶、繅絲織布，使民富裕，因此受到遵義人的愛戴。《樗繭譜注敘》中的德雲衢，名德亨，字雲衢，滿洲鑲黃旗人，道光十六年自仁懷移遵義知縣，兼啟秀書院講席，在任期間，曾將鄭珍著《樗繭譜》請莫友芝作注刊行推廣。再如《送潘稚青明府歸桐城序》一文中記潘稚青治理遵義役隸的政績，頗受遵義人的好評。文中的潘稚青即潘光泰，原名潘群，字長文，號稚青，晚號退翁，安徽桐城人，潘鴻寶次子，潘相弟，道光二年舉人，道光十四年奉旨以知縣簽發貴州，道光二十年為遵義縣知縣，支持鄭珍、莫友芝編撰《遵義府志》。又如《送黃愛廬年丈升任杭嘉湖兵備道序》敘寫黃愛廬與眾不同、特立獨行的節操。文中的黃愛廬，名黃樂之，字愛廬，廣東順德人。道光十九年八月任遵義知府，支持編撰《遵義府志》，道光二十三年任杭嘉湖兵備道，累官至福建按察使、浙江布政使。黃樂之之子黃統於咸豐二年出任貴州學使，與莫友芝亦友善，曾為莫友芝的《邵亭詩鈔》作序。其他如《跋平越峰臨爭坐帖》中的平翰，字越峰，晚號退翁，浙江山陰人，道光十六年至十九年官遵義知府，宣導修撰《遵義府志》，於遵義史志工作貢獻尤大。這些外籍在黔人士在政治上、經濟上、文化上對貴州的發展作出了貢獻，理應為貴州人民所牢記。

四、深厚的鄉邦情懷

莫友芝身為清代貴州少有的一代大儒，對生他養他的這片熱土充滿了

熱愛之情，故其在作文之時，其筆下充滿了深厚的鄉邦情懷，這首先表現在其對貴州文化的關注，對鄉邦文獻的整理不遺餘力上。莫友芝和鄭珍為了編撰《遵義府志》，遍訪遺老，徵引群書，力排眾議，堅持「實錄」精神，歷時四年，艱難備嘗，甘苦自知，這在《答萬錦之全心書》中有所流露：「夫以文獻最闕之鄉，挹占一辭，動輒數編；鈎今一事，動稽數月。有征必窮，有聞必核，專心致志，首尾四年。友芝與巢經靡不智盡力竭，計無複增，如付寫官，墨諸梨棗。其粗底於成，亦倖耳！」[2](P618)這不僅顯示了其編撰《遵義府志》工作的艱難、治學態度的嚴謹，也可以看出其對待鄉邦文化的態度。在《答鄒叔勣書》中，莫友芝還說：「鄙意甚不願簡略桑梓，嘗欲私為黔之一書，僭廁《益部傳》、《襄陽記》之列，家食累歲，蔑由網羅放失舊聞。……」[2](P621)莫友芝對於貴州歷史的簡略、史書多有失載深表遺憾，自己曾私意撰寫一部貴州歷史，由於家貧，拖累重，一直沒有完成，但其追述鄉邦歷史、感歎鄉邦歷史的缺失時，常常流露出以發揚光大鄉邦文化為己任的歷史責任感。

其次，莫友芝的鄉邦情懷還表現在對貴州文化的推介上。貴州直到明代才建省，但每當出現有利於貴州文化發展的人物時，莫友芝都不遺餘力地予以推介，這在他所作的序跋文中表現得尤其明顯。在莫友芝的序跋文中，為黔籍作家所作的序跋尤有地域特色，如其為謝三秀《雪鴻堂詩搜逸》所作序中敘述了貴州詩歌發展的艱難歷程，在為鄭珍搜集整理的遵義詩人詩集《播雅》所作序中探討了遵義詩歌興盛的原因，在為陳息凡《香草詞》所作序和為黎兆勳《葑煙亭詞草》所作序中論述了貴州詞的創作源頭……其他諸如《鄭子尹〈巢經巢詩鈔〉序》、《重刊〈桐埜詩集〉序》、

《〈石鏡齋詩略〉序》、《〈播川詩鈔〉序》、《陳息凡〈依隱齋詩集〉序》
等，這些序跋文對於推介貴州文人，推動貴州文化發展都起到了一定的作
用。

　　再次，莫友芝散文中還時時表現出思念故鄉的鄉土情懷。莫友芝的故
鄉在貴州獨山，十三歲時隨父莫與儔到遵義定居，雖然在遵義居住了長達
幾十年的時光，但莫友芝一直有一種漂泊在外的感覺，在其心中，獨山才
是其真正的故鄉，故在莫友芝的散文中時常能看到其對故鄉獨山和老屋影
山草堂的思念之情，這份思念之情在《影山草堂本末》一文中表現得尤為
強烈，其懷念先人、懷念故土的鄉梓情懷，感人至極。

五、結語

　　莫友芝是貴州這片熱土上成長起來的一代學人，其身心飽受黔文化的
薰陶，在他的筆下，不僅描寫了貴州的地理特徵，而且展示了貴州的地域
風情，表現了黔中人物的精神面貌，表達了其對生養他的這片土地的熱
愛，文中的鄉邦情懷尤其厚重深沉。總之，莫友芝的散文中總是有一股難
以化解的貴州情結，充滿貴州地域文化特色。

參考文獻

〔1〕趙爾巽.清史稿〔M〕.北京：中華書局，1977.

〔2〕莫友芝詩文集〔M〕.張劍，等，編輯.北京：人民文學出版社，2009.

〔3〕錢仲聯.清詩紀事〔M〕.南京：江蘇古籍出版社，1989.

〔4〕（清）徐家幹.苗疆聞見錄〔M〕.吳一文，校注.貴陽：貴州人民出版社，1997.

〔5〕（晉）葛洪.西京雜記〔M〕.王根林，校點.上海：上海古籍出版社，2012.

〔6〕（晉）常璩.華陽國志〔M〕.劉琳，校注.成都：成都時代出版社，2007.

〔7〕（宋）範曄.後漢書〔M〕.（唐）李賢，等，注.北京：中華書局，1965.

（原載於《黔南民族師範學院學報》2014 年第 3 期）

過山瑤史詩《盤王大歌》研究述評

胡鐵強　何雅如　李生柱

　　瑤族是中國多民族大家庭中最典型的山地民族之一。在瑤族這個多元一體的民族共同體中，俗稱「過山瑤」的各個支系都曾廣泛流傳著關於始祖英雄盤王的史詩——《盤王大歌》。《盤王大歌》是瑤族文化的集大成者，其內容涉及瑤族先民的自然觀、人類起源學說、瑤族的婚戀、創業及遷徙史等，涵蓋了哲學、文學、史學、民族學、宗教學等學科門類，堪稱瑤族人民的「百科全書」，更是中國瑤族民族文化身分認同的「關鍵符號」。[1]尤其值得一提的是，遷徙到了海外各國的瑤族勉方言支系，也世代保有祭祀盤王的習俗，對於盤王的歷史記憶成為連接海內外瑤族人群、維繫世界瑤族認同的文化紐帶。[2]因此，盤王歌的研究長期以來都是瑤學研究的重題。迄今為止，對《盤王大歌》的研究已有較多成果，但尚未有人做過述評性的梳理，這不利於我們對相關研究發展態勢的全面把握。本文擬對國內學術界關於《盤王大歌》的研究史進行初步的梳理歸納，以期將這一研究引向縱深。

一、研究成果的共時類型分析

　　《盤王大歌》的研究成果主要包括期刊論文、學位論文和學術專著三大類別。其中，期刊論文是最主

要的成果形式。自二十世紀初以來，與《盤王大歌》相關的研究文章不下百篇。在早期的瑤學研究中，鍾敬文等老一輩的民俗學專家發表了一系列關於盤古神話、盤瓠傳說的文章，主要探尋瑤族族源及圖騰的相關問題。但直接以瑤族史詩《盤王大歌》為題的研究文章主要是在二十世紀八〇年代以後出現的。論文發表的主陣地是《廣西民間文學叢刊》、《中央民族學院學報》、《民族論壇》、《廣西民族學院學報》、《湖南科技學院學報》等刊物。比較具有代表性的主要包括：李文柱《談〈盤王歌〉的產生、形成和發展》[3]，劉保元《瑤族古典歌謠集成〈盤王歌〉管探》[4]，黃鈺《瑤族〈盤王歌〉初評》[5]，劉保元、楊仁理《瑤族〈盤王歌〉的最早抄本》等文。[6] 這些文章較早對《盤王大歌》的一些基本問題（如性質、流傳範圍、版本、價值等）進行了研究和探討，也體現了地方田野調查成果獲得相關省級和國家級學術陣地支持認可的程度。之後的研究成果主要集中在廣西和湖南兩省（區）的刊物上。就湖南來說，《民族論壇》先後發表了黎琳的《〈盤王大歌〉簡介》[7]、趙登厚的《從〈盤王歌〉看瑤族歌謠的特色》[8]、蔡村的《瑤族葫蘆傳人與盤瓠開族神話淺析》等文章[9]；《零陵師範高等專科學校學報》發表了潘雁飛的《一個民族智慧而堅忍的心路歷程——瑤族〈盤王歌〉的一種文化詮讀方式》[10]、易先根的《「調盤王」與〈盤王歌〉的楚巫文化內核》[11]；《湖南科技學院學報》發表了黃華麗的《瑤族還盤王願儀式歌娘角色的傳承現狀》[12]、潘雁飛的《瑤族史詩中所表現之瑤人遷徙的文化意識》[13] 及《史詩觀念的演繹與史詩的雅化問題》[14] 等等，顯示出湖南學界對本地瑤族文化的熱情關注。總體來看，湖南還是瑤族史詩研究的主陣地；其他省份的學術刊物如《民族藝術》、《雲嶺歌聲》、《音樂創作》等也發表了一些相關文章，不過相對零

散。最值得注意的是姚瑤的《廣西恭城觀音鄉水濱村「還盤王願」儀式調查報告》〔15〕一文，該文從儀式音樂的角度對一個瑤族社區的史詩操演實踐作了田野民族志的描述；而陶長江的《文化生態視角下的非物質文化遺產保護性旅遊開發研究——以廣西瑤族盤王大歌為例》一文，頗有開拓性地論述了瑤族史詩在旅遊開發中的保護利用問題〔16〕。

　　除了期刊論文這一類型的成果以外，一批年輕的學者將過山瑤史詩研究作為論文選題，完成了一系列關於《盤王大歌》的具有較高學術價值的學位論文。其中最具代表性的有：廣西民族學院李藝的碩士學位論文《多元聚合與同質疊加——布洛陀神話與盤瓠神話傳承形態和功能演變之比較》〔17〕；湖南科技大學陳敬勝的碩士學位論文《歷史記憶與族群認同——瑤族史詩〈盤王大歌〉的文化學解讀》〔18〕；中南民族大學王朝林的碩士學位論文《瑤族〈盤王大歌〉與民間信仰》〔19〕；河南大學周紅的碩士學位論文《江華瑤族〈盤王大歌〉的藝術特徵研究》〔20〕；中央音樂學院吳寧華的博士學位論文《瑤族史詩〈盤王歌〉的音樂民族志研究——以廣西賀州、田林兩地個案為例》〔21〕；中南民族大學盛磊的碩士學位論文《瑤族〈盤王大歌〉中的文化傳統研究——以湖南「趙庚妹版」手抄本為例》〔22〕，等等。相比期刊論文，學位論文容量更大，給作者發揮的空間更廣闊。以上研究成果主要集中在三個方面的主題上：其一，以比較的方式梳理瑤族史詩中神話的功能演變，或著重對《盤王大歌》中的母題神話進行文化解讀；其二，分析瑤族史詩中的文化傳統與宗教信仰；其三，對《盤王大哥》開展音樂民族志研究。這些研究體現了年輕一代對民族文化的興趣與關注，相信在未來還會有更多學位論文湧現出來，推動瑤族史詩《盤王大

歌》的研究走向縱深。

令人遺憾的是，瑤族史詩研究方面公開發表的論文雖然相對較多，但研究性的學術專著卻很少，這方面的主要代表作僅有李筱文所著的《盤王歌》[23]，黃海、邢淑芳所著《〈盤王大歌〉──瑤族圖騰信仰與祭祀經典研究》[24]。前者的研究較為系統，不僅深刻闡述了「盤王」的由來，更對《盤王歌》的起源、形成、內容、傳播形式、社會影響等諸多內容進行了全面的總結；後者則從宗教信仰的視角，分析了《盤王大歌》的深刻內涵及其對瑤族社會的積極影響。

二、研究發展的歷時斷代分析

從歷時發展的維度看，對過山瑤史詩《盤王大歌》的研究，大體可以分為三個階段，它們反映了這方面研究發展的知識譜系演化趨勢。

（一）過山瑤史詩研究的開創階段：二十世紀二〇年代到八〇年代

現代學術意義上的瑤學研究始於二十世紀二〇年代後期，學者們以人類學、民族學、民俗學的科學方法，通過對瑤族的現狀調查，取得了一批經典的研究成果。其中最重要的代表作有：鍾敬文《西南民族起源的神話──盤瓠神話讀後》[25]，余永梁《西南民族起源的神話──盤瓠》[26] (P35-36)，馬長壽《苗瑤之起源神話》[27] (P35-36)，陳志良《盤瓠神話與圖騰崇拜》[28]，岑家梧《盤瓠傳說與瑤族的圖騰崇拜》[29]。這些研究在理論範式上主要受到社會進化學派神話學、圖騰理論的影響。儘管不是直接專門針對《盤王大歌》，但對瑤族的創世史詩和族源做了有益的探索，也為

後來的研究奠定了良好的學術基礎。

（二）過山瑤史詩研究的整理分析階段：二十世紀八〇年代至二〇〇七年

這一階段主要體現為《盤王大歌》的整理出版帶來了學術研究的高潮。二十世紀八〇年代初，國家民委提出要系統地收集和保存少數民族文化遺產，湖南、廣東、廣西的學者陸續展開對《盤王大歌》的收集整理工作。鄭德宏先生根據湖南江華縣的手抄本整理注釋並出版了《盤王大歌》[30]。一九九〇年，廣東的盤才萬、房先清等人以乳源縣道光二十年手抄本及咸豐十一年手抄本為底本，結合在粵北山區瑤族村寨的調查，整理出版了《盤王歌》[31]（P7-8）。一九九三年，盤承乾、莫紀靈收集整理了《盤王大歌》。[32]二〇〇二年，廣西民族古籍整理出版規劃辦公室編印了張聲震主編的《還盤王願》，該書記錄了還盤王願的整個過程，可謂一部宏偉的著作。該書分為「許盤王願」、「還盤王願」、「宗支薄」三大部分。在「還盤王願」中「盤王宴席」裡，記錄了廣西瑤族地區流傳的《盤王大歌》。這些出版物集中對《盤王大歌》的唱詞進行了收集和整理，從語言學的角度對唱詞中的一些字、詞、句子也作了一定的分析，為學界研究《盤王大歌》提供了堅實的資料基礎。[33]

在《盤王大歌》搜集整理出版後，學界湧現出一些分析性的研究成果。歸納起來，研究內容主要集中在以下幾個方面。

第一，《盤王大歌》基本問題研究。李文柱、劉保元、趙登厚等人較早對《盤王大歌》的產生和流傳作了介紹，對其內容、特點及價值作了論

述。黃鈺對《盤王歌》的內容進行了總結，並指出其具有三個特點：以自由歡樂的氣氛來樂神；突出描寫愛情；反映民族文化交流的內容。[34] 他還通過分析當時的歷史條件推斷《盤王歌》產生於唐代。李筱文的《盤王歌》非常詳盡地論述了《盤王歌》起源、形成、內容、傳播及影響，是較早關於盤瑤史詩研究的專著。[23]

第二，從文化學和宗教信仰的角度來解讀《盤王大歌》。馮春金在仔細分析了過山瑤民間廣泛流傳的《盤王歌書》的內容之後，指出它對了解瑤族史前社會的狀況和民族文化的交流有著很高的參考意義，認為《盤王歌》不僅是一部宏大的民間文學作品，而且是瑤族文化瑰寶，也是中華民族文化寶庫中的一份珍貴財富；因而不僅具有文學價值，而且具有重要的民族學研究價值。[35] 潘雁飛對比分析了人類遠古神話，認為瑤漢出自同源，在歷史發展中慢慢形成獨有的民族特色。之後，他又將瑤族史詩《盤王大歌》與《詩經》進行比較發現：它們在文本上有相通性，即在語言模式、語義模式、句法模式、韻律模式和口頭詩學體系等層面具有類似性。通過研讀比較後獲得了以下啟示：首先，就文學史而言可以看到活態化的史詩，也可以看到經過上層貴族加工雅化後的史詩；其次就民俗學方面來說反映了祭祀儀式；再次，在人類發展、民族演繹定型的過程中，實際上始終伴隨文化相互交融的情景。[14] 易先根則認為，《盤王歌》娛神娛人的情調體現了濃郁的楚地巫風特色，是一種原始的宗教信仰。黃海、邢淑芳所著《〈盤王大歌〉——瑤族圖騰信仰與祭祀經典研究》一書，深入細緻地分析了《盤王大歌》的宗教學特色，並對其文化生境、遺訓箴言、思維樣式、普化特質和所反映的德行觀等進行了多角度、全方位、深入具體地

發掘和展示，通過周密的論證展現了瑤族宗教文化的豐富內涵。[24]

第三，從儀式音樂的角度分析《盤王大歌》。這方面的研究主要以黃華麗為代表。黃華麗的《湘南瑤族〈盤王大歌〉儀式及音樂——以禮曲「七任曲」為例》，是一篇很有學術深度的文章，作者圍繞著「還盤王願」中的主要歌唱形式，《盤王大歌》的儀式及內容，展開了實地調查和探究，分析了其中最具特色的「七任曲」之音樂特徵和表現特色，探尋了「還盤王願」的傳承與變化的軌跡。最後還明確提出，在傳統文化遭遇現代文明的大融合過程中，要樹立搶救傳統民族文化、弘揚民族精神的理念，從而在民族信仰中去營造一個和諧的社會。[36] 黃華麗還先後發表了《瑤族還盤王願儀式中歌娘角色及音聲特點》[37]、《瑤族還盤王願儀式歌娘角色的傳承現狀》[38] 等文，將《盤王大歌》的研究拓展到了社會性別的層面。這兩篇文章分析了歌娘角色及其音聲特點，並從歌娘在儀式音樂演唱中的音聲關係、音樂風格及音樂行為色彩的分析中，探尋瑤族盤王大歌儀式中歌娘女性角色在儀式中的構成、社會作用，以及瑤族宗教儀式中歌娘角色在歷史長河中的傳承與演變關係，進一步深化了我們對《盤王大歌》的理解與認知。

（三）過山瑤史詩研究的創新拓展階段：二〇〇七年至今

二〇〇七年《瑤族通史》出版，對許多瑤族文化的問題進行了歸納和總結，一些關鍵問題有了較為權威的定論，給學者們的評判性研究提供了一定的參照體系，從而為學者們對《盤王大歌》進行多角度的解讀提供了更為開闊的視野。這一時期有關過山瑤史詩研究的主要成果集中於族群認

同、宗教信仰、傳播版本、音樂學等方面。

這一時期從族群認同和宗教信仰的視角研究瑤族史詩的代表性學者有陳敬勝和王朝林等人。陳敬勝從族群認同的角度分析了《盤王大歌》記憶的瑤族文化母題，認為「盤古神話」、「盤瓠傳說」、「渡海傳說」和「千家峒傳說」等是藝術的真實、本質的真實而非現實的真實，它們是瑤族文化的象徵性符號，隱喻了多種文化意義生成的可能性，因而也就具有了進行文化闡釋的潛質。這些神話傳說作為瑤族的精神紐帶，一方面把散居在世界各地的瑤族支系連接起來，組成一個「普遍的瑤族世界」，另一方面又把「我族」與主流民族及民族効國家的利益認同連在一起。[39] 王朝林對《盤王大歌》所體現的民間信仰內容進行了梳理，認為《盤王大歌》中所體現的民間信仰的特點主要包括直接的功利性、由單一性到多元性、巫道有機融合和濃郁的娛樂色彩等四個方面。[19]

對《盤王大歌》海內外傳播版本及其文化學意義的研究是這一階段最大的學術亮點。這方面的研究者主要以何紅一和盛磊為代表。何紅一是我國學術界最早對美國國會圖書館館藏的瑤族文獻進行整理研究的學者，先後發表了《美國國會圖書館館藏瑤族手抄文獻新發現及其價值》[40]、《美國瑤族文獻與世界瑤族遷徙地之關係》[41]、《美國國會圖書館館藏瑤族寫本俗字的研究價值》[42]、《美國國會圖書館瑤族文獻的整理與分類研究》[43]、《美國國會圖書館館藏瑤族手抄文獻的資源特徵與組織整理》[44] 等重要文章，對瑤族文獻遺產的海外傳承情況作了論述。而其學生盛磊則更具體地專門探討了《盤王大歌》的海外傳播問題，他發表的《中外〈盤王大歌〉版本的比較——以湖南版和美國版為例》一文，比較了湖南版和美

國版的《盤王大歌》，探索《盤王大歌》的版本特色及其潛在的內涵、價值。[45] 其碩士學位論文《瑤族〈盤王大歌〉中的文化傳統研究——以湖南「趙庚妹版」手抄木為例》，以《盤王大歌》「手抄本」為切入點，加入田野調查的相關資料，運用理論和實踐相結合的方法，從文化傳統的角度對《盤王大歌》手抄本的內容、版本、傳承情況進行深入的文化剖析，探索了瑤族文化的獨特性和各民族多元文化之間的內在連繫。[22]

　　這一時期從音樂學視角對瑤族史詩進行的研究，主要以周紅、吳寧華、趙書峰等人的成果為代表。周紅的碩士學位論文《江華瑤族〈盤王大歌〉的藝術特徵研究》分別從歌謠藝術、曲牌特徵、襯詞特色以及演唱風格對江華瑤族《盤王大歌》的藝術特徵進行了分析。[20] 吳寧華的博士學位論文《瑤族史詩〈盤王歌〉的音樂民族志研究——以廣西賀州、田林兩地個案為例》，基於自己在廣西賀州市八步區聯東、黃洞等地的細緻而充分的田野調查，與廣西田林縣利周鄉「還盤王願」儀式及其《盤王歌》進行了對比觀照，將音樂與文化進行了有機的結合和闡釋，揭示了瑤族史詩《盤王歌》真實、活態的歌唱傳統。[21] 趙書峰發表的《湘、粵瑤族「七任曲」音樂本體之比較——以湖南藍山、廣東連陽瑤族為個案》[46]、《瑤族「還家願」儀式及其音樂的互文性研究：以湖南藍山縣匯源瑤族鄉湘藍村大團沉組「還家願」儀式音樂為例》[47] 等文，以湖南藍山、廣東連陽兩地瑤族「還盤王願」儀式為例，對《盤王歌》的音樂形態特徵進行比較分析，認為湘粵兩地瑤族雖處於相同的地理環境和文化圈之內，但是在音樂風格與本體特徵方面，個性顯然大於共性，反映了瑤族文化多元一體的特點。通過對瑤族「還家願」儀式音樂文本的結構進行「互文性」理論研

究，趙書峰發現，瑤族的儀式音樂是由一系列複合型（如道教音樂、《盤王大歌》等）的儀式音樂文本構成，這些多源的音樂文本在縱橫兩軸的時空維度中，逐步形成「現象文本」和「生產性文本」，以及與之相對應的「可讀性文本」和「可寫性文本」，體現了瑤族史詩《盤王大歌》在儀式操演實踐中的複雜性。[48]

三、存在的問題與願景展望

《盤王大歌》是瑤族傳統文化的典型形態，是優秀的非物質文化遺產，是千百年來瑤族生存智慧的總結，也是現存的「活態文化」。縱觀《盤王大歌》的研究史，可以發現一條較為清晰的脈絡：即從早期的盤瓠神話的探究，注重漢文史籍相關記載的考證，到具體文本的整理，進而對文本進行多角度的研究。迄今為止的研究包括了圖騰宗教考察、民俗歷史解析、族群記憶回溯、神話傳說考證、哲學美學思辨等內容，涉及神話學、宗教學、藝術學、文學、考古學、人類學等多個學科領域。這些研究為《盤王大歌》的傳承乃至整個瑤族文化的弘揚作出了傑出貢獻。當然，以往的研究也明顯地存在一定的局限。

首先，以往和目前的研究內容的相似性或主題重複程度較高，研究方法較為單一。早期的研究都集中於盤古神話和盤瓠傳說，至今大部分研究成果依然側重於神話學、宗教學的研究。此外，一些成果僅流於對《盤王大歌》的簡單介紹，這類工作存在較多的重複；而對於一些重要的本體問題的研究長期處於空白狀態，比如《盤王大歌》的流變過程、傳承人或傳承機制的深度描述、不同支系或區域操演過程的細描、話語結構分析、名

物符號的考辨，等等。

　　其次，專門研究《盤王大歌》的專著很少，研究內容零散化，缺乏系統性。研究者分散獨立，相互之間缺乏必要的協作。這一問題實際上已引起學者們的重視。二〇一三年十月，在西南民族大學召開的南嶺民族走廊學術研討會上，與會者就提出了關於加強瑤學研究的跨區域合作等問題。周大鳴教授認為，很多地方的民族研究視野狹窄，立足於所屬的行政區域和學術領域各自為戰，研究的重點往往也是區域內的單一民族，這樣的研究視角是有局限性的。他呼籲打破以往的研究定式，打破行政區劃限制，甚至打破單一族群、民族的研究，各學科積極互動，共同推進，共用成果。[53]《盤王大歌》是中國瑤族重要的文化遺產，具有自身的文化體系特性，對它的研究若能吸收上述理念和方法，若能加強不同區域、不同學科之間的協作，必將規避學科分割和地域分割而造成內容零散碎片化的弊端，使研究更具有系統性，將研究進一步引入縱深發展的局面。

　　此外，目前不少研究還缺少從中華各民族共同體「和而不同」、互融共生的高度來看問題的大視野。縱觀《盤王大歌》的研究歷史，有的學者擺脫了單一的族群視野，將瑤族史詩與漢、苗、畬族進行文化比較，為瑤學研究的拓展作出了榜樣。正如納日碧力戈教授所指出的，中國是一個多民族的超級共同體，各民族共同體「和而不同」、交融發展的民族生態格局貫穿了中國的整個歷史過程，發展至今，已成為國家建設的常態。[49]因此，我們研究瑤族史詩，不能只是就《盤王大歌》而談《盤王大歌》，如能從中華各民族共同體「和而不同」、互融共生的高度來看問題，探討它的生成和演化機制及價值，必將更有學術價值和現實意義。楊義先生宣

導文學地理學研究，提出重繪中國文學地圖等方法論問題，意圖改變過去的文學研究基本上側重時間維度、對空間維度重視不夠的傾向。按我們的理解，他重繪中國文學地圖的目的，就是要強化文學研究的空間維度，將文化的區域多樣性納入考察的視野，用大文學觀考察中國這個多民族超級共同體形成的經驗過程在文學上是如何體現出來的。在他看來，「盤古神話最初是南方少數民族將族源神話提升為開闢神話，再回饋到漢族文獻中；漢族文獻剝除了族源部分，豐富了開闢部分，並且與中原的陰陽化生思想相融合，最終成為中華各民族共同認可的創世神話。」[50] 這種視野和方法論對於我們重新認識《盤王大歌》一些區域版本中存在的盤古-盤瓠混合的現象以及其他的神話傳說內涵，從更高的層次考察瑤族《盤王大歌》的生成發展脈絡及其與漢族等民族神話史詩之間的互動或交融關係，有著重大的啟示作用。

總之，以往的研究過多地拘囿於史料的辨偽存真，辯證意識與整體意識還相對薄弱，研究成果還相對零散，處於局部性和靜態性的研究階段。依筆者淺見，應對《盤王大歌》進行動態、開放的研究，既從歷時的維度又從共時的維度，系統地探尋其生成和流變機制、挖掘其文化內涵、剖析其價值和意義。在注重文本形態的《盤王大歌》研究的同時，更應該關注「活態」的《盤王大歌》，從瑤族人民生存性智慧、「活態文化」的層面探索其價值功能不斷變遷的本質與規律。

◉ 參考文獻

〔1〕納日碧力戈.從山地民族符號到中國關鍵符號：中國關鍵符號體系建

構的人類學辨析〔M〕//納日碧力戈，龍宇曉.中國山地民族研究集刊
（2013 年卷）.北京：社會科學文獻出版社，2014.

〔2〕張錄文，龍宇曉.三十年來國內學術界海外瑤族研究回顧與展望〔J〕.
民族論壇，2015（2）.

〔3〕李文柱.談《盤王歌》的產生、形成和發展〔J〕.廣西民間文學叢刊，
1982（5）.

〔4〕劉保元.瑤族古典歌謠集成《盤王歌》管探〔J〕.中央民族學院學報，
1983（3）

〔5〕黃鈺.瑤族《盤王歌》初評〔J〕.中央民族學院學報，1987（6）.

〔6〕劉保元，楊仁理.瑤族《盤王歌》的最早抄本〔J〕.中央民族學院學
報，1989（6）.

〔7〕黎琳.《盤王大歌》簡介〔J〕.民族論壇，1986（4）.

〔8〕趙登厚.從《盤王歌》看瑤族歌謠的特色〔J〕.民族論壇，1990（4）.

〔9〕蔡村.瑤族葫蘆傳人與盤瓠開族神話淺析〔J〕.民族論壇，1992（1）.

〔10〕潘雁飛.一個民族智慧而堅忍的心路歷程——瑤族《盤王歌》的一種
文化詮讀方式〔J〕.零陵師範高等專科學校學報，2000（2）.

〔11〕易先根.「調盤王」與《盤王歌》的楚巫文化內核〔J〕.零陵師範高
等專科學校學報，2002（1）.

〔12〕黃華麗.瑤族還盤王願儀式歌娘角色的傳承現狀〔J〕.湖南科技學院
學報，2007（12）.

〔13〕潘雁飛.瑤族史詩中所表現之瑤人遷徙的文化意識〔J〕.湖南科技學
院學報，2008（11）.

〔14〕潘雁飛.史詩觀念的演繹與史詩的雅化問題〔J〕.湖南科技學院學

報，2009（11）．

〔15〕姚瑤.廣西恭城觀音鄉水濱村「還盤王願」儀式調查報告〔J〕.音樂大觀.2013（21）．

〔16〕陶長江.文化生態視角下的非物質文化遺產保護性旅遊開發研究——以廣西瑤族盤王大歌為例〔J〕.廣西民族研究.2013（4）．

〔17〕李藝.多元聚合與同質疊加——布洛陀神話與盤瓠神話傳承形態和功能演變之比較〔D〕.南寧：廣西民族學院，2004.

〔18〕陳敬勝.歷史記憶與族群認同——瑤族史詩《盤王大歌》的文化學解讀〔D〕.湘潭：湖南科技大學，2010.

〔19〕王朝林.瑤族《盤王大歌》與民間信仰〔D〕.武漢：中南民族大學，2010.

〔20〕周紅.江華瑤族《盤王大歌》的藝術特徵研究〔D〕.開封：河南大學，2011.

〔21〕吳寧華.瑤族史詩《盤王歌》的音樂民族志研究——以廣西賀州、田林兩地個案為例〔D〕.北京：中央音樂學院，2012.

〔22〕盛磊.瑤族《盤王大歌》中的文化傳統研究——以湖南「趙庚妹版」手抄本為例〔D〕.武漢：中南民族大學，2013.

〔23〕李筱文.盤王歌〔M〕.廣州：廣東人民出版社，2006.

〔24〕黃海，邢淑芳.《盤王大歌》——瑤族圖騰信仰與祭祀經典研究〔M〕.貴陽：貴州人民出版社，2006.

〔25〕鍾敬文.西南民族起源的神話——盤瓠神話讀後〔J〕.中山大學語言歷史研究所週刊，1928（3）．

〔26〕余永梁.西南民族起源的神話——盤瓠〔J〕.中山大學語言歷史研究

所週刊，1928（3）.

〔27〕馬長壽.苗瑤之起源神話〔J〕//中山文化教育館.民族學研究集刊，1930（2）.

〔28〕陳志良.盤瓠神話與圖騰崇拜〔J〕.說文月刊（2卷），1930（4）.

〔29〕岑家梧.盤瓠傳說與瑤族的圖騰崇拜〔J〕.責善半月刊（第2卷），1941.

〔30〕鄭德宏.盤王大歌〔M〕.長沙：嶽麓書社，1988.

〔31〕盤才萬，房先清.盤王歌〔M〕.廣州：廣東人民出版社，1990.

〔32〕盤承乾，莫紀靈.盤王大歌〔M〕.天津：天津古籍出版社，1993.

〔33〕張聲震.還盤王願〔Z〕.廣西民族古籍整理出版規劃辦公室編印，2012.

〔34〕黃鈺.瑤族《盤王歌》初評〔J〕.中央民族學院學報，1987（6）.

〔35〕馮春金.試析《盤王歌書》的民族學價值〔J〕.廣西右江民族師專學報，1998（1）.

〔36〕黃華麗.湘南瑤族《盤王大歌》儀式及音樂——以禮曲「七任曲」為例〔J〕.中國音樂，2006（1）.

〔37〕黃華麗.瑤族還盤王願儀式中歌娘角色及音聲特點〔J〕.音樂創作，2006（3）.

〔38〕黃華麗.瑤族還盤王願儀式歌娘角色的傳承現狀〔J〕.湖南科技學院學報，2007（12）.

〔39〕陳敬勝.歷史記憶與族群認同〔D〕.湘潭：湖南科技大學，2010.

〔40〕何紅一.美國國會圖書館館藏瑤族手抄文獻新發現及其價值〔J〕.中南民族大學學報，2009（3）.

〔41〕何紅一.美國瑤族文獻與世界瑤族遷徙地之關係〔J〕.中南民族大學學報，2011（5）.

〔42〕何紅一.美國國會圖書館館藏瑤族寫本俗字的研究價值〔J〕.廣西民族大學學報，2012（6）.

〔43〕何紅一.美國國會圖書館瑤族文獻的整理與分類研究〔J〕.廣西民族研究，2013（4）.

〔44〕何紅一.美國國會圖書館館藏瑤族手抄文獻的資源特徵與組織整理〔J〕.圖書館學研究，2013（24）.

〔45〕盛磊.中外《盤王大歌》版本的比較——以湖南版和美國版為例〔J〕.大眾文藝，2012（6）.

〔46〕趙書峰.湘、粵瑤族「七任曲」音樂本體之比較——以湖南藍山、廣東連陽瑤族為個案〔J〕.歌海，2013（1）.

〔47〕趙書峰.瑤族「還家願」儀式及其音樂的互文性研究：以湖南藍山縣匯源瑤族鄉湘藍村大團沅組「還家願」儀式音樂為例〔J〕.中國音樂，2010（4）.

〔48〕梁宏章.概念與走向——2013 年「南嶺民族走廊」學術研討會綜述〔J〕.民族論壇，2013（12）.

〔49〕納日碧力戈.中國各民族的政治認同：一個超級共同體的建設〔J〕.廣西民族大學學報，2010（4）.

〔50〕楊義.中華民族文化發展與西南少數民族〔J〕.民族文學研究，2012（1）.

論貴州苗族老虎故事的結構

張鈞波

　　苗族是一個有著豐富的口頭文學的民族。在貴州，有關動物題材的傳說故事十分豐富，通過這些傳說故事，我們可以了解到貴州先民的智慧。以老虎故事的題材為例，在《中國民間故事集成・貴州卷》中，就有苗、侗、仡佬、壯、彝等民族的老虎故事二十多個，其中苗族虎故事有十六篇。根據肖遠平教授的研究，苗族虎故事可以分為惡虎型（其中包括寓言亞型、狼外婆亞型、婚媾亞型）、義虎型（共3篇）、化身型（共7篇）等三種類型。與其他民族相比，苗族的虎故事有數量較多、類型豐富，與虎婚媾和鬥智鬥勇的故事多，故事中的老虎多有濃烈的人情味和多方面的人性美等特點。[1] (P85-86) 法國人類學家列維劭斯特勞斯是著名的神話學大師，但目前國內鮮有用他的神話學理論研究我國民間神話故事的成果。本文嘗試從列維劭斯特勞斯的結構主義神話學視角，以苗族老虎故事中化身型故事為物件，解析苗族老虎故事的結構二元性特點，以及故事內容所映射出的家庭關係、人虎關係、人與自然關係特點。

一、阿方變虎的故事

　　這則故事是由凱裡市舟溪鄉的苗族農民吳茂英於一九八五年四月講述，收錄於《中國民間故事集成・

貴州卷》。故事講述了有個叫阿方的男子在犁田時，掐了被老虎屙過尿的野蔥吃，變成了老虎的乾兒子。有一次，一戶人家的豬不見了，就說是老虎吃了。為了報仇，阿方和虎爹虎媽半夜來到這戶人家，咬豬不成反而致虎媽死於陷阱。阿方與虎爹合力又搶了一個母虎做阿方的繼母，繼母一直想吃掉阿方，因此虎爹把阿方變回人，還給了他一壇銀子，讓他回家過人的日子去了。[2]（P674-676）

從這則故事中我們可以看到明顯的二元結構。阿方變虎後，其原來的家庭結構由穩定的五口之家變為不穩定的孤寡家庭。反之，老虎家則由於收養阿方，由夫妻二虎的相對不穩定結構變為由夫妻二虎和一個養子女組成的核心家庭，家庭結構更趨於和諧。但這種穩定的家庭結構在虎媽被害後趨於不穩，虎媽之死成為整個故事的轉捩點。在這種情況下，虎父虎子合力把在雷公山上出現的一對老虎中的公虎殺死，搶得母虎作為虎父的繼妻和阿方的繼母，家庭結構在這時理應恢復穩定。但是老虎繼母仇視繼子阿方，一直想把其吃掉，在這時虎家的家庭結構趨於不穩定，虎父必須在繼妻和養子間作出取捨。他選擇了留下妻子，把阿方變回人，使阿方原來的家和老虎家的家庭結構分別又重新還原為故事開始時的五口之家和夫妻二虎家庭。可見虎父的這種選擇相對於拋棄繼妻留下養子的選擇來說，更為明智。

在這則故事中，值得注意的細節是阿方是因為吃了被老虎屙過尿的野蔥後才變成老虎的。這使我們聯想到列維-斯特勞斯《神話學》中圖庫納人神話獵人蒙馬納基和妻子們的故事。在故事中，外婚制的四次婚姻都因為偶然的因素，其中兩個與排泄功能有關，兩個與飲食功能有關。[3]（P18）

而在阿方變虎的故事中，我們看到了排泄和飲食兩種功能的混合。先是老
虎錯誤地從形體上混淆了排泄和交媾，他通過屙尿想把阿方變為虎，做他
的養子，在這裡，排泄實為交媾的隱喻；而阿方又錯誤地做了混淆，這次
是混淆了飲食和排泄（亦為交媾），他吃下了老虎屙過尿的野蔥，變成了
老虎。

　　通過虎爹對原配妻子死亡的冷淡、對養子阿方無微不至的照顧等細節
中，我們又可以看到列維-斯特勞斯《神話學》中熱依人花豹神話的影
子。〔4〕〔P111-112〕如同熱依人的神話一般，在這則阿方變虎的故事中，其家
庭關係是建立於收養親子關係之上的。阿方在變虎後，置原來的妻子和三
個孩子不顧，而與老虎養父、養母生活在一起的事實表明，在這則故事
中，收養親子關係重於夫妻關係和真正的親嗣關係。

　　正如列維-斯特勞斯所言，「神話以二分的方式，展示了世界和社會不
斷演變的組織形態，而在每一階段出現的兩方之間從未有過真正的平等：
無論如何，一方總是高於另一方。整個體系的良好運轉都取決於這種動態
的不平衡。如果沒有這種不平衡，整個體系可能會隨時陷入癱瘓。」〔5〕〔P57〕
這則變虎的故事也充分證實了列維-斯特勞斯的說法。在故事的最初，人
的家庭是穩定的，虎的家庭是不穩定的，人的家庭高於虎的家庭。由此，
老虎通過屙尿，得到一個養子後，人的家庭處於孤兒寡母的缺失狀態，虎
的家庭變成了三口之家，虎的家庭高於人的家庭。再後來，虎媽的被害導
致了一連串虎的家庭結構的不穩定，而恰恰因為這種不穩定，潛藏著把人
的家庭和虎的家庭的結構還原為初始結構的動因。

二、虎妻

　　這則故事是由凱裡市凱堂鄉的苗族農民務亞於一九八六年十二月講述，收錄於《中國民間故事集成・貴州卷》。講述了以前有兄妹二人父母早亡，哥哥快三十歲了還沒娶媳婦，在妹妹的催促下，外出找了一個最美的女子回來做妻子。一天，姑嫂二人上山挖土，妹妹發現嫂子原來是老虎所變，回家後就告訴了哥哥。哥哥磨刀把虎妻殺死後，邀請妻子的娘家人來喝「嬰兒粥」，娘家人喝完後兄妹二人大喊他們喝的是自家人的湯，娘家人氣昏後都變成老虎，跑來報仇，結果全被兄妹二人殺死，只剩下一隻跛腳的老虎逃走了。[2]（P685-687）

　　這則故事的敘事同樣反映出其結構的二元性。故事起初因為兄妹二人相依為命，家務事都由妹妹一個人承擔，妹妹覺得累和無聊，這種家庭結構可以說是不完全穩定的。因此在妹妹的建議下，哥哥順利娶妻，姑嫂二人做伴，家庭結構趨於穩定。但是當妹妹發現嫂子是老虎時，整個家庭的穩定結構瞬間崩潰，這時只有剷除虎妻，其家庭結構才能恢復之前的穩定狀態。但是這裡埋藏著一個巨大隱患，即虎妻的娘家人知道後很有可能過來復仇。這時兄妹二人以約他們過來喝「嬰兒粥」的方式剷除後患，這樣可以說又完全還原到兄妹相依為命的初始家庭結構。

　　在這則故事中，值得注意的是哥哥對妹妹讓其娶妻的建議言聽計從，對妹妹指證其妻為虎的判斷不加懷疑，對妻子則顯得冷淡和感情淡漠，這實則是對阿方變虎故事中家庭關係的反轉。在虎妻故事中，其家庭關係建立於以血緣關係為基礎的更親近的親屬關係之上，明顯重於夫妻關係、姻

親關係等非血緣關係。在這裡，我們也可以看到與列維-斯特勞斯《神話學》中博羅羅人花豹神話[3]（P111-112）的某種相似性。即故事顯示出令人矚目的對破壞人倫的冷淡。殺死虎妻的丈夫被看作是受害者，而被冒犯的虎妻的娘家人卻因報復或打算報復而遭到懲罰。

　　以上兩則故事的有一個最大的共同點，即當事的丈夫對妻子表現出極其冷淡的態度，這種態度在各自的故事中均受到某種肯定。在阿方變虎故事中，虎父為了養子阿方有個虎媽而迅速再娶；而在虎妻故事中，哥哥為了妹妹這個血親，立即磨刀霍霍向虎妻。在這裡，二者的家庭關係又表現出某種相似性，即故事中夫妻及姻親關係都遠比不上血親關係和收養親子關係。

三、跟虎成豹

　　這則故事是由黃平縣波洞村的苗族農民潘慶蘭於一九八七年講述，收錄於《中國民間故事集成・貴州卷》。故事講述了古時有個叫哈的男人嫌種地太苦太麻煩而不願幹，成天到山裡去打獵，母親對他說若再打不到東西便不要進家門。一天打獵還是沒有任何收穫，餓得他採摘野果充饑。這時他碰到一隻老虎，老虎提議和他做伴，一起進寨子拖豬羊為生。老虎叫他脫光衣服後順著他的肋骨一路路地舔去，舔下人皮，粘上虎毛，並對他吹了三口氣，他就變成一個人頭虎身、爬行如虎的怪物了。一天，老虎找食時被人用箭射傷快死了，哈一人無法生存，又因為跟老虎學習的時間太短而變不成虎，因為豹子的身材小而容易躲藏，胃口小而容易求生，老虎便吹了三口氣，讓他變成了一隻豹子。[2]（P698-700）

在這則故事裡，我們也明顯看到了故事的二元性。故事中做農活（生產）被視為勤勞，狩獵被視為懶惰。在哈打獵沒有收穫時，他採用的辦法是採集野果填飽肚子。所以我們看到了，在這個譜系中，農業居中，兩側分別是採集和狩獵，即採集（消費）—農業（生產）—狩獵（消費）。而在人虎關係中，人跟隨老虎為生，哈懶惰，老虎相對勤勞，形體與德行相對對立。而哈化為一個人頭虎身的怪物後，這個關係依然存在，就像列維-斯特勞斯《神話學》中圖庫納人神話獵人蒙馬納基的第五個妻子一樣[3]（P20），哈的一個半身是懶惰的，另一個半身是勤勞的。在最後，因為哈不具備變成老虎的資格而變成了豹，形體與道德上的美與醜從空間的（作用於身體各部分，即上半身懶惰而下半身勤勞）變為時間的。說明了豹是介於人虎之間的動物，在形體與德行上都是虎的未完成狀態。在形體與德行上均由一種不穩定的對立變為一種穩定的平衡狀態。也是這種結構上由不穩定到穩定，推動著故事的演進。故事對虎持有肯定的態度，而對豹持有一種相對否定的態度。

四、直夠和他的虎爹

這則故事是由威寧彝族回族苗族自治縣龍街區大寨的苗族農民韓慶義於一九八〇年講述，收錄於《中國民間故事集成·貴州卷》。講述了有個叫直夠的小夥子，父母早亡後與哥嫂一起生活，經常受哥嫂的虐待。一天，他上山挖野洋芋，遇見變成了老虎的父親，向其敘述遭遇後被虎爹收養。過了一段時間，虎爹覺得直夠已經長大，該娶媳婦了，所以將直夠的表妹抱回洞中給他當媳婦。七天后虎爹扛來一頭肥豬，讓直夠夫妻背去岳

父母家做客。七天后直夠夫妻從岳父母家返回山洞，依舊與虎爹一起生活。一天，虎爹把他們叫到面前說：「你們已成家立業、能獨立生活，所以我要離開你們了，洞口大樹葉子枯黃時，就順著葉子擺動方向找到我把我埋了。」幾年後，虎爹遇難，直夠按虎爹的遺囑將虎骨安葬。[2]（P669-671）

　　這則故事也明顯體現出了二元的結構。直夠寄身於哥嫂，受盡虐待，表現出一種不穩定的家庭結構，即哥嫂並不情願撫養直夠。這時因遇到虎爹，不僅化解了哥嫂家的這種不穩定，在老虎家呈現一種養父子（實為親生父子的變體）的穩定結構。然而隨著直夠的長大，遇到婚配的問題，這種因時間和人生階段的變化帶來的不穩定狀態也由虎爹主動提出並通過搶親予以解決。然而這種穩定必須有女方家人的認可才能具備合法性，所以去岳父母家省親是解決搶親帶來的合法性危機、使新的家庭結構更趨穩定的手段。而隨著時間的推移，為了使直夠夫妻的生活更加穩定和諧，虎爹主動選擇了退出，使家庭結構從主幹家庭變為核心家庭，並以虎爹的死亡得到最終的確認。在這則故事中，三次家庭結構的不穩定實則都由時間或生命歷程的推演而產生，卻是由虎爹先行提出並加以解決的。在解決時，虎爹都是用犧牲自己成全子女的方式來完成。最令人感動的是，在故事的結尾，虎爹主動用自己的離開和犧牲換得了直夠核心家庭的穩定。

　　在這則故事中，其家庭關係開始時是建立於收養親子關係之上，但與其他故事相比，這則故事的特殊之處在於收養親子關係與親嗣關係的混一與合流，因為虎爹是由直夠的生父死後變成的。而這種收養親子關係抑或親嗣關係最終主動讓位於由搶親帶來的夫妻關係，證明這則故事主導的家庭關係中夫妻關係重於收養親子關係，又構成了對前兩則老虎故事中家庭

關係重要性序列的反轉。在家庭關係的這種動態的不平衡中，因為虎爹選擇了犧牲自己而成全養子，所以整個故事體系才得以良好運轉。

如將這則故事與阿方變虎的故事進行比較，則可以發現其中諸多相似之處。直夠與阿方相比，雖然未變成老虎，但以人物為視角，我們都可以看到養子對於虎爹的依賴，養父子關係和諧與融洽，收養關係作為故事線索貫穿始終。以時間為線索，兩則故事中收養關係都最終讓位於核心家庭中的夫妻關係和親子關係，而這種讓位都是由作為養父的虎爹為了養子的幸福或安危，犧牲自己的利益後作出的決定。

五、稚榜嫁虎

這則故事是由威寧彝族回族苗族自治縣的苗族農民李張氏於一九五七年講述，收錄於《中國民間故事集成・貴州卷》。故事講述了有個漂亮的姑娘稚榜，她小時候，爹媽接了人家的厚禮，把她許給一個癩子。稚榜說寧願嫁給老虎也不嫁給癩子，老虎聽了便把她搶去，並變成一個漂亮小夥子，與稚榜做了夫妻。稚榜的父母誤以為稚榜被老虎吃掉了。過了八、九年後，稚榜的孩子長成了放牛娃。老虎見稚榜想家了，便在苗年節的頭一天帶著他們母子回娘家省親。癩子知道後，因為不甘心而前來要人，被稚榜喊來滿山的老虎給嚇了回去。然後稚榜的丈夫變為一隻大老虎，稚榜和孩子就騎在虎背上，隨那群老虎走了。〔2〕（P676-678）

這則故事也明顯體現出結構的二元性。故事中，爹媽在稚榜婚事上的重彩禮與稚榜的重情義、注重個人幸福構成了一種不穩定的對立。而解決

這種不穩定結構的出口就是稚榜要嫁虎，老虎則把稚榜搶去，通過苗族搶親的習俗構成了老虎與稚榜夫妻兩情相悅的隱喻。老虎與稚榜結婚生子，組建核心家庭，實現了家庭結構的和諧穩定。而這種由搶親組建的家庭需要得到岳父母、甚至原來許配人家的確認後方具備合法性，所以故事的後半部出現了夫妻回娘家省親以及通過癩子被群虎恐嚇後說「我們不要了」「不是我們家的人了」的話，對這個美滿的家庭的合法性予以了最終的確認。故事中家庭結構兩次從不穩定走向穩定，第一次由搶親予以解決，第二次通過眾多老虎（搶親男方的親屬）對癩子家人的恫嚇予以解決，均使用了暴力手段，而癩子家作為負面角色在此中起到了居間作用。

　　在這則故事中，家庭關係的主要脈絡建立在以搶婚為基礎的夫妻關係之上。稚榜嫁給老虎後，八、九年沒有回娘家，置親生父母於不顧。與老虎丈夫生活在一起，省親後立即又隨老虎回去的事實表明，夫妻關係重於親嗣關係。收養關係在這則故事中並沒有出現，這與上面幾則老虎故事構成了明顯的區別。說明在不同的苗族老虎故事中，家庭關係上收養親子關係、夫妻及姻親關係以及親屬親嗣關係各有側重。

六、結語

　　在以上以老虎為題材的故事中，老虎以慈愛養父角色出現最多，同時也以英俊的丈夫、漂亮的妻子、兇惡的繼母、英俊丈夫的親屬、妻子的娘家人等身分出現，大多是單純、善良和正面的形象。當老虎以父親、丈夫等權威化身分出現時，苗族先民又都不濫用這種身分，大多賦予了它們慈愛、體貼、善解人意的性格特質，使這類形象總有合乎人性的提議，做出

人性化的行為。如在阿方變虎故事中，虎爹為了讓阿方吃到熟食去取火種，虎媽死後再給他找個後媽，怕阿方被繼母吃掉而將其變回人並給他銀子等種種細節；在直夠和虎爹故事中，虎爹不忍直夠被哥嫂虐待而收養他，為了讓直夠成家而搶親、扛來肥豬給直夠去省親、怕嚇著親家而在屋外守候、教會直夠本領後主動離開等細節；在稚榜嫁虎的故事中，老虎丈夫看到妻子想家而主動提出省親等細節，都給我們留下了善良、單純、溫情脈脈而又為他人著想的印象。就像在苗族古歌中，虎、牛和龍都是人祖姜央的同胞兄弟一般，在這幾則故事中也都能看出，虎與人在一定條件下是可以相互轉化的。人既可以變為虎，虎也可以變成人，還可以進行多次變化，並在變化中體現出某種對稱性，即在故事的結尾虎與人大多都還原了自己本來的面貌。

貴州苗族老虎故事從結構體系方面看，以二元結構及其動態不平衡，推動著故事的演進；從內容體系方面看，在家庭關係的重要性序列上，收養關係、夫妻及姻親關係、親屬親嗣關係在不同的故事中各有側重，具有多元特點，有待我們進一步挖掘和研究。同時，貴州老虎故事中人虎關係、人與自然的關係，就像虎妻故事中讓一隻跛腳的小老虎逃走一樣，苗族先民對待自然生命的態度是和諧的、適可而止的，這對我們今天建設人與自然和諧發展的生態文明不失為很好的啟迪。

參考文獻

〔1〕肖遠平.生命美學的直覺體驗——彝族苗族虎故事審美心理比較探尋〔J〕.貴州民族研究，2008（5）.

〔2〕中國民間文學集成全國編輯委員會.中國民間故事集成·貴州卷
〔M〕.北京：中國 ISBN 中心，2003.

〔3〕克洛德·列維-斯特勞斯.神話學：餐桌禮儀的起源〔M〕.周昌忠，
譯.北京：中國人民大學出版社，2007.

〔4〕克洛德·列維-斯特勞斯.神話學：生食和熟食〔M〕.周昌忠，譯.北
京：中國人民大學出版社，2007.

〔5〕克洛德·列維-斯特勞斯.猞猁的故事〔M〕.莊晨燕，劉存孝，譯.北
京：中國人民大學出版社，2006.

（原載於《黔南民族師範學院學報》2015 年第 6 期）

「苗族楊姓不吃心」故事的演變與習俗的起源

吳曉東

　　泰國北部的清邁府熊明村是一個苗族村寨，筆者二○一二年曾在此做過一次調查，了解到這裡的苗族楊姓男人有不吃動物心臟的食物禁忌，李姓男人有不吃脾臟的食物禁忌。一位叫楊亞早的苗族村民說：「楊姓小孩都知道自己不能吃心臟。有人說可以吃，他們有人吃了，後來眼睛就瞎了，現在還在這個村子，叫楊那冷。他眼睛看上去好好的，但什麼都看不見了。他有七十多歲了，瞎了十多年了。他自己說這些禁忌不要太當真了，他吃心臟三個月之後眼睛就瞎了。是他自己做吃的。這個村主要是楊姓人，其他姓的少，因為楊姓男人不吃，其他姓的男人也不好意思吃了，都給女人吃。」這一習俗在中國苗族地區也有。

　　苗族按方言分為東、中、西三部分，泰國苗族是從雲南文山一帶遷徙過去的，屬於西部方言的苗族。楊姓不吃動物心臟的習俗分布在整個西部方言區，而且也只有西部方言區才有此習俗，其他方言區都沒有。在西部方言區裡，主要是楊姓以及與楊姓具有同源關係的鄧、梁等姓氏有此習俗，在雲南文山，以及東南亞的苗族出現了李姓不吃脾臟的習俗。那麼，不吃心與不吃脾臟的習俗是怎樣形成的呢？相關的傳說發生過怎樣的演變？

　　關於這個問題，目前鮮有文章討論，只見魯米香在其碩士學位論文簡單涉及：「楊、梁等姓苗族不吃動物心……不可否認，也許早期的禁忌行為是出於人類對大自然的恐懼，為了避免自身受到來自自然界的傷害，而主動地制定出相應的禁忌行為。」[1]關於這一食物禁忌，她只是做了「出於人類對大自然的恐懼」而主動制定的猜想，未加些許論證。

　　要考證這一習俗的形成與演變，還得結合西部苗族的分布狀況與遷徙路線。苗族分為三大方言區，東部方言的苗族分布在以湖南湘西臘爾山為中心的一片區域。中部方言苗族分布於以黔東南為中心的一片區域。西部方言苗族分布最為獨特，呈帶狀分布，從四川南部的興文一帶開始往南，到雲南與貴州交界的沿線的昭通、畢節，從這下來到紫雲等麻山地區，再到雲南的文山地區。從這出境，到越南的北部、老撾的中北部、以及泰國北部。這一長條的帶狀區域皆為西部方言苗族的分布區。西部方言區苗族的主要來源是東部方言苗族西移而形成的。苗族原來的聚居區在洞庭湖四周，後因為受到打壓，沿著洞庭湖周邊湖南境內的四條大河湘、資、沅、澧溯江而上，形成目前湖南湘西與貴州黔東南兩大聚居區。湘西苗族雖然在湘西、黔東北比較穩定地定居下來，形成一個文化圈，但並非完全停止遷徙，他們中的一部分人沿著黔北、川南繼續西移，一直到達川西大小涼山地區，在難以繼續逾越的情況下，才轉而南下，一直到達雲南的文山，再一次形成一個大的聚居區，並從這裡走出國門，遷徙到東南亞各地。西部方言苗族遷徙到川南黔北的時候，發生過一些與漢族的戰爭。關於這些戰爭，苗族中留下了許多傳說，其中有一故事類型與心有關。這裡選取十個與心相關的傳說，逐一解剖其情節並加以比較，以窺視其演變過程，並

通過對其故事主角名稱加以分析,最終對不吃心的食物禁忌起源做一推論。

故事一

關於亞魯的傳說在西部苗族地區多有流傳,以貴州紫雲東郎演唱的內容整理出的《亞魯王》是其中之一,其第一章第八節「射殺怪獸,發現鹽井」至第十一節「日夜遷徙,越過平坦的壩子」的故事是這樣的:

亞魯王的小米地被大片踩踏,亞魯王將踩踏小米地的怪獸射殺,並讓眾人烤吃。亞魯王在吃這只怪獸的心的時候,發現鹽太重,以為是妻子們放了太多的鹽,妻子們說她們並沒有放鹽,原來是這只怪獸自身帶的鹽味太重。亞魯王以此去諮詢耶諾,在耶諾的指點下,亞魯王在芭炯陰這個地方發現了鹽井。賽霸賽陽眼紅亞魯的鹽井,便來爭奪。第一戰亞魯射中賽霸的肚臍,射中賽陽的下體,他們只好收兵敗退。但在後面的戰爭中,亞魯敗退了,遷徙到了哈榕冉農等地。〔2〕(P130-139)

為了比較方便,本文將故事的情節分解出來,並編號,這個傳說故事可以分解為三個部分,如下:

(1)因怪獸的鹽味而發現鹽井(寶藏)—(2)因鹽井而發生戰爭—(3)亞魯王先勝後敗。

這個傳說沒有提到心,這裡把它作為第一個故事,是它與後面關於心的故事有關。在古代,鹽是相當寶貴的,鹽井便是寶藏。鹽井是因為怪獸

的鹽味而發現的，這就賦予了這頭怪獸一種神奇的意味，它能帶來財富，它本身就是寶。

故事二

《古博陽婁》是來源於貴州安順地區的一個文本，故事情節是這樣的：

陽婁家很富裕，但莊稼被一頭野豬糟蹋，陽婁用箭將它射死。這是一隻大野豬，要二三十人才能抬得動。於是陽婁把野豬殺了煮吃，但豬心硬邦邦，只好收了。親戚們來分肉，漢人親家沒分到，生氣了，於是雙方結怨，戰爭爆發。陽婁將豬心放在缸子裡，使天氣變得冰天雪地，從而打敗漢人。後來豬心被用芭蕉心調換，陽婁才打了敗仗。〔3〕（P240-258）

這個傳說故事的最小情節單元可以概括如下：

（1）得寶物野豬心—（2）因分不到肉而發生戰爭—（3）有野豬心勝、失野豬心敗。

這個故事我們分為三個情節單元。通過與故事一的比較可以發現，故事二的情節單元（1）是故事一情節單元（1）的變體，故事一是通過怪獸而發現寶藏鹽井，在故事二裡，野豬心本身就是寶藏了。

故事三

《亞魯王》的第一章第四節至第七節，即「意外得寶」、「龍心大戰」、

「爭奪龍心神戰」與「英雄女兒的不歸路」，可以看作是同一個故事的幾個部分，從得龍心（怪獸心）到龍心丟失。故事梗概是這樣的：

　　亞魯王的稻田與魚池被一隻既像黃駒又像老虎的怪獸踩壞，亞魯王便設下埋伏，將怪獸射殺。原來此怪獸是一條公龍。亞魯王拖回去與眾人分享，可是龍心怎麼也煮不熟，扔給狗狗不吃，丟給豬豬不碰。放在室內，閃閃發光，這才知道是一個寶。亞魯王的兄弟得知亞魯王獲寶，便來搶奪。在戰鬥時，亞魯王將龍心放入水缸裡，瞬間飄潑大雨，擊退了敵軍。後來敵人派人來將龍心偷走。丟失了龍心之後，亞魯王便戰敗了。[2]（P102-138）

　　我們可以再用幾句話概括故事，如下：

　　（1）得寶物怪獸心—（2）兄弟間因怪獸心而引起戰爭—（3）有怪獸心勝、失怪獸心敗。

　　故事二與故事三的情節單元（1）只有微小的變異，即野豬與怪獸的區別，在故事裡沒有引起情節的變化，故不加以區別。情節單元（2）則有比較大的變化，引起戰爭的原因變了，前者是因為吃不到肉而不高興，雙方結怨，發生戰爭，後者是為了爭奪寶物。但不論是哪一個，都與野豬（怪物）有關，都是為了得到它的一部分，即肉或心。我們很難說哪一文本更古老。

故事四

流傳於四川南部苗族地區的《楊婁古侖》是解釋漢族與苗族發生戰爭原因的。故事情節是這樣的：

柔耍柔吾要舉行祭祀，請楊婁古侖去做掌廚人，並請其弟弟楊婁葉責去幫跑堂。祭祀用品是一頭豬。到了祭祀的時候，豬心不見了，柔耍柔吾說是楊婁葉責偷吃了，於是殺死了他，並把他的心拿來祭祀。楊婁古侖為了給弟弟報仇，與柔耍柔吾發生了戰爭。楊婁古侖一開始總是輸，後來挖到一顆龍心，這顆龍心能使河水退卻，在龍心的護佑下，楊婁古侖戰無不勝。可是後來龍心被偷換，從而戰敗。[4]

這則故事概括如下：

（1）漢族用豬心祭祖—（2）因豬心不見而殺掉弟弟引起戰爭—（3）有龍心勝、失龍心敗。

與前面的幾個故事比較，此傳說故事的情節單元（3）沒有太大的變異。情節單元（1）則發生根本性變化，得到豬心變成了用豬心來祭祖。情節單元（2）的變化也很大，故事三是因為爭奪豬心而發生戰爭，故事四是因為懷疑苗族兄弟偷吃了豬心，故而把苗族兄弟殺死以取心。這其實也是在爭奪豬心，但故事情節更細化了，更慘烈了。

故事五

流傳於雲南的滇東北與貴州的黔西北一帶的《革繆耶勞的故事》也是

一則相似的故事：

有次沙族要祭祖，逼茲耶勞去幫廚。賓客已上席，馬上要開宴。沙族舊規矩，要用豬心祭祖先。豬心豬肉同時煮，為何豬心獨不見？逼茲耶勞去幫廚，豬心放進鍋裡煮，並無外人來插手，翻盤倒碗找不出。逼茲耶勞去幫廚，逼茲耶勞小男娃，跟著爹爹去幫廚，此刻正在灶門前，端著小碗在吃肉，沙族老爺發火道：「豬心是他吃下肚。」逼茲耶勞心不服，百般辯解無用處，雙方幾乎要動武，沙族老爺要豬心，逼茲耶勞交不出。逼茲耶勞橫下心，要讓是非見分明。一怒殺了自家娃，剖開肚腸讓他尋，只見酥肉、雞肉和豆腐，翻腸倒肚不見心，原來豬心貼在大鍋底，到此曲直已分明。可惜孩子已喪命，逼茲耶勞心如焚，這是祖先傷心事。他給夫人講分明：「你們舅家不講理，我們祖宗不答應。無論他們怎麼砍，砍落我頭照樣生……為了記住傷心史，苗家韓姓和楊姓，從此不再吃豬心。」[5]
(P114-125)

這個故事可分解如下：

（1）用豬心祭祖─（2）因豬心殺孩子引起戰爭 { （3）有魂不死失魂即死
（3.1）韓姓、楊姓不再吃心 }

這個傳說故事最大的變異就是添加了「不再吃豬心」的情節單元，作為故事的結尾。其他（1）─（3）的情節單元其實沒有實質上的變異，比如因豬心引起的事件成了逼茲耶勞頭被砍又再生的原因：「你們舅家不講理，我們祖宗不答應。無論他們怎麼砍，砍落我頭照樣生。」這樣，豬心也就具有龍心的功能了，即因為豬心的事，使逼茲耶勞具有不死的功能，與擁有龍心之後就打不敗是同一道理。失龍心而失敗的情節在這裡演變為

被勾魂之後失去不死的功能，失魂與失心是一樣的。這裡需要注意的是，故事最後說的是楊姓與韓姓不吃心，這是因為韓姓與楊姓同宗的緣故，因為楊姓不吃，韓姓也就跟著不吃了。

故事六

關於楊姓不吃心臟這一禁忌，在雲南文山州有另一種解釋，《楊姓男人為何不吃動物的心》是這樣說的：

古時候，在一個村子裡住著蒙、刷兩族人（即苗、漢兩族），蒙人的族長叫楊麼，刷人的族長叫顧德。兩人關係很好，都愛吃動物的心子。有一次，楊麼做壽，顧德來祝壽，楊麼殺豬款待。可是在吃飯的時候，怎麼也找不見豬心，楊麼很生氣。後來他看見孫子吃一塊類似豬心的肉，以為他偷吃了，就將孫子殺死了，並把他的心煮了給顧德吃。鍋子裡的湯舀幹後，發現了豬心在鍋底，楊麼後悔莫及，從此不再吃心子。顧德知道了之後，分給楊麼一個孫子，並取名蒙刷。蒙刷長大結婚，後裔人丁興旺，形成了一個苗族支系，這個支系就叫蒙刷。[6]

這個故事可分解如下：

（1）祝壽煮豬心─（2）懷疑小孩偷吃心而殺死小孩 { （3）贈送小孩 / （3.1）楊姓不再吃心

這一傳說故事已經聞不到苗漢之間戰爭的硝煙，取而代之的是兩個民族的團結友好。漢族的用豬心祭祖在這裡演變成了苗族祝壽用豬心招待客人，孩子被誤殺以後，不再是發生戰爭，而是漢人贈送一個孩子給苗族，

即前面故事中關於戰爭的情節單元（3）在這裡被「贈送孩子」情節所代替。這裡的（3.1）在故事結構上相當於情節（3），因為這兩個情節都是情節（2）所引起的結果。也就是說，情節（3）與（3.1）可以只有一個，故事也是完善的。

故事七

這是流傳於雲南永平一帶的一則故事：

苗族居住在大山上，雖然都是一個族，但各家的姓氏不一樣，他們靠圍獵生活。那時一個家族就是一個獵隊，家族越大，出獵的人越多，打回來的野獸就多。相反，就得整個家族挨餓。

當時楊氏家族的子孫難留，他們神也拜了，山也拜了。幾年後還是留不起兒女子孫。聽人說：要用老母豬的心來敬神。只要誠心求拜，楊氏家族子孫就會興旺。楊家就照此去做了。

母豬的乳頭越多，說是母豬的豬仔就多。當時楊氏家族沒有這樣的母豬，便從外邊偷回來一頭。豬的主人來找，他們就悶聲不出氣，什麼也沒有說。隨後，他們就把豬殺煮了，還叫一個小男孩看守著煮。要敬神時，沒有撈著豬的心，他們以為一定是小孩偷吃了，一氣之下，就忍痛把小孩殺了，用小孩的心來敬神。到了最後把豬肉撈出時，才發現豬的心在鍋底。這樣誤殺了小孩，傷心後悔也來不及了。

為了求得楊氏家族子孫興旺，為了對無辜小孩的懺悔，從此以後，苗族楊氏家族就再也不吃動物的心了。[7]（P118）

這則故事可分解如下：

（1）用母豬祭祖—（2）誤殺小孩—（3.1）楊姓不再吃動物的心。

與前面的一些傳說相比，這個傳說的特點便是情節（1）的細節比較豐富，比如為了人丁興旺，偷別人的豬來祭祖。情節（2）之後丟失了戰爭的情節，直接是不吃心的情節。整個故事的結構與邏輯都是完善的。

故事八

在雲南省紅河州南澗彝族自治縣的苗族地區，流傳有《白苗楊家男人不吃動物心的來由》，這一故事是這樣的：

古時白苗一戶姓楊的人家六十多歲才得一子，取名阿心。阿心長到三四歲時，一天父親背他到果園裡去玩，阿心說要吃果子，但白苗語中「父親」和「果子」的發音是一樣的，父親以為兒子要吃自己，就殺死了兒子，後來才知自己誤解了，後悔莫及。他把兒子的心取出來帶回家，這顆心一直跳了十三天才死。心死後，父親又把這顆心割成數塊，掛在李樹上、桃樹上、背籬上，到了第二天早上，就有姓李、姓陶、姓羅的人來認他做祖父。從此以後，白苗楊姓的男人就不吃動物的心。[8]（P71）

首先我們不能不說這個文本的最後兩句邏輯有一點問題，父親把心掛在李樹、桃樹、背籬上，第二天李、陶、羅各姓的人來認祖，這和楊姓不吃心沒有關係。其中一定漏了「掛在楊樹，楊姓的人來認祖」的句子，或者「掛在楊樹的變成了姓楊的人」一類的句子。只有這樣，楊姓不吃心才

順理成章。這則傳說故事的情節單元可分解如下：

（1）在果園遊玩─（2）因語音相同而誤殺兒子─（2.1）將心掛在各種樹上變成各姓祖先─（3.1）楊姓不再吃心。

雖然這個故事依然和心有關，但情節單元（1）有了完全不同的改變，既不是祭祖，也不是祝壽。它依然與食物有關，祭祖與祝壽是用心，在果園裡是果子。情節單元（2）的主題沒有改變，都是誤殺小孩，只是誤殺的原因有所變化，此故事是因為語言的誤會。此故事的情節（2.1）不是由前面故事的情節（2）演變過來的，而是借用了洪水型人類再生神話。這一變化極為關鍵，是食物禁忌範圍擴大到其他姓氏的原因。為什麼會增加這一情節呢？這可能是這一故事類型與洪水型人類再生神話的結合所致。下一個故事便是純粹用洪水型人類再生神話來解釋楊姓為什麼不吃心。

故事九

我們再來看看泰國北部熊明村的情況，當筆者詢問楊姓男人為什麼不吃心得時候，楊亞早用一個洪水型人類再生神話來解釋：

古時候，有兄妹倆，犁田，第一天犁好了，第二天一看，又平了。怎麼回事？他們問天神帕亞英，說，水要淹沒大地了。於是給他們倆一個葫蘆，告訴他們洪水來的時候就躲進去。他們倆照做了，漂啊漂，所有的人都死光了，只剩下他們倆，怎麼辦？又去問帕亞英，說，你們要結婚，於是他們倆結了婚，生下一個肉團。帕亞英說，也好，切成十二塊，於是就

成了十二姓人。沒有楊姓，就把肉團的心臟扔出來，變成了楊姓。所以楊姓男人不吃心臟。

關於兄妹結婚後生出肉團，切開後拋撒到各處，繁衍出人類的說法分布很廣，各地都稍有變異，大多用來解釋民族與姓氏的來源。比如撒在石頭上的，變成的人就姓石，撒在李樹下的，變成的人就姓李，撒在桃樹下的就姓陶，如此等等。用心臟扔出來變成楊姓人，無疑也是這一故事模式的延續。泰國北部這則洪水型人類再生神話解釋楊姓人的來源，同時也解釋了楊姓不吃心臟的習俗。即楊姓人是用心臟變成的，所以楊姓人不吃心臟。此故事的情節可分解如下：

（1）洪水毀滅人類後兄妹結婚生肉團—（2）把肉團切成多塊，肉團心臟變成楊姓—（3.1）楊姓不吃心。

關於情節單元（1），由捕殺野豬得到野豬心，變異到了兄妹結婚得到肉團。關於情節單元（2），誤殺兒子變成了把肉團切成多塊，肉團就是孩子，切肉塊就是殺孩子。誠然，兄妹結婚生下肉團，並把肉團切成多塊的情節在各地區各民族分布很廣，這裡並不是說這一情節是由苗族的誤殺孩子（或兄弟）情節演變而來，而是說，這一故事用洪水型人類再生故事的部分情節來替代誤殺小孩（或兄弟）的情節。

從以上的文本分析可以看出，關於楊姓不吃心的故事之結構基本是一致的。在這類故事中，寶藏的來源是從一頭踩踏莊稼的野豬或怪獸開始的，怪獸因為鹽味太重，人們因此發現了鹽井，並因為鹽井而發生戰爭，這很可能是故事的原型，戰敗、遷徙是苗族的歷史現實。在遷徙過程中，

西部方言苗族與漢人的衝突、戰爭在所難免，在戰爭連綿的年代裡，失龍心的故事被廣泛流傳。從以上的故事可以看出，在遷徙的沿線地域，越是往北，這一傳說關於苗漢的矛盾越厲害，到了處於南部的雲南文山，這一矛盾在故事中得到緩解，漢人為了表示歉意，贈送給苗人一個孩子。到了泰國的北部，已經沒有戰爭的痕跡，已經被洪水型人類再生神話所替代。

因為豬而發現鹽井，並發生戰爭，逐漸演變為因豬心而發生戰爭，另一種演變是因豬心產生的事件而不再吃心。誠然，從傳說本身我們無法判斷哪一種故事情節先出現，即不吃心的故事情節先出現還是戰爭的故事情節先出現。這就意味著從故事情節本身我們難以知道是先有「不吃心」的傳說，還是先有「不吃心」的習俗。

從故事主角的名字我們可以找到突破口，來證明是先有傳說，再有習俗。前文已經說明，西部苗族是東部苗族遷徙來的，到了川南一帶，再南下，一直到雲南文山一帶，再從此走出國門，那麼，越是源頭的地方，習俗就應該越原始一些。在川南、滇東北、黔西南一帶，這一習俗只涉及楊姓以及與楊姓同宗的姓氏，那麼，為什麼這一禁忌不是整個西部方言苗族的禁忌，而偏偏只有與楊姓有關的人才有此食物禁忌呢？從以上類型的傳說不難看出，有「楊姓不吃心」情節的故事，其故事主角的姓便是楊（故事五除外），而沒有「楊姓不吃心」情節的，主角的姓都不是楊，這正是問題的關鍵所在。

筆者在《〈亞魯王〉名稱與形成時間考》[9]一文中考證了「亞魯」的意思。「亞魯」一開始不是一個人的名字，而是「爺爺」的意思。文中羅

列了多個故事篇名以及故事主角的名稱，如下（見表 1）：

表 1　「失龍心」故事列表

英雄名	篇名	故事情節	流傳地
格諾爺老	《龍心歌》	失龍心	雲南省武定、祿豐、祿勸
格諾爺老	《直米利地戰火起》	失龍心	貴州省赫章、威甯
陽婁	《古博陽婁》	失龍心	貴州省安順等
亞魯	《亞魯王》	失龍心	貴州省紫雲
楊婁古侖	《楊婁古侖》	失龍心	四川宜賓、瀘州
古杰能	《祭祀祖先》	失龍心	雲南省文山

　　從表 1 可以看出，失龍心故事的主角名稱雖然在各地有一些變異，即格諾爺老、格婁爺老、陽婁、亞魯、楊婁古侖、古傑能，但我們可以梳理出其名稱的來源，即爺老。「格」是苗語詞頭，「諾」是現在張姓苗人的苗姓，「爺老」是一個漢語借詞，是老爺的意思，是對老人的尊稱，格諾爺老即張老爺。但是，在故事的流傳過程中，前面的姓氏慢慢被省略，「爺老」一詞慢慢演變為一個人名，並被用不同的漢字記錄下來，比如：陽婁、亞魯，更為關鍵的是，有的地方還被記錄為楊魯，在文山苗族地區，楊魯還演變為楊麼。既然不吃心的習俗與傳說故事的主角姓氏有關，而這一姓氏卻恰恰來源於一個泛稱，足以證明這一習俗是後起的，是因為受到傳說的影響而產生的。如果先有習俗後有故事，那這一習俗應當是張姓的，因為故事主角格諾爺老或格婁爺老的「諾」或「婁」對應著漢姓的張，可是這一習俗目前卻恰恰是楊姓的，這個「楊」是來自「亞魯」的「亞」，不是真實的姓氏。

　　我們知道，苗族的姓名在各地有所區別，在黔東南（中部方言區），

苗族採用的是父子連名制，沒有姓氏。在湖南湘西與貴州的銅仁地區（東部方言區），苗族有自己的苗姓。西部苗族與東部苗族一樣，也有自己的苗姓。由於歷朝戶籍制度在少數民族地區的推行，統治者給當地的少數民族賜了漢姓，這種賜姓有一規律，即某一或幾個苗姓統一使用一個漢姓，比如湘西苗族的「代肖」與「代乜」這兩個同宗的姓氏統一使用「吳」姓。同樣，在西部方言的苗族裡，姓婁（諾）的都統一使用「張」姓，而苗姓為「蚩」的才使用「楊」姓。所以，如果是先有習俗後有傳說故事，那麼這一習俗就應該是張姓的，而不應該是楊姓的。

　另一個證明先有傳說再有習俗的證據就是食物禁忌範圍的擴大，本來只有楊姓以及與楊姓同宗的姓氏不吃心，但由於洪水型人類再生神話情節的加入，致使食物禁忌範圍擴大。洪水型人類再生神話在南方的特點之一就是解釋民族或姓氏的來源，兄妹結婚生下的肉團被切開後，撒到各處就變成各族人或各姓氏的人，這就不僅僅局限在一個姓氏了，致使其他姓氏的人也有了類似的食物禁忌。在大理，「苗族羅姓不吃動物眼睛，楊姓不吃動物心臟，李姓不吃動物脾臟」[10]。

　通過洪水型人類再生神話擴展了食物禁忌之後，李姓苗族又反過來借用第一中故事類型來解釋其習俗。

故事十

文山李姓苗族不吃脾臟的傳說是這樣的：

以前一家漢族人祝壽，邀請苗族人去參加。祝壽的時候要祭祖，可是

到祭祖的時候找不到脾臟了，沒有了脾臟，祭品就不全，就不能祭祖。漢族人說是苗族小孩偷吃了脾臟。為了證明自己的清白，苗族老祖先把自己的兒子殺了，開腸破肚給漢族人看，結果沒有在小孩肚裡找到脾臟。最後發現，脾臟是糊了粘在鍋底了。為了防止苗族人報仇，漢族人提前攻打苗家，把苗家趕走。為了紀念這段歷史，老祖先規定不能吃脾臟。[6]

此傳說故事的情節可分解如下：

（1）祝壽煮豬心—（2）懷疑小孩偷脾臟而殺小孩 $\left\{\begin{array}{l}（3）趕走苗家 \\ （3.1）李姓不再吃脾臟\end{array}\right.$

這個傳說與滇東北與貴州的黔西北一帶的《革繆耶勞的故事》（故事五），以及雲南文山的《楊姓男人為何不吃動物的心》（故事七）的故事結構幾乎是一樣的，可見是借用這個故事來解釋李姓不吃脾臟的習俗。

我們知道，雲南文山的苗族是中國境內西部方言苗族中最靠南的群體，雲南的滇東北與貴州的黔西北的苗族則是中國境內西部方言苗族中最靠北的群體，所以我們有理由說，在苗族遷徙到雲南的滇東北與貴州的黔西北的時候出現了關於豬心的故事情節，並在往南遷徙的過程中一直流傳不衰，但是，在遷徙過程中，這一故事發生了很大變異，一個完整的故事分化為兩個不相干的故事了。到了東南亞各國，不吃心觀念依然保留，但傳說由戰爭的寶物演變到楊姓是由心臟變來的，成為洪水型人類再生神話的一個特色。隨著故事的產生以及故事主角名稱的演變，楊姓以及與楊姓同宗的姓氏產生了不吃心的習俗，又隨著故事類型的轉變，食物禁忌的範圍逐漸擴大，因為洪水型人類再生神話解釋的不僅僅是楊姓的來源，也有李姓、羅姓等其他姓氏。

◉◉ 參考文獻

〔1〕魯米香.老劉寨苗族家族文化研究〔D〕.昆明：雲南民族大學，2012.

〔2〕中國民間文藝家協會.亞魯王〔M〕.北京：中華書局，2011.

〔3〕苗青.西部民間文學作品選（1）〔M〕.貴陽：貴州民族出版社，2003.

〔4〕古玉林.四川苗族古歌〔M〕.成都：巴蜀書社，1999.

〔5〕雲南省少數民族古籍整理辦.西部苗族古歌〔M〕.昆明：雲南民族出版社，1992.

〔6〕文山壯族苗族自治州苗學發展研究會.文山苗族民間文學集（故事卷）〔M〕.昆明：雲南民族出版社，2006.

〔7〕中國民間文藝家協會.中國民間故事全書（雲南永平卷）〔M〕.北京：智慧財產權出版社，2005.

〔8〕龍江莉.雲南苗族口傳非物質文化遺產提要〔M〕.昆明：雲南民族出版社，2006.

〔9〕吳曉東.《亞魯王》名稱與形成時間考〔J〕.民間文化論壇，2012（4）.

〔10〕楊旭芸.大理州苗族習俗調查〔M〕.北京：民族出版社，2006.

（原載於《黔南民族師範學院學報》2015 年第 1 期）

民族藝術研究

挖掘黔南民間工藝　傳承本土民族文化

楊坤

民間工藝是勞動人民為適應生活需要和審美要求就地取材以手工生產為主的一種工藝美術。[1] 民間工藝因各民族歷史、風俗習尚、地理環境、審美觀點的不同而各具特色，它既重視製作的工巧性，又重視材料的自然品質，恬淡優雅。民間工藝是民間文化的鄉土瑰寶，是勞動人民聰明才智的結晶，具有悠久的歷史淵源和豐富的東方文化內涵。

自古以來，貴州省生產力發展水準與其他地區相比相對滯後，交通、資訊的閉塞導致經濟發展緩慢。作為民族民俗文化形象載體的貴州民間工藝也因此得以較好保存。民族婦女中有的從小就接受母親、姑嫂的言傳身教，有的在父兄長輩的家族世襲的傳統技藝的指導下，精通本民族傳統工藝，人人幾乎有一手絕活。諸多民間工藝在創作過程、技巧及其使用價值中閃耀著人性的智慧。它具有深厚的民族文化根源，民間工藝所呈現的形式美特徵是當今藝術取之不盡、用之不竭、賴以生存的土壤。

一、異彩紛呈的黔南民間工藝

黔南布依族苗族自治州是貴州省的南大門，黔南州山脈縱橫、氣候溫和、土地肥沃，擁有布依族、苗族、水族、瑤族、仡佬族等十三個少數民族。多民族

聚居、自給自足的生存方式，促使黔南州的民間工藝保存較好的原始風貌，具有奇特的藝術形態和造型方式，異彩紛呈的民間工藝表現形式集中體現在以下幾個方面。

1. 刺繡工藝

刺繡又名針繡、絮花、繡花，是以針穿引彩線在織物上用針刺綴，以繡跡構成紋樣或文字。[2] 刺繡工藝具有悠久的歷史，可以追溯到秦漢時期「絲綢之路」南路開通之際。它作為各民族日常生活的重要裝飾品而被廣泛運用，與各民族崇尚美、追求美的性格分不開；也與各民族在漫長的歷史發展過程中形成的種種風俗禮儀有密切連繫，它間接地體現著每個民族特有的精神氣質和審美意識。

貴州本土民族刺繡工藝自二十世紀八〇年代以來被國內外眾多人士所青睞。黔南的刺繡工藝因講究針法而具有多樣化特點，常見的有平繡、散繡、辮繡、盤繡等十餘種，刺繡圖案取材於常見的飛禽走獸，如牛馬、獅虎、蝴蝶、蜜蜂、魚蛙、鵝鴨等。其精美的圖案，獨具匠心的工藝，強烈的民族民俗特色，使其成為一種獨有的藝術形式。水族著名的馬尾繡，是貴州乃至全國刺繡藝術的精品。流行於三都水族聚居地區的傳統馬尾繡，工序繁雜、內涵豐富。其製作方法是：用手工將白色絲線或棉紗纏繞在馬尾上，成為類似琴弦樣的白色預製繡花線，然後結合剪紙紋樣，將白色繡線盤繞於花紋外輪廓，中間部位再用彩色絲線逐一填繡，在紋飾空隙處綴以亮片，線條流暢生動，圖案對稱嚴謹。馬尾繡通常用於背帶和花鞋，背帶上半部為主體部位，由二十個大小不同的繡片組合成大蝴蝶造型，邊框用大紅或墨綠在彩色緞料上平繡幾何圖案，與中心的馬尾繡片流暢生動的

紋樣形成對比。主體部位下方連接著月亮、蝴蝶、老鷹和彩雲的背帶馬尾繡片。

另外，在黔南州都勻市周邊的苗族村寨和荔波瑤族的刺繡也富有民族特色，刺繡紋樣全是幾何形，採用反面挑正面看的手法，有完整、對稱、棱角鮮明等特點。所描繪物象均按十字形直角直線構成，風格獨特。十字繡常用於服飾、背帶、手帕的裝飾上，其圖案基本構成方式是中心挑繡八角形、四方形、菱形、十字形的疊套團花，四角及周邊挑繡角花和邊花，圖案細密、緊湊、變化多端。瑤族同胞挑花繡常用於衣裙的蠟染圖案中，用橘黃、黑、白等色挑繡，色彩對比大膽強烈，具有西方表現主義用色風格。

2. 蠟染工藝

蠟染，古稱蠟纈，又稱「點蠟幔」。[2] 與絞纈（紮染）、夾纈（鏤空印花）並稱為我國古代三大印花技藝。據《貴州通志》記載：「用蠟繪花於布而染之，既去蠟，則花紋如繪」，蠟染是以蜂蠟、木蠟或樹脂（楓香樹脂）為防染劑，蠟刀點繪於布面，在藍靛中浸染沸煮去蠟，再放入適宜在低溫條件下染色的靛藍染料缸中浸染，有蠟的地方染不上顏色，除去蠟即現出因蠟保護而產生的美麗的藍底白花圖案。蠟染的靈魂是「冰紋」，是因蠟塊折疊迸裂而導致染料不均勻滲透所形成的染紋，並帶有抽象色彩的圖案紋理。蠟染作為我國古老的工藝，歷史已經非常悠久。

黔南苗族蠟染因地域的不同形成各自的風格特徵，一是三都和王司一帶的苗族蠟染，常見在衣領和衣袖的主要部位繪製蠟染紋樣，取緬懷祖先

之意。其螺旋紋樣中伴有橘黃色，是黔南苗族服飾中唯一的套色蠟染服。其二是三都都江鎮苗族蠟染，蠟染圖案取材蜈蚣、龍、獅子、蝴蝶等，形式多樣，風格獨特。多用在衣飾、頭巾、圍腰、背面和祭祀用的幡旗。三是貴定、龍里、惠水一帶的苗族蠟染，它是用點線組成花草紋樣，服飾蠟染用粗線條勾畫幾何圖案，再用點線組合花草，同時在蠟染中點綴挑花刺繡。另外，瑤族蠟染頗有特色，採用樹脂為防染劑，竹制蠟刀繪成直線構成的方塊和菱形圖案，以樹林、人和馬為題材，表現原始部落的狩獵場面，給人以神秘古樸的印象。蠟染工藝在少數民族地區世代相傳，經過悠久的歷史發展過程，積累了豐富的創作經驗，形成了獨特的民族藝術風格，是中國極富特色的民族藝術之花。

3. 土陶工藝

距今有六百年歷史的平塘縣牙舟陶瓷，堪稱是貴州土陶工藝的傑出代表。它曾多次參加北京、上海等地舉辦的「全國工藝美展」和「全國陶瓷藝術展覽」，一九八三年在中國國際旅遊產品展覽會上，陶藝作品「雞飯雙耳罐」被評為旅遊紀念優秀產品，榮獲金質獎章，同年在首都北京中國美術館再次舉辦了「貴州學習民間藝術展覽」，牙舟土陶工藝的獨特風格和手法，博得中外人士的青睞。為此，中央新聞電影製片廠和貴州省電視臺拍攝了專題片，多家全國性重要報刊作了報導，中國美術館民間部還先後收藏了百餘件牙舟陶作品。

牙舟陶工藝不但完整地保存了古代制陶術，而且在原料加工、捏塑、拉坯、施釉、裝窯、燒制、出窯等環節都有其獨到之處，富有地域特色。鄉土氣息濃郁的牙舟土陶工藝的魅力在於造型古拙、質樸，手法自然、不

假雕飾，散發著濃郁的鄉土氣息。工藝製作流程特別講究：它以玻璃釉為基本釉，調配鈾漿，其主要色調以綠色、醬色為主，以淺浮雕為主要裝飾手法。燒制的窯形呈坡狀，用木材作燃料，在燒制過程中因釉色自然流淌產生窯變，色彩渾厚迷離、斑斕奪目。玻璃釉因冷卻炸裂產生似蠟染冰紋的效果。流淌的彩釉互相融合、映襯，使牙舟陶顯得五彩斑斕，自然形成的開片和窯變更增加了牙舟陶的魅力。造型憨態可掬、稚拙可親、純真可愛的土陶工藝品不僅是居家裝飾物品，又是廣大藝術愛好者極好的收藏品。牙舟陶雅拙敦厚的造型，沉穩斑駁的色彩，鮮明的地方民族風格，使其成為我國西南地區陶瓷藝術領域的奇葩。

4. 剪紙工藝

剪紙，是用紙剪出或刻出各種人、物形象的工藝。剪紙藝術植根於民間，不同地區的民俗與民風構成了各地民間剪紙豐富多彩的藝術韻味。它產生於西元六世紀，是中國最為流行的民間藝術之一。

黔南各民族的剪紙工藝與刺繡緊密相連，剪紙是刺繡工藝的基礎，因此也稱剪紙為「繡花底樣」。水族民間剪紙工藝有著悠久的歷史和群眾基礎。它為滿足人民精神生活而根植民間。通過長期的生活實踐，水族剪紙工藝形成了以剪紙、鏤空為主的表現技法。水族民間剪紙具有明顯的美術實用性特點，作為刺繡底樣出現在背帶、帽花、圍腰花、鞋花、枕頭花、鞋墊花等物品上。也有作為花燈裝飾的燈花、辦喜事用的喜花、辦喪事用的「老鞋花」、「靈房花」等。水族剪紙藝術內容取材於動植物形象，有飛禽也有走獸，常見的有喜鵲、老鷹、錦雞、蜻蜓、蜜蜂、龍、蝦、魚、青蛙、雞、兔、獅、虎、花、藤、樹、葉等等。這些動植物形象與水族人

民生活息息相關，寓意鮮明，是對美好生活的樸素表現。如，水族喜愛魚蝦，魚蝦剪紙圖案就有食物豐足之意。老虎、獅子的勇猛、牛的吃苦精神、貓和老鼠的機靈、兔鹿的溫順，以及蝴蝶的美麗，這些題材都與水族人民的精神氣質緊密相連，表現了對美好生活的熱愛與嚮往。水族剪紙工藝的形式美因刺繡手法的不同呈現出三種不同的風格。一是結構對稱，以流動曲線為造型的基本元素。傳統馬尾繡的剪紙底樣是這一風格的體現。二是結構變化，線的粗獷、剛健為造型的基本元素。三是結構的重複、對稱與變化結合。常見的是都勻王司一帶以平繡為主要繡法的剪紙底樣，採用工藝美術常見的連續性紋樣圖式將三個長方形圖案連在一起，克服了紋樣創作的局限性，體現了隨意性。三種風格不僅老辣凝重、拙中透巧，而且活潑明快、充滿力度。被譽為「中國水族剪紙藝術家」和「中國剪紙金剪刀」的都勻市奉合水族鄉水族婦女韋幫粉創作的剪紙作品《水族背帶花圖案》在「首屆中國民族民間剪紙大賽」上獲得三等獎。二〇〇四年十月，韋幫粉創作的剪紙作品《水族農家樂》榮獲「二〇〇四年全國剪紙邀請賽」特等獎，她被評為全國「十把金剪刀」之一。其作品以樸實細膩、玲瓏剔透、嚴謹優雅、精緻明快、富有濃郁的地方民族特色和深厚的生活氣息而被內蒙古、臺灣等博物館收藏。

5. 銀飾工藝

　　黔南苗族、水族女同胞喜戴銀製品，且均為本民族男工匠所制，黔南苗族銀飾的特點：工藝精湛，工序複雜，成品美觀。這類銀飾主要有銀冠、銀鳳、空花手鐲、銀線編織手鐲、髮髻銀索等。銀性軟而延展性強，可拉成馬尾樣的細絲。編織手鐲、戒指、髮髻索等銀飾，就是用這種細銀

絲製成。苗族女子的銀冠，是苗族銀飾的精華。銀冠上的各種造型，生動地體現了苗族悠久的歷史文化。如關於「牛角銀冠」的造型，苗族研究者認為，以蚩尤為首的「九黎」部落聯盟是可考的苗族最早的文化源頭。有關文獻中有蚩尤馳騁中原時「銅頭鐵角」的記載，說明蚩尤部落的圖騰是牛。於是苗族同胞把牛作為自己的圖騰，因而喜歡在銀冠上飾以牛角的造型。水族婦女也十分講究銀飾，沒有銀飾的婦女，被水家人看不起。水家老年壯年婦女，頭上都插一根長銀釵，有的青壯年婦女滿頭銀質花簪。她們的銀質裝飾，有銀梳、根釵、銀耳環、銀項圈、銀手鐲、銀壓領、銀口袋等，其中銀項圈、銀耳環最普遍。銀壓領是水族婦女披掛在胸前的大型銀飾品，形狀如鎖，中空，上鑄龍、鳳、雀、魚、蝦、白果、瓜米和山水，鑄藝精湛。水族銀飾「壓領」曾作為吉祥物在第三屆中國藝術節上獻給國家博物館收藏。

二、黔南民間工藝瀕臨失傳的危機，挖掘搶救刻不容緩

作為一種傳統的、民族的文化形態的民間工藝，在農業手工業文明轉向城市工業文明的現代化潮流中，傳統民間工藝自身的生存、發展和創新面臨著嚴峻的挑戰。一方面，伴隨著世界經濟及文化全球化趨勢的日益加劇，文化的多樣性遭到嚴重衝擊；另一方面，具有傳統藝術技能的民間藝人已為數不多，傳承困難、後繼乏人的情形已是不爭的事實。

在這場變革中，尤其在市場經濟大環境下，追求現代生活方式已成為時尚，人們對「祖先傳下來的東西」不感興趣，嫌遺留下來的技藝「粗俗」，耗時、耗力，如少數民族的「背帶」用手工製作要幾個月才能完

成，但用現代化機器製作幾個小時就能完成。加之傳統手工藝生產條件簡陋，工藝品生產和銷售受限，處於自生自滅的狀態，如現在的牙舟陶瓷處境極為尷尬，曾經掛牌的「平塘牙舟工藝美術陶瓷廠」已不復存在，現在整個牙舟鎮只有六、七戶人家仍在燒制陶瓷，更多是燒制日常生活用品（如鹽罐、酒罐、煙嘴等），參與制陶的藝人屈指可數，其他的人年事已高不能制陶，年輕人又不願學習陶藝，學過的也紛紛改行或外出打工，多年來牙舟的個別民間藝人試圖重整旗鼓，但又因廠房、設備陳舊受限而無法進行。因此，古老的陶瓷藝術面臨技藝失傳或斷代的危險。民間本土工藝作為民族文化瑰寶已引起外國人和商販們的普遍關注，他們不厭其煩來此低價收購，以致本地最具特色的工藝精品已不見蹤跡，許多祖輩流傳下來的工藝藏品去而不返，直接導致傳統工藝絕技的逐步消逝。我們的社會教育和學校教育方面對民族文化和本土文化長期忽視，導致學生這一傳承主體缺乏自信心，不願再下功夫去學習和傳承本民族文化藝術。這如同釜底抽薪，使民間工藝美術逐漸喪失創造主體，呈現在我們面前的是民間工藝美術創作集體的老齡化、邊緣化和孤獨化。對各民族來說，言傳身教的文化傳統形式乃是本民族最基本的文化標誌，它是傳承民族生存的生命線，也是民族發展的動力和源泉。如果不去挖掘或不加以重視，它就不可避免地走向消亡，這種消亡同時也意味著民族個性特徵的消亡，意味著「民族精神」的退化。民族精神，是民族文化的深層內涵，是民族自豪感、自信心的體現。民族精神的載體是民族文化，民族文化含有精英文化和民間文化兩層含義，如果說精英文化賦予我們思想和力量，那麼民間文化賦予我們的是情感和凝聚力，兩者皆不可缺失。「必須清醒地看到民間工藝目前仍處於收縮階段，所以須及時地擔起搶救、保護的責任……」〔4〕

因此，保護民間工藝文化也就是捍衛我們的民族情感和民族精神。

三、採取措施保護民間工藝，傳承本土民族文化

傳統民間工藝美術的保護是一項長期而艱巨的工作，需要政府政策上的扶持，更需要業內人士的努力以及全社會的共同關注。

（1）政府投資在民族高校籌建「黔南州民間工藝美術研究所」，廣泛搜集留存民間的各民族、各年代工藝美術作品，進行研究。定期舉辦學術研討會，出版相關文集。條件成熟可成立黔南州工藝美術協會，推進黔南州工藝美術業不斷向前發展。

（2）政府應出臺相關政策搶救、保護現有的民間工藝藝術家和能工巧匠。民間藝人只有得到應有的工作條件、生活條件，才能繼續打造頂尖水準的民間工藝精品。如在全州範圍內深入地、大規模地對民間手工藝人、工匠進行調查，定期舉辦「黔南州民間工藝美術作品展覽」或「黔南州民間工藝美術博覽會」，組織評選、頒發獲獎證書。定期舉辦諸如二〇〇六「多彩貴州」旅遊商品設計大賽、旅遊商品能工巧匠選拔大賽，對於挖掘、搶救本土民族藝術文化有積極的作用，同時也對保護和傳承貴州各地區特有的民族民間工藝，為旅遊商品的推陳出新和實現旅遊商品經濟的可持續發展提供人力資源保障。通過評選、介紹、命名，一批優秀的民間藝術家和他們的藝術作品得到最廣泛的宣傳和社會認可，他們的專長將得到充分發揮，必將大大地激發本土民間藝人、廣大民間工藝美術工作者的積極性，進一步促進民間工藝美術事業的繁榮和發展。

（3）民間工藝品應作為文化商品投入市場，積極開拓民間工藝品行銷市場是關鍵。政府應提供政策，做到三個結合。即民間工藝與歷史結合，將民族歷史文化融於工藝品中，工藝品將更具有藝術層次和經濟價值；工藝品與相關產業結合，大力發展與工藝品有連繫的書法、繪畫、模具製作業等，逐步形成產業鏈；工藝產品與旅遊業結合，把工藝產品融入旅遊業中，把工藝品文化融入旅遊景點中，使景點旅遊增添工藝文化的新亮點。定期為民間工藝搭建一個展示的平臺，民族民間工藝品的展示、產銷與民間文化遺產的搶救與保護結合，與建立和完善社會主義市場經濟體制相適應，與民間文化傳承、發展規律相符合。另外，民間工藝品作為一種優秀文化，其創造的精品輻射並拉動繪畫業、書法業、廣告業、包裝業等的發展，因此對種類繁多的民族工藝品，要安排生產，組織銷售，總之應該使這些工藝品作為文化商品投入市場，並以其經濟效益刺激民間工藝製作，進而促進民族地區的經濟繁榮，促進民族新文化的發展。

（4）把民間工藝美術納入學校教育體系，對傳承本土民族文化有積極而深遠的意義。構建民間美術教學體系是具體措施，其一，建立民間美術教學資料庫。建立民間美術教學資料庫旨在通過積累民間美術資料，廣泛認識民族文化的統一性和多元性，為民間美術教學打下堅實的理論基礎。同時積極深入民族地區體驗生活，運用多媒體攝影、攝像等現代化工具收集整理和積累民間美術資料，不斷建立、完善民間美術教學資料庫，直接為民間美術教學服務。其二，開展豐富多樣的教學形式。將民間美術納入教學計畫，作為特色課開展教學，使學生全面了解民間美術產生的文化背景、時代特徵、材料和製作工藝。例如：用投影片放映民間美術作品

圖片，利用多媒體進行教學，播放民間美術的製作全過程，能極大提高教學的條理性、客觀性和直觀性。其三，注重實踐教學，在民間學民間藝術，即採取「走出去」和「請進來」措施開展實踐教學。民間采風是民間美術教學的基本手段，民間采風是主體，也是全方位的，不僅要和這個地域的民風、民俗特徵連繫起來，而且要感知這個地域的民間美術的藝術特徵。建立校外民間美術實習、實踐基地，聘請當地民間藝人進行實踐指導。另外，也可採用「請進來」的方法達到教學目的，根據民間美術課堂教學安排，在民俗文化中吸收營養，請民間藝術能手到學校講課，學習民間藝人所運用的造型、色彩、花紋等各具特色的造型技巧，在學習過程中尋求創作靈感，拓展視野，提高審美情趣，從而激發想像力和創造力。為訓練學生的動手能力，在學校配備專門的民間美術工作室，如陶藝、蠟染藝術工作室，一方面整合既有資源，能培養學生對民間美術的感情和認同感，另一方面又能讓學生體會民間美術品製作全過程，使技藝得到加強。

民間工藝融匯著中華民族的氣質和素養，有自己特有的渾厚、博大的民族風格和特色。民俗文化普查的發起人、著名作家馮驥才一直為中國民間文化遺產搶救保護四處奔走，同時表達了心中的焦灼：「民間文化的傳承人每一分鐘都在逝去，民間文化每一分鐘都在消亡。」中國民間文藝家協會組織的「中國民間文化遺產搶救工程」啟動後，在全國各個民族與特色區域進行文化遺產的考察和收集資料等工作，採用文字、攝影、電視等方式記錄，並將其製作成電視片播映或編輯成圖書出版。已有全國各地五千餘人參與，保護民間文化在全國已逐步展開。因此，挖掘保護黔南民間工藝文化已刻不容緩，更是全州各族人民的神聖義務和責任，是振奮民

族精神、繁榮和發展地方民族文化的有效途徑。

◑ 參考文獻

〔1〕崔延子，丁沙鈴.流光溢彩的民族瑰寶 —— 中國工藝美術〔M〕.北京：高等教育出版社，1998.

〔2〕高星.中國鄉土手工藝〔M〕.西安：陝西師範大學出版社，2004.

〔3〕許平.城市經濟生活和民間工藝〔M〕//工藝美術研究（第一集）.南京：江蘇美術出版社，1987.

（原載於《黔南民族師範學院學報》2007 年第 2 期）

貴州民間美術色彩初識

丁文濤　丁川

　　民間美術的色彩，人們通常用「大紅大綠」四字來概括。其實，認真研讀貴州民族民間服飾刺繡的色彩規律，絕非這四個字能夠概括得了的。不僅民族與民族之間的色彩偏好和欣賞習慣不一樣，就是同一民族不同支系不同地區的色彩風格也大不相同。有大紅吉慶的，也有深沉凝重的，還有飄逸靈動的。可謂豐富多彩，氣象萬千。雖然絕大多數是祖傳的手藝，但畢竟是個體手工勞作，在無條件地繼承老一輩人積澱下來的審美心理結構的同時，也自然流露出個體的藝術素養差別所帶來的藝術品質的高下之分。精美絕倫的民間繡品往往出自雖不識字但藝術稟賦較高的勞動婦女之手。自律的、獨立自主的手工勞作，不是對群體風格的簡單模仿和複製，而是充滿情感技術的身心投入，沒有絲毫浮躁和虛假，體現出她們對生命對生活的珍愛。

　　研讀貴州少數民族的刺繡珍品，你可以從那些獨特的色彩藝術形式中感受到生命本能的感情色彩的律動，體悟到那和諧的音樂式的色彩韻律，優美的舞蹈般的線性律動，皆是生命的節奏，或有節奏的生命的感情表現。其規律性特徵可以概括為以下幾點。

一、火紅的吉慶性

苗族服飾無論底色紫紅、深紅或者紫青、黑色等布料，繡花多用歡樂溫暖的暖色調。雷山、凱裡、施洞苗族盛裝常在深藍或大紅底子上繡大紅色紋樣，中間插以綠、白、黃色使整體協調，下著飄帶裙，裙上分別以淺藍、粉紅、大紅的色塊繡片襯托上裝，顯得十分華麗和喜慶，再配上銀飾，更加富麗堂皇。惠水擺金苗族服飾也在略偏紫的紅色底子上繡紅花，插以白色線條，點綴幾片綠葉，配上銀飾，亦很華麗喜慶。黃平苗族服飾在暗紅和紫金色即清代稱為「金青」的底上，用色相不同的紅色系列配以群青繡花，略施黃、白等亮色提醒，增加了歡樂達觀火紅的審美感受。龍里中排一帶苗族盛裝，男女都用火紅的挑花方帕為飾，背牌下還系若干束大紅的纓須，使黑色服裝突然變得火紅熱烈。

嬰兒背帶是老百姓最講究的工藝品，不但內容要喜慶吉祥，配色更要考究。若干繡片組合的紋樣，底色都是大紅、粉綠、紫、藍等色拼接，繡的花紋以大紅粉紅為主，無論鳥、魚皆如此，然後再點綴以其他色使之豐富多彩。目的只有一個：追求喜慶，希望吉利。

「紅色作為與原始生命同一的顏色，由於與人類生命共生的歷史的積澱，所以具有最明顯的激起人的生命情感的力量。」[1] (P64) 由於自發的生命本能的驅使在集體無意識中，從黑、白、紅三種原始色彩認識中，根據「相似律」發現紅色的生命意義。節日裡那種耀眼逼人的火紅光色的躍動，無疑是和鮮血性質一樣具有久遠的生命色彩意義，驅趕黑暗的火光那種瞬間體驗，引起生命本能的躍動。紅色是在可見光譜中波長最長、振動

頻率最慢的單純單色作用於人的感色機能的結果。它象徵光明與吉祥，熱烈而喜慶。不論面積大小，紅色都不容易被其他色彩所左右。

施洞苗繡是苗族刺繡的精華。它主要裝飾在盛裝上衣的衣袖、肩、領、衣襟和圍腰等十分醒目的部位。每一幅紋樣都是一個獨立的畫面，內容包含了神話傳說和圖騰崇拜、祖先崇拜。十分精妙的刺繡手法要數瀕臨失傳的破紗繡。因繡前須將彩色絲線破成四根以上的散絲，再用皂角肉打光滑，平繡在紋樣上，故名破紗繡或破線繡。繡出的紋樣平滑而有光澤。無論白底藍底或紅底，均用不同色相的紅色為主色，間以藍、白、紫色。大面積的紅色調圖案繡在盛裝的重要部位，對於既是審美主體又是審美客體的苗族婦女來說，都會禁不住心靈的激動。所以紅色被視為吉祥喜慶的顏色，在民族節日裡穿上這種大面積紅色圖案的服裝去盡情宣洩生命的活力與生命激情，從混沌自發熱情中體現出生命與色彩的同一性。原始人類在自然中找到了紅色礦粉，並把這種與血液相同的顏色撒在死者周圍以希望死者再生。火紅的吉慶色彩又被賦予生命色彩的同一性，而內含著祖先崇拜、圖騰崇拜的龍紋、蝴蝶紋、鳥紋等，主要用紅色來刺繡便是理所當然的了。

自古以來苗族具有「有貧富無貴賤，有強屬無君長」的原始民主平等的思想，在色彩上沒有貴賤之分。苗族的生命觀認為，萬物的生命都出自一個母親——蝴蝶媽媽，對祖先的血緣認同，使人們找到了「命根子」的莊嚴感和歸宿感，因而產生「戀祖情結」。崇拜祖先的不平凡經歷，以海納百川的精神對生命群體一視同仁，不會有歧視、仇恨和高低貴賤之分。在喜慶的節日裡，富有者還可以把自己節存的盛裝借給貧窮者穿，讓大家

共同度過歡樂的節日。在喜慶或莊嚴的氣氛中，人們忘卻了重疊穿著的臃腫，看重的是火紅吉慶、富麗堂皇的展示。

二、色彩分割產生萬紫千紅

貴州少數民族刺繡色彩的另一個特徵是不追求視覺形象的真實完整性，注重整體的「花花綠綠」的心理視覺超時空的真實完整。無論花鳥蟲魚或是龍鳳山川，都被看成是「花」，要繡成萬紫千紅的百花圖。刺繡中的各種手法都是把一根絲線繡完再換另一根，而絲線本身不僅有色差而且色相也不同，甚至一根絲線分兩三個色相。順著一個形象繡下去，必然會把形象割裂開來。婦女們不用去理會其形象的割裂，甚至在布貼拼花中有意將一隻鳥分割成幾大塊，用不同的色塊來拼貼。這種色彩分割產生的視錯覺達到了意想不到的審美效果。遠看分不出哪是花哪是鳥，萬紫千紅一大片，近看才能分出花鳥蟲魚的形象，老百姓說「有看頭」。

施洞苗族袖腰花的橫條繡片有一種格式，是在黑色底子上用藍、黃、白、紅四個基本色調來繡花，紋樣有鳥、蝶、人物等形象。遠看是「花花綠綠」的一片百花圖，不容易分辨形象特徵，近看才知道鳥身已被黃、白、藍、紅、綠分割開來，僅尾和翅就是五顏六色。她們是表現美麗的錦雞，但又不模擬錦雞，而以她們心理視覺的美好標準來表現一種裝飾美感。為什麼她們不僅喜歡紅色，而且喜歡用藍色來繡較大面積的紋樣呢？這種色彩偏好，大概來源於苗族對於藍靛的特殊喜好。藍靛在苗族日常生活中是必不可少的常用色彩。普通衣服用它，蠟染也用它。在繡品中，藍色中適當插進黃和白色的小塊，使繡品色彩產生強烈對比，如同浩邈的天

空中閃爍著明亮的星星。

　　繡花的婦女很善於把握畫面的整體色彩效果，一般多在深色布底上繡紅色的花，無論是花或是魚，都用大紅、粉紅、橘紅為主要色調，為了不使畫面單調沉悶，往往在適當的地方點綴幾處淡黃、嫩黃或白色，使之跳躍成趣。這幾處響亮的色塊往往在鳥頭、龍頭或魚頭，遠看只有這幾處如繁星點點。形體被色彩分割了，整體色彩效果卻顯得熱鬧、響亮。如布依族背帶花，長方形繡片在大紅綢布上用淺綠、淺黃、白、淺藍等色為基本繡線，人物局部點綴黑、深藍、深褐色，腳用褐色，腰之下的衣飾為深藍色，半邊褂子用紫色，一隻手也用了藍色，只有頭和胸用響亮的肉色。一隻雞分別用七八種顏色將形體分割，就連一支尾羽也分三種深淺不同的淡黃、深藍和淺紫色來分割成三截。為什麼要如此分割？因為她們是在繡「花」，一切都必須服從「花」的要求。主觀理念的情感色彩統一在「花花綠綠」的審美理想之中。色彩的主體傾向是熱烈、溫暖而響亮，但又不乏對比和諧。可見不是「大紅大綠」的簡單概念，而是五光十色、光怪陸離、閃爍不定的視覺效果。這說明各民族在色彩表現方面，為原始的內在情感色彩本能找到多種多樣的外在色彩施放形式。這些外在情感色彩形式的多樣性，證明了人類情感色彩本質隨著人類社會和精神層次的昇華趨向全面而豐富。

　　水族馬尾繡背帶用白色預製繡線盤其紋樣邊沿，流動的曲線產生的柔美，打破了蝴蝶等鳥蟲的形體，造成波光粼粼的視覺效果。而背帶邊框卻用大紅色作底，翠綠絲線平繡出有數序規律的幾何圖案，多為萬字組合結構。由於強烈對比的紅綠兩色平均掩映在幾何圖案中，色相互補對比的結

果，邊框圖案反而成了一片灰色調子，對比結構性質轉化了，與中心圖案的斑斕與柔美形成和諧與對比。馬尾繡紋樣的陰柔舒展又與邊框幾何圖形的陽剛和數序規律形成強烈對比，因而形成了馬尾繡背帶完美的藝術形式。

馬克思曾說：「只是由於屬人的本質的客觀地展開的豐富性，主體的、屬人的感性的豐富性，即感受音樂的耳朵、感受形式美的眼睛，簡言之，那些能感受人的快樂和確證自己是屬人的本質力量的感覺，才或者發展起來，或者產生出來。」我們從苗族數紗繡中可以清楚地看到苗家婦女有一套完整的配色方案；鮮紅在深藍或黑布底上特別耀眼奪目，玫瑰紅在藍色中顯得很嬌嫩，再加上粉綠、淡黃、白色等對比強烈的響亮調子點綴其間。這幾點鮮亮的色塊閃爍在鮮紅和玫瑰紅之間為第一層次；接著第二層次是紫和群青，第三層次是深藍和黑色，如同交響樂中渾厚沉著的大提琴。紅與綠雖然對比強烈，但紅多綠少，而且統一協調於深色的藍、紫和黑色之中。我們可以從臺江縣施洞苗族女上衣衣領背面的圖案上，從紅、黑、白色三角形、方形迭出的畫面中獲得主體空間感。有時似遠景，讓人有穿越空間隧道的感覺；有時似近景，仿佛從遙遠的天邊向你走來。

三、秩序美的要求

貢布裡希在《秩序感》一書中說：「我們必須最終能夠說明審美經驗方面的一個最基本的事實，即審美快感來自於對某種介於乏味和雜亂之間的圖案的觀賞。」[2] [P18] 苗族婦女在織錦、挑花工藝中特別注意對秩序美的追求。儘管人們在完成這類圖案造型的過程中，意識裡存在的是具象化

圖式，但工藝技術對紋理肌理的直線運動法造成了圖式異化的效果。有數序規律的幾何圖式隨著婦女們在編織機上有節奏的動作而出現井然有序、精確整齊的織錦時，秩序的美感油然而生。而這些圖式並非事先照樣編織，圖式深藏於她們的大腦中。欲取什麼紋樣，只需稍改一下經緯肌理結構，計算好經緯線的數量，即可在一段錦中織出多種風格迥異的主題圖案。有條理的對稱、重複、漸變、起伏、交錯，往往是用色彩來體現。色彩的相互作用和擴散效應把各種色彩和不同的感覺轉移到圖案上，造成令人驚奇的效果。即使在簡單重複的「十」字挑花上，經過有序的排列組合，八角花、雲勾花、燈籠花、蝴蝶花、石榴花起伏交錯，產生恢宏的節奏與韻律。充分利用色塊造成的視錯，使二維平面出現三個以上的方陣結構，跳躍在三維空間，似乎是對宇宙「節奏」的把握和內在生命的揭示。花溪苗族挑花用一個個主體方陣重複疊加，其空間的深邃已超越了二維平面的空間界限。

　　蘇格蘭科學家大衛・布魯斯特說：「形狀和色彩的結構也許可以互相替換，連接不斷，以取得像音樂那樣令人動情，促人思考的輕鬆愉快的效果。如果說真的存在著和諧的色彩，而且它們的結合形式比別的色彩更能取悅於人；如果說那些在我們的眼前緩慢經過的單調、沉悶的團塊讓我們產生悲哀、憂傷情感，而色彩輕鬆、形式纖巧的窗花格則以其快活、愉悅的格調使我們歡欣鼓舞，那麼只要把這些正在消失的印象巧妙地匯總起來，我們的身心便能獲得比物體作用於視覺器官所產生的直接印象更大的快感。」[2]（P493）苗族刺繡的秩序美，體現在色彩節奏上，人們對節奏的敏感除了聽覺之外就是視覺。雖然任何節奏都是在時間流動中表現出來

的，但人的視覺在面對處於相對靜止狀態的線條和色彩感受時，卻仍存在一個時間段，表現出生理感受的運動過程。苗繡中那些對稱、重疊、起伏、交錯的色塊引導著人們的視覺運動方向，控制著視覺感受的規律變化，使人感受到節奏起伏呼應，和諧悅目。龍里苗族挑花喜歡在黑布上繡紅花，以體現喜慶吉祥，但在紅花中又插進黃、白、粉綠等色，以打破紅色的單調秩序，使圖案色彩豐富起來。整體上仍以紅色為主，充分解決了多樣統一的矛盾，使之和諧悅目。黑格爾把和諧解釋為物質矛盾的對立統一。和諧作為美的屬性之一，使人在柔和寧靜的心境中獲得審美享受。挑花與織錦都是在秩序的和諧美中得以調和，有的讓人寧靜平和，有的使人歡欣鼓舞。水族馬尾繡背帶的流動曲線整體上也是一種秩序，流動蕩漾的水波紋秩序，邊框上的幾何紋用有數序規律的直線同中心的流動曲線形成強烈的對比，幾何紋本身的大紅與大綠又形成補色對比，對立的矛盾在秩序感的衝突中得到統一，邊框的幾何圖案變成灰調子，反襯了中心的主體紋樣，突出了主體紋樣的視覺效果。

四、色彩與生態環境

民間美術品有實用和審美雙重目的，它們的造型和色彩結構與群體文化氛圍和生活生態環境息息相關，是和諧統一的。以蒼莽的大山為背景，用色以醒目為最佳選擇，突出自身存在的價值，這是貴州少數民族刺繡的第四個特徵。

一個民族的生態環境包括自然環境和社會環境，是一個紛繁複雜的物質與精神的有機結合。每個民族要憑藉自成體系的文化傳統在其生存空間

裡索取生存物質，尋找精神寄託，以換取自身生命的延續和發展，首先得要展示自己的存在價值。布依族和苗族同樣生息於貴州高原上，苗族利用山地叢林去發展自身的文化，布依族的取向卻日趨適應壩區水濱的資源利用。同是苗族不同支系處於不同生態環境，其服飾民俗的展示性色彩都不相同。黔西北烏蒙山區的苗族服裝多以白色為衣料，繡以大紅、橘紅、金黃色圖案。紅、黃、白三色色譜光波穿透力強，鮮豔奪目，很遠就會被發現。黔東南蒼莽的大山鬱鬱蔥蔥，要展示自己的存在，服飾顏色首選鮮豔奪目的大紅色。「萬綠叢中一點紅」，紅色反映的光波呈現令人激動的情感，再加上閃閃發光的銀飾，造成光彩照人、琳琅滿目的藝術效果。特別是在節日裡，眾多的銀角閃閃發光，五光十色的繡花衣裙，隨著蘆笙舞步而飄蕩，令人眼花繚亂。他們是在展示自己的品貌，表現自身的美。到了夜晚，禦去沉重的銀飾，和著輕鬆活潑、熱情歡快的節奏去跳舞，充分顯示青年人的朝氣、活力與熱烈的情感。其服飾打扮少不了要具有吸引異性、鮮豔醒目的特點。生活在大山和草原的龍里中排苗族男子，在節日裡黑色長衫的腰以下前後都用大紅繡花帕裝飾，白底紅花的背牌，下面還吊五束大紅纓鬚（流蘇），不僅沖淡了黑色帶來的沉重感，而且耀眼的紅色使人感到喜慶和熱烈。在青山綠水的山區裡，穿上繡有紅色圖案的衣服，格外醒目和鮮明。苗族刺繡在黑色深邃幽遠的基底上用紅色逐層渲染多層次空間，表現出一種生命力的律動，代表著廣袤的時空裡的永恆生命。那特定的環境，那種神秘、熱烈和動人魂魄的氛圍，使人感到熱血沸騰，體現出勃勃生機。

　　人與自然的關係是生命與生命的相遇，是親近與和諧。美學家宗白華

曾說：「中國人對於這空間和生命的態度卻不是正視的抗衡，緊張的對立，而是縱身大化，與物推移……」〔3〕藝術的創造是藝術心靈與宇宙意象的「兩鏡相入」、「互攝互映」，藝術家不僅以自我心靈映射山川大地、宇宙生命，而且還將自身的全部生命投入宇宙生命創化的過程。貴州民族民間的藝術家、女紅們在創造自身的服飾美時，亦遵循著與自然生態親和相融的規律。她們不僅在內容上將自然物與自然現象當作神靈加以崇拜和供奉，而且在形式和色彩的追求上都自然而然地追求與生態環境的和諧，在和諧中凸現民族自身的存在價值。

黑色是一種獨特的顏色。它給人以沉悶和恐怖的感覺。道家又把黑色作為崇尚的神秘色彩，黑色的寂滅似乎在最簡單的色彩形式中象徵最原始的色彩本質和精神現象。古埃及學者認為，黑色是希望與可能之色。貴州苗族、布依族、水族，常用黑色做底色，其原因與貴州的生態環境有關。一位苗族老人說，在封建社會的歧視和壓力下苗族先民被迫長途跋涉遷徙，最後才找到貴州這片黑壓壓的大山，這裡才有藏身之地。所以，黑色的深邃莫測，藏而不露，是休養生息的好地方。在衣裙繡上沉重的城郭圖式、大江大河印痕圖式等，讓人們負載歷史責任感的同時，懂得族群生命來之不易的道理。它表達了人們對生命的渴求和寄託人丁興旺的美好期望，這是其一。其二，黑色作為中性的背景色可以清晰地襯托出其他顏色的細微變化，各種顏色都可以在純黑之上顯得光彩四溢。它的深沉給繡花者帶來施展才華的理想空間，可以根據自己的用色習慣和本民族群體認同的審美標準，由深到淺，編織出多層次的藝術空間。黔西南苗族喜歡在黑色布底上挑繡藍色紋樣，顯得深沉凝重。紋樣中點綴少量黃色或淺綠色，

使凝重的圖案頓時繁星點點，美麗動人，仿佛看到了廣袤深邃的宇宙空間。

　　傳統馬尾繡背帶花也用黑色作底，繡上月亮、蝴蝶、老鷹、四周飄著彩帶式的白雲，空白處點綴以亮片做星星，營造了一個靜謐而富有詩意的畫面，各種色彩在黑色的底子上顯得光彩四溢。在水族射日神話中，水家把耀眼刺目的太陽比作俊美的女子，把皎潔的月亮比作男人。有一首水族「雙歌」述說了一個美麗的神話故事，說天上的仙女下凡嫁了一個水家後生，後生被介紹上天當了教書先生，許久未回，仙女思念他，寫信託老鷹、蝴蝶送上天去，在仙母的勸導下，後生終於回家與妻子團聚。水家婦女把這個給人帶來幸福和團聚的老鷹、蝴蝶繡在背帶尾上，充分表達了她們對愛情的執著和堅貞。面對這件繡品，我們似乎在仰觀一個深邃的宇宙，品味著水族雙歌細說的愛情故事。後來的水族背帶尾花雖然採用了剪布拼花的裝飾手法，但是仍用黑色作底，各種鮮豔的色塊拼貼成一樹生命之花，向上怒放，生機勃勃。有黑色底子作襯，花樹更加鮮豔奪目。水族往往生活在依山傍水的村寨裡，她們的服飾首選淺藍、淺綠等鮮亮的顏色，包上白色的頭帕，系上繡花圍腰和白色的蝴蝶結飄帶，顯得落落大方，醒目耀眼。有的地區即使是黑色服裝，也要在衣袖和褲腳上繡鮮豔的花邊欄杆。雖然他們沒像黔西北高原的苗族那樣使用醒目的大紅、橘黃和白色，但是他們的生態環境是山清水秀的都柳江畔，綠山藍水的大背景下使用淺藍、嫩綠和白色，不僅與環境協調統一，而且鮮亮的色彩也突出了自身的存在。

● **參考文獻**

〔1〕李廣元.色彩藝術學〔M〕.哈爾濱：黑龍江美術出版社，2000.

〔2〕貢布裡希.秩序感〔M〕.杭州：浙江攝影出版社，1987.

〔3〕宗白華.美學散步〔M〕.上海：上海人民出版社，1981.

（原載於《黔南民族師範學院學報》2004 年第 5 期）

布依族楓香印染技藝及其紋樣造型的意蘊探源　王科本

引言

　　布依族楓香印染技藝二〇〇八年入選第二批國家級「非物質文化遺產」名錄，有著悠久傳統。布依族楓香印染是惠水縣雅水鎮播潭村小岩腳寨布依族傳承至今的一項民族美術手工技藝，具體起始年代已無從考證。地方傳說：宋朝時期，雅水鎮楓香染製品曾多次上貢朝廷，御題「天染」。其藍色正負圖底的裝飾圖案色澤分明，把祥花瑞草紋樣融合在優美婉轉的骨骼結構形式之中，優美生動，體現出布依族樸實純真的特殊民俗文化，被譽為「面布上的青花瓷」[1]。其獨特的藝術形式是布依族特有的風貌和個性展現，全天然染料和純手工技藝製作，古樸、雅致的藝術造型更具裝飾性和藝術觀賞性。楓香印染技藝製作的布匹曾是惠水布依族、苗族以及毛南族群眾做服飾和被面、床單等日用品的主要面料。隨著現代社會的發展，在我國農村逐漸轉向城鎮工業文明發展的現代化潮流中，人民群眾審美意識發生了轉變，當地年輕人不願學習這種藝術性較高但製作程式複雜的印染技術而多外出打工，使其逐年喪失創造主體，這一古老的手工技藝面臨著後繼乏人的尷尬境地，雅水地區目前僅有年近八十的楊光漢和六十餘歲的楊光成兄弟倆等少數布依族老人熟練掌握其工序流程和染缸水的配製秘方。

一、布依族楓香印染工序

布依族楓香印染技藝有著悠久的歷史，深受布依族群眾的推崇。印染時須利用百年以上的老楓香樹脂油與牛油調和、文火加熱溶化過濾而成防染劑，故名楓香染。惠水縣地處貴州省中南部，屬亞熱帶季風氣候，冬無嚴寒，夏無酷暑，四季如春，氣候宜人，溫暖濕潤，特別適宜棉花和藍靛植物的生長，楓香樹是常見的植物之一。在清代和民國時期，當地農村普遍種植藍靛染料植物和棉花，家家都有木制的紡車和織機，戶戶可聞織布聲，這時期的楓香染在布依族民間得到了很好的傳承和發展。經實地調查與採訪，惠水縣雅水地區布依族民間楓香印染工藝程序可概括如下。

（1）染缸裡盛著藍靛染料經特殊秘方配製成的千年不死的活水，微生物不斷在染缸水中運動。放入染缸中的布匹，沒有上油的部分染上藍色，有樹脂油的部分則保留了原有的白淨。藍靛染料配方和養護非常講究，稍不留意便會成為「死靛」，精心養護染缸水是祖傳的絕活，秘不外傳。每晚楓香染藝人總是仔細觀察染缸水的變化後，及時調整配方，淩晨染布之前，根據表面的油漬和染料溶合的具體情況來判斷染缸水是否鮮活，染缸水鮮活方可以染布。染缸水是楓香染的生命之源，賦予了印染品靈秀之氣。古老和神奇的東方文化在楓香印染技藝中得到了集中體現。

（2）上油。將選用的布匹用草木灰漂白洗淨曬乾後，用熨斗熨平整鋪於桌面上；把老楓香樹脂油和等量的牛油放入鍋裡煎熬熔化，過濾後置於火架上以文火加熱保持液態以防凝固；根據構思的圖案輪廓，用毛筆蘸調製好的楓香油勾畫出所需圖案造型，運筆要勻速而流暢，油層厚薄均

勻。

（3）染色。將畫好圖案的布匹浸泡清水中，待透水後置於染缸水裡浸染，每次浸泡二至三小時，取出晾三十分鐘左右，從而使染料與空氣接觸而達到氧化目的，每天浸染、氧化要重複三次，最後用清水沖洗細屑，使染色更為均勻。一件成品需如此循環製作六至七天，反復浸染次數越多布匹的藍度越深沉。

（4）脫脂。染好色的布件放入清水裡煮沸，使油脂溶解脫落，取出用草木灰漂洗除去油污，再用肥皂揉搓刷洗乾淨。脫脂後根據色彩效果，如需要漸變的紋樣可重新上油，再經過逐次的浸染、脫脂、漂洗，如此多次反復製作而成的成品，色彩細膩而變化豐富，圖案造型更加流暢自然，具有較強的立體感。

（5）固色。將脫脂好的布件放入牛皮膠鍋中煮沸，然後用清水漂洗乾淨晾乾，熨斗熨平即可。

在布依族楓香染的工藝程序中，染缸水的配製比例和養護尤為關鍵，浸染時間的長短是由染缸水的保養品質決定的，較鮮活的染缸水浸泡的時間短，品質較差的染缸水浸泡時間要長些，且印柒效果較為遜色。整個製作工藝複雜考究，耗時長而產量小，楓香油的調配和使用溫度的把握決定著紋樣造型的流暢性。

二、布依族楓香染紋樣的藝術特徵

惠水布依族村寨多依山傍水，林木掩映，環境優美，村寨衛生整潔、清新悅目，民風淳樸。來源於布依族實際勞動生活的楓香染圖案，形成了本民族獨特的民間美術，紋樣體現出布依族人民樂觀進取、愉悅自由的人生態度和樸實純真的民族審美心理，紋飾形式多樣，充分展現出人們對未來生活的憧憬，寓含布依族祝福思想和吉祥如意的民俗文化的象徵意義。楓香染以植物和花卉描繪的紋樣造型，把祥花瑞草融合在優美婉轉的骨骼結構形式之中，形態雅致；而人物及鳳鳥等動物紋形態誇張、變形，造型稚拙，藝術表現手法上較貴州苗族、水族等的粗獷裝飾不同，顯得細膩、流暢自然。布依族楓香染圖案的結構嚴謹，紋樣設計精巧，這些獨特的圖形符號蘊含著布依族民俗文化中深深的吉祥意蘊。

具象造型是布依族楓香染裝飾紋樣主要藝術形式之一，即對自然生活的物象進行藝術加工處理，形態變化豐富、流暢自然；抽象的裝飾紋樣則以幾何圖形為主要表現形式。楓香染圖案主體四周多以纏枝紋環繞，或主體圖形以四方連續紋樣延展開來，鳳鳥、蝴蝶以及魚蟲等紋飾造型遊走其間，多採用對稱、均衡和重複的形式。人物、植物和花卉等紋樣的組合以中國畫的散點構圖為主，十分緊湊，多而不繁、滿而不亂，互不遮蓋、重疊，向上下左右延伸，或以直白、隨意的方式進行設計布局，構圖飽滿，裝飾紋樣自由舒展，突出了布依族崇尚自然的民俗特點，凸顯出特殊的民族裝飾審美心理。花邊則為二方連續紋樣構成，像「雙鳳朝陽」、「鯉魚含珠」、「二龍搶寶」、「石榴花」等等這些依賴著口傳身授而承襲下來的圖典紋樣，形式上雖具有一定的程式化特徵卻不乏生動活潑的動物和花卉

造型的描繪，充分體現了布依人對美好未來的無限嚮往。

三、楓香染紋樣造型是布依族民俗思想和生活的藝術再現

在漫長的布依族歷史文化的變遷和勞動生活實踐中，楓香印染技藝形成了具有本民族思想意蘊特點的民間美術，展現了布依族人民的智慧和豐富的藝術創造力。其獨特優美的紋樣創造來源於作為勞動者的布依族民間藝人自身對生靈萬物的喜愛，是藝人們美好吉祥的思想願望與勞動實踐、生活場景以及與自然界的花草樹木造型融合而創造的藝術形態，是布依族民眾思想和生活的藝術再現，反映出布依族民俗文化的意蘊。在應用設計上布依族藝人將楓香染圖案紋樣與吉祥思想完美結合，這些寓意深刻的藝術形式是布依族民族文化不可缺失的重要組成部分。

「巫術信仰僅僅是社會緊張和衝突的產物，那麼它們就會具有更明顯的理性形式和內容已顯露其淵源。」〔2〕（P14）「簡單地說，巫術是潛意識的、非意願的，儘管它往往是有意識的、固有的和遺傳的。」〔2〕（P118）布依族民間藝術的發展也不例外，從一些祭祀和占卜等巫術儀式所用的人物剪紙造型來看，楓香染早期的一些人物造型以及鳳鳥紋樣依稀顯示出巫術信仰的影子，但其紋樣造型已不再是布依族祖先早期描繪的宗教信仰和圖騰崇拜的符號語言，而是向人們實際社會生活中的物象描繪轉變，已經是世俗生活的藝術表現以及自然世界景物造型的提煉，並融入了布依族情意濃濃的民俗思想。楓香染製品一般多用於製作布依族女性服裝、頭帕以及床單和被面等生活用品，是民間藝術在應用設計上的具體物化，實用而美觀。故其紋樣造型來源於布依族的實際生活、生產過程中對事象的認知，並與

布依族民間習俗文化相融合，是貼近生活、來源於生活的藝術創造。因此，這種把祥花瑞草和鳳鳥靈物融合於優美婉轉的骨骼結構之中、古樸而意境悠遠的民間美術，是布依族樂觀進取、樸實純真的民族精神的生動寫照。

四、布依族楓香染紋樣造型的深刻寓意

「裝飾藝術是吉祥與美相結合的藝術形式，來自於『祈福避禍』的心理願望，目的是為了避開不利於生存的各種險惡環境，所以裝飾內容都力求至善至美，那些被認為能避『凶禍』、保『平安』的紋飾圖形，就成為民族眾所公認並世代相傳的特定符號。」[3] (P52) 布依族楓香染紋樣造型已從宗教祭祀禮儀的束縛中轉化為寓含普通百姓樂觀進取、自足、愉悅的精神內涵，表達了布依人濃濃的生活情愫和樸素的人生價值觀，也蘊含了人們對美滿生活的渴望與追求，是布依族生活習俗、信仰和人生價值觀的集中體現。布依族文化在楓香染圖案紋樣設計上得以繼承和發展，是本民族歷史文化在民間美術中得以傳承和延續的一種活態文化，通過這種完美的藝術形式表達布依人家對美好生活的熱切渴望，洋溢著濃濃的世間情意韻味，造型特徵傳達出崇拜神靈自然、祈福家族繁衍和歌頌愛情等深刻的寓意寄託。

楓香染深刻的寓意通過紋飾符號的傳承，依賴著老藝人口傳身授的方式得以流傳下來，其題材與內容的表現，無不以本民族傳統的思想、意識、觀念、信仰、情趣等為依託，以布依族民眾實際生活中的衣食相連的有形文化為載體創造出來的紋樣造型，體現出布依族獨特的審美情趣，具

有鮮明的歷史傳承性。從楓香印染技藝發展脈絡起源來說，它是刻記在服飾文化上的一部鮮活的民族歷史，是布依族勞動者的智慧與理性追求的民族文化積澱的結晶。

布依族追求吉祥的思想在楓香染技藝中得以淋漓盡致的表現，體現出布依族先民們在長期生活、生產勞動中對未來美好生活的憧憬，其圖案造型將自然界的花鳥魚蟲等物象結合美好的民俗文化思想內涵而創造出來的形態，並融合在優美婉轉的骨骼結構之中，成為布依族人民祈福美好未來的象徵。在早期布依族圖案紋飾中少有龍紋式樣，出現在清代和民國時期的龍紋已是典型的漢化造型特徵。鳳鳥、蝴蝶和花卉紋飾在布依族楓香染裝飾中最多，從惠水與長順縣境內零星發現的早期塗鴉造型的鳳鳥岩畫，逐漸發展成為現在多見的展翅騰飛或奔跑的鳳鳥形態，脫俗、清雅，富有靈性，裝飾性極強，深刻蘊含布依族人民嚮往美好吉祥生活的寓意。楓香染動物紋飾以「鯉魚含珠」（亦叫「鯉魚連珠」）最具代表性，鯉魚在布依族的日常生活中，在民間的立房造屋和結婚論嫁等民俗文化中，有著吉祥和美滿的象徵意義。花卉紋樣造型多以團花的形式出現，蜿蜒曲折的纏枝紋延展畫面，抒發人們對美好生活的無限嚮往。譬如，刺梨花造型在楓香染紋飾中多有出現，用內在含蓄、寓意深刻的比喻手法借物生情，紋樣變化生動活潑。委婉動聽的布依族民歌「好花紅」就借刺梨花抒發情懷，頗受人們喜愛而廣為流傳。楓香染許多樸實而純真的紋樣造型，蘊含著豐收快樂、魚水合歡、福壽雙至等深遠寓意，譬如喜鵲與梅花，暗示喜上眉梢，以仙桃象徵長壽，石榴喻意多子多福等等，反映了人們對未來生活的美好祝願。

結語

在現代應用設計中，有許多利用傳統的民間美術獲得成功的設計案例，已使其裝飾語義成為現代時尚文化的形象代言，獨特的民族藝術元素已不再是狹隘的區域性民族裝飾語言，這種民族語素已經成為一種時尚和高雅的象徵。但我們應看到布依族楓香染的現實發展狀況不容樂觀，急需培訓一批專業的優秀藝人，更需民間藝術研究人員和美術工作者的參與，在圖案創新和應用設計上進行探索研究，使楓香印染這一古老的布依族民間技藝重新煥發青春。

參考文獻

〔1〕黔南三奇：洞葬·楓香染·石上林〔N〕.人民日報（海外版），1955-01-24.

〔2〕維克多·特納.象徵之林──恩登布人儀式散論〔M〕.趙玉燕，歐陽敏，徐洪峰，譯.北京：商務印書館，2006.

〔3〕曹林.裝飾美術源流〔M〕.北京：文化藝術出版社，2006.

（原載於《黔南民族師範學院學報》2014年第4期）

黔南苗族銀飾的美學特點及文化特性

田愛華

　　苗族作為一個歷史悠久而個性鮮明的民族，其文化特性的形成與發展有自身意識與符號的肯定與認同，且都在一個廣闊的文化背景中得到體現，而不是孤立發展的。學界普遍認為民族文化的特質與其共同的族源、文化傳統、心理素質以及生成環境有著密切的關聯。據文獻載，苗族在遠古時期曾一躍而成為雄踞東方的強大部落，後與興起於黃河上游姬水的黃帝部落發生衝突而戰敗，在退居長江流域一帶後不斷休養生息，遂形成能夠與華夏部族相抗衡的部落聯盟，即「三苗」。三苗的強大逐漸形成苗族強烈的自我意識，並自稱是與華夏有別的蠻人：「我蠻夷也，不與中國之號諡」。華夏族群所建的諸國也把以「荊蠻」為主建立的楚國視為「非我族類」。《左傳》成王三年載：「楚雖大，非吾族也」，「楚為荊蠻」，華夏諸國「故不與盟」。這種迥異於漢民族的文化特性具有明確的自我認同性，以及不同的生存環境、文化傳統和心理素質反映到服飾藝術上，必然形成具有民族個性的物態形式。本文將從黔南苗族銀飾的美學特點出發，闡述黔南苗族文化的特性。

一、黔南州苗族銀飾類型及分布

　　黔南苗族的銀飾製作歷史悠久，但由於支系繁

多，且居住相對分散，故民間銀飾加工的場所較少，式樣雖多但較為簡單，工藝繁複但變化不大。銀飾紋樣的藝術處理上多用鏨刻、壓模等手法，造型稚拙大方且整體感強，很多銀飾都是以實用為主兼具美觀。一些高檔銀飾品則多從黔東南等苗疆腹地定做或選購。隨著近年來市場對銀飾品的需求量不斷攀升，除了黔南本地銀匠加工銀飾外，很多從麻料、烏高及凱裡等地來的銀匠也紛紛開始加工苗族銀飾，黔南州的苗族銀飾呈現蓬勃發展態勢。銀飾佩戴的多少又分別以支系、集聚程度、居住地區的不同而不同。福泉市、甕安地區的銀飾種類較為豐富，盛裝銀飾種類繁多，不僅有耳柱、銀鈴、蝴蝶項鍊、手釧等小型銀飾品，還有黔南其他苗族支系所沒有的銀冠、銀衣等大件裝飾物品；都勻王司、壩固地區的苗族銀飾也名目繁多，有一丈多長的銀螺絲梅花鏈、銀花甲蟲泡釺、銀釘梳、蜈蚣龍銀圍片、串戒指項圈、銀孔雀、銀鳥、梅花吊穗耳環及牛角冠等銀飾物品；都勻以南三都縣都江地區、巫不鄉、羊福鄉等地的銀飾物品有銀花梳、銀蝴蝶簪、銀角叉、扭絲項圈、銀衣牌、大型銀耳環、寬型手釧等；都勻以西的惠水擺金地區是銀飾眾多的苗族集聚區，擺金的銀飾物品對已婚和未婚的區分很有講究，未婚女子銀飾物品最為精緻：盛裝時頭部外套繡花「帽罩」，帽沿四周吊有若干拇指大小的銀珠和玉珠，再在「青布」髮髻上插兩支形似楓樹葉的銀釵和鉞形的楓香樹銀簪，用彈簧連綴銀葉子和銀鳥，葉子上再墜三聯吊，紋飾上鏨刻草花圖案，由這些銀簪的插戴構成銀冠形狀，苗語稱「九春」；腦後插圖案以植物為主的銀梳一把，形狀很特別，手鐲和銀荷包佩戴講求單數，項圈是雙數，耳環多為燈籠耳環、渦形耳環、蓮蓬耳柱等。黔南苗族銀飾佩戴較多的地區多分布在黔南州北部、東部和西部苗族人口相對集中的地區，這些地區苗族受黔東南銀飾佩

戴影響較大，在市場的培育下也比較容易形成統一的審美心理。

二、黔南苗族飾美學特點

（一）銀飾的符號美學特點

　　從黔南苗族的文化特性來看，它是一種民族內部結構相當穩定的農耕文化形態，具有內斂特點。黔南苗族銀飾作為一種美學符號，它來自群體宗教信仰和生活經驗，而且這種符號所表現的裝飾、美化等功能，也具體地表達了苗族人民的審美觀。銀飾作為對身體進行造型的藝術形式，多選擇在身體最引人注目的部位，如頭部、胸部、手臂或腰腹部佩戴。法國人類學家邵可侶在《社會進化歷程》中指出：世間存在不穿一點衣服的蠻族，但不存在不裝飾身體的土人。苗族是以銀飾為主要裝飾品的民族，佩戴銀飾是最普遍的一種習俗。黔南各地苗族的銀飾造型總體上具有對稱、均勻的形式美感。由於自然條件及傳統觀念的差異，黔南州苗族對美的選擇也有著不同於其他地區苗族的形式。黔南苗族認為蝴蝶、龍、蜈蚣、鳥、魚、蜜蜂、燈籠、草花、浮萍花、蓮蓬花、金蕨花、銅鼓花、楓樹葉以及羅漢、觀音、水泡為美的符號，在製作中有的對稱排列，如惠水擺金銀荷包上的「二鳥搶寶」圖案；有的按漢字順序依次排列，如貴定銀背牌上的「福」、「祿」字樣的銀泡組合。在長期生產生活中，苗族人民積累了相當的勞動技術和藝術技巧，並逐漸將其發展為標誌性符號。所以，銀飾符號又具有一般社會性特點，其形式是對社會生活的依賴。例如黔南苗族婦女隨身帶的銀煙盒、銀荷包，日常生活中常用的銀盃、銀壺、銀碗、銀筷等銀飾品，既陶冶人的精神又豐富了人們的生活。另外，黔南苗族銀

飾名目繁多，銀飾符號也有著多重意義，除代表族徽外還表現出交際、禮儀、性別等多方面的識別功能，但無論哪方面，其銀飾審美的內容都是形象的。例如黔南很多苗族男子在結婚時必須在頭帕上插戴由女方父母送的二至三根銀羽片，苗語稱「帶尼」，用來展現頭插野雞毛的古老裝束，這是苗族古代男子在狩獵中將獵獲的禽鳥羽毛插於頭上以示勇敢的裝飾遺風，其美感體現存在於人們對自然征服的感性認識之中。因此，苗族銀飾的符號美不是孤立的，而是具體形象的，也是一種特殊的語言，更具有所指性的符號標誌。

（二）黔南銀飾審美中的「禪意」精神

漢族悠久深厚的歷史文化和哲學思想也促成了苗族對於銀飾審美的特殊偏好和深刻定義。[1]（P48）漢文化哲學理念中的幸福美滿、吉祥如意等圖案美學意義也間接隱性地影響了黔南苗族銀飾的美學構成要素。黔南苗族銀飾具有點綴服飾的展示作用，其形制小巧而大方，不像黔東南銀飾那樣變形和誇張，而是在道法自然的理念中觀察和體悟各種物象，並對物象在直覺感應基礎上進行再創造。因此，黔南苗族銀飾的實物創作都保持著一定的體量感、裝飾性和精細度，圖案造型都帶有寧靜的禪意色彩，在美學意義上說，其實質是一種審美觀照，它像磁場裡的「感應場」一樣，在政治、經濟、文化和宗教等方面有形無形地影響著黔南苗族的審美意識。[2]（P73）

黔南苗族銀飾體現了苗族對自然美的追求和對自然物象感知、模擬、想像以及記憶的過程，其銀飾作品往往在經過審美習慣的篩選後形成銀飾

造型的「仿生運用」。其創作模式在師法自然的過程中又體現出「自然無為」的審美觀念，講究「心中之物」與自然的融合，即怎麼好看就怎麼創作。例如黔南苗族各支系中的銀鳥造型，銀鳥多分布在銀簪、銀釵等頭部裝飾器物上。銀鳥苗語稱「婁尼」，即鳳鳥的意思，在都勻王司和三都普安等地都非常流行。銀鳥形態栩栩如生，造型作躍躍欲飛之勢，雖然鳥身的裝飾花紋不多，且翅膀、鳥尾均以平面剪影造型出現，但鳥背上卻簇擁並排著三束浮萍花（有的銀匠也稱金梅花），花束都由銀絲彈簧與鳥身連接，花心中有紅、綠彩珠點綴，鳥嘴、鳥翅邊緣都墜有繁密的瓜子吊墜，苗語稱「皮利」，而被苗語稱為「嘎帶」的鳥尾則是由五片輕薄的銀片打製成微往上翹的態勢，鳥尾上鏨刻有密集的點狀圖案。振翅飛翔的鳳鳥優美靈動，潔白美好，人們能感覺到苗族以求全的藝術手法來表現自然物象的創作意識，這種優美、和諧而寧靜的銀飾作品所富有的浪漫氣質和抒情意蘊亦反映出黔南苗族在自然中找尋美、體悟美、理解美的精神和以心觀照、以靜寫動的審美態勢。有著同樣風格的還有插於後腦髮髻的碩大銀釘梳，苗語稱為「呀波」，在都勻、都江等地都流行。梳的正反面和梳背上分別打製成七八個釘，梳子上吊有鈴鐺、魚、鳳鳥、麒麟以及梅花、草花等圖案。在普通的桃木梳上做如此多的裝飾，充分體現了苗族唯美抒情的審美風格，這種將大自然中的具體物象融合為裝飾母題的創新手法，帶有一種用心靈感悟美的主觀意識，包含著禪的平淡天真，反映著苗族溫情、質樸、浪漫的美學境界，也是這種原生態審美觀照的真實反映。

三、黔南苗族族群文化的類性特徵

（一）民族文化符號的強烈認同感

據史料記載，黔南州都勻集聚地的苗族大多由外地遷入，多自稱約在元末明初從江西進入黔南。他們大多居住在邊遠山區的高山之中，交通閉塞，耕地面積少。但黔南苗族勤勞、淳樸、智慧，在惡劣環境下創造出具有黔南特有文化品格的文化形態。這些文化形態具有物質生活和精神生活相交融的二重特性，絕非傳統觀念所認為的那樣，僅僅是一種物質的民俗形式。[3]（P13）黔南苗族銀飾種類繁多，形狀各異，有條狀，有塊狀，有片狀，有鏈狀，無論何種形狀一般都刻或鑄有文字。長順縣廣順鎮四寨的苗族男子戴的銀項圈則是由條狀連成的塊，掛在胸前顯示其富有；平塘縣新塘鄉苗族女子的銀項圈要戴大項圈、小項圈及花項圈三種以顯示出富麗華貴；貴定縣雲霧鎮的苗族女子戴的項圈背牌，則由直徑二釐米的五十六個圓形銀泡分四排連綴在布帶上掛在胸前和背後，五十六個銀泡上均鑄有漢字「福」、「祿」字樣，意為幸福美滿。[4]（P272-273）苗族銀飾，形成每個地區特有的民族識別的標誌性符號，各個銀飾部件都扮演著明顯的族徽角色，烙印著強烈的民族認同感。

苗族名目繁多的銀飾與苗族民間歲時節令、人生禮儀息息相關，銀飾的繁多與精美是體現苗族各種節令民俗與人生禮儀的重要標誌性符號，它處在民族文化、社會心理、宗教信仰等精神形態和外在物化形式之間，成為二者溝通的紐帶。苗族銀飾的深層次內涵包含了不同支系苗族在精神觀念、心理情感、審美造型等方面強烈的文化認同感。不同地域苗族銀飾的

應用及佩戴以習慣的搭配方式反映著特定苗族族群的觀念、制度形態等精神文化的內容。這種物態、民俗、精神三重結構系統是人類文化對自身思維與認識所作的不同方面的詮釋，正是在這樣的文化哲學觀念層面上，作為「器」的裝飾物品不但能「載道」，而且還體現著更多的情感因素，並制約、引導著社會文化心理。所以，這些苗族特有的文化符號成了本民族「禮」和「理」的象徵。

（二）本族族稱的文化記憶遺痕

黔南州苗族大部分都自稱「甘怒」或「革怒」，谷林等地的苗族自稱「嘎孟」[5]（P62）。不同歷史時期人們對苗族的認識不同，也用不同的文字進行記載，因而對苗族的稱謂也不同。除了被稱為九黎、三苗、南蠻、荊蠻外，周時記為「髳」或「髦」；西漢稱「武陵蠻」，又因不同地區，分別稱為「澧中蠻」、「零陽蠻」、「漊中蠻」；至唐代以後始記「苗」，現在還因為黔南苗族多與其他苗族交錯雜居而出現了「仲家苗」、「水家苗」、「侗苗」等稱呼。這顯然不是苗族本來的稱謂。苗族自三苗以後就形成了一個民族共同體，雖然一些史稱、他稱含有貶義，但苗族仍是以自稱而強調苗族與他族的族別。苗族的這種族稱意識，自遠古以來不斷得到演繹、發展。

黔南州境內的苗族都崇敬祖先蚩尤，特別是操川黔滇次方言的苗族，現在仍供奉蚩尤像。在他們的日常苗語中，則稱為「支尤」。《山海經》記述：三苗首領驩兜有翼能飛，它是「人面鳥啄，有翼……杖翼而行」的鳥類，以蚩尤為首的「九黎」和驩兜時期的「三苗」都被認為有翅且能飛

行。黔南州苗族都普遍盛行鳥圖騰崇拜，甚至在黔南很多地區就直接認為自己是「甘怒」，即鳥類。古族文化記憶遺痕在工藝美術造型上的體現，就是壩固、王司等地的刺繡或銀飾圖案以鳥的造型居多。這種強烈的文化歸屬寓意均有著不忘祖源的特殊感召力，它常常讓人想到原始宗教觀念中靈魂不死的神秘力量，甚至是跨越時空的不受思維局限的一種文化信仰。

（三）古老文化習俗秩序的感應

苗族社會在歷史及地域上的相對封閉性使得我們能感受到民族文化的原始意味和無限的張力。從本民族文化習俗及秩序的群體至上來看，苗族文化能得以長期保存與傳承是因為它不僅根植於民族性格之中，而且表現在其社會制度、社會角色的需要之中，這些古老文化習俗和秩序的生存空間來自歷代中央王朝的屠殺、壓迫和來自與地方其他民族生存空間的競爭以及生態環境改變後民族內部支系間的協調、管理壓力[6]（P270-272），因此也具有一種審美秩序的穩定性。從苗族現當代的民俗文化中就可以看出苗族服飾文化存在的廣闊空間和對古老文化強烈的感應特徵。《淮南子·齊俗》中記載的「三苗髽首，貫以長簪」，就是對苗族婦女裝束的總體概括。至今，這種裝扮仍盛行於黔南州諸支系苗族的裝束上。如清代田雯在《黔書》中有「婦人盤髻長簪」的描述。[7] 生活在今福泉、麻江、都勻一帶的苗族穿戴記錄更具體，有「女用布巾包頭，呈尖狀，穿開胸無扣上衣，項戴銀圈二根……」和「女服有以絲繡錦為之……腿裹以布，飾以海蛤。髮盤腦頂，飾以銀泡……」的描述。而生活在今龍里等地的苗族還有「男子錐髻，上插雞毛，衣白布短衣。婦女衣盡蠟花布，首飾用海，青白小珠……」等裝飾的描寫。流行於都勻壩固、王司、基場一帶的男子盛裝

仍有模擬野雞毛而發展成戴銀羽片的裝飾習俗和女子「髮盤腦頂，飾以銀泡」的古老裝飾，可見古族文化習俗所遺留下來的裝飾風格依然盛行。

　　苗族女子的銀飾相對於男子更多沿襲了古代的傳統裝扮秩序。苗族長期在一個相對封閉的自然環境中生存，自給自足的農耕生活方式較完好地保持了古今幾乎一致的穿戴習俗。所以，苗族家庭一般都會精心備齊一至兩套盛裝服飾及銀飾，通常會在婚喪典禮、節日、儀式、舞蹈等集體活動中集中展現。黔南州各支系苗族，婦女都習慣於頭頂錐髻，然後插銀簪和錐形銀梳，有的支系還會佩戴銀鏈、銀花盤等頭飾，並用「雙龍搶寶」銀頭片遮蓋髮髻以示美麗。苗族不同支系的服飾及銀飾類別亦有著嚴格的區分和地域之別。在苗族服飾的文化體系中，服飾的諸種功能逐漸隱退，而成為區分不同活動、儀式、支系及貧富的重要標誌，它通過不同場合不同身分的劃分，使每個社會成員能夠各安其位，按照各自的社會角色，發揮各自的社會功能，從而使得整個社會顯得秩序井然。這樣，苗族的服飾文化不僅是不同支系相互區別的標誌性符號，還具有了超出一般社會文化現象的含義和表徵，成為發揮社會作用的行為準則。於是，已經固化在人們普遍文化心理中的文化觀念就以一種潛在的形態進入制度文化的範疇。
〔3〕（P150）

四、結語

　　民族文化的特性是民族審美形成所賴以生存的土壤。苗族創造的所有美的因素皆不會離開人的本質力量。美的發展具有一定的歷史根源，即它也不完全是由物的自然屬性或人的主觀意識所決定的。在苗族人民對本民

族文化認識的深處，由於有著對自然、歷史和生命本體的追憶與緬懷，苗族寧靜和諧的禪意美學意識深入群體意識。在長期的生產生活中，黔南州各地苗族人民的原生態文化特性時刻都會被激發和觸動，在這樣的認識感應中，民族個體很容易被意象、具象的物象所影響，於是，在苗族銀飾的審美中就有了以寧靜、淡然、和諧的哲學智慧為內涵的美學精神。

參考文獻

〔1〕陸曉雲.苗族服飾色彩的「顏」外意蘊〔J〕.湖南社會科學，2010（5）.

〔2〕張澤中.論侗族文化之根性及美學特徵〔J〕.懷化師專學報，1999（4）.

〔3〕楊呂國.符號與象徵中國少數民族服飾文化〔M〕.北京：中央文獻出版社，2007.

〔4〕吳正彪，吳進華.黔南苗族〔M〕.北京：中國文化出版社，2009.

〔5〕都勻民族事務委員會.都勻民族志〔Z〕.內部資料.

〔6〕楊正文.苗族服飾文化〔M〕.貴州：貴州民族出版社，1998.

〔7〕（清）田雯.黔書〔M〕.臺北：臺灣「商務印書館」，1986.

（原載於《黔南民族師範學院學報》2014 年第 4 期）

貴州毛南族婦女服飾的流變

孟學華　劉世彬

　　服飾是民族文化的重要載體，它既是物質文明的結晶，也具有精神文明的內涵。人們的生活習俗、審美情趣、色彩偏好以及其他種種文化心態、宗教信仰等，都不同程度地積澱於物質形態的服飾之中。民族服飾，特別是婦女的民族服飾，是一個民族外部形象的標誌和識別民族的外在依據之一。民族服飾蘊涵著一個民族在生長繁衍、變遷發展過程中沉積下來的豐富的歷史印記、獨特而執著的審美情趣、心靈深處的信仰崇拜、精湛的加工技藝等等資訊，是一個民族多種文化相互交融的物質載體。因此，一個民族的民族史、文化史、民族志、民俗志等都不可缺少有關民族服飾的記載。

一、貴州毛南族婦女服飾的歷史考察

　　從目前我們見到的有關貴州毛南族的著作中，對貴州毛南族婦女服飾的記載，或缺失，或語焉不詳。

　　《黔南毛南族簡介》（黔南民族研究所，《黔南民族》1990 年 2、3 期）中說：「毛南族還有自己獨特的古老服飾，過去婦女上著馬鞍衣，下著上紫下紅的兩截百褶裙。近代後，由於受周圍民族的影響，古老服飾已基本消失，但與周圍的布依族、漢族等民族的服飾尚有所區別。」既說「還有」古老的「馬鞍衣」、

「上紫下紅的兩截百褶裙」，但又說近代後「已基本消失」，至於近代後貴州毛南族婦女的服飾是什麼樣子的，沒有講，只說與布依族、漢族的服飾「有所區別」。

《黔南州志·民族志》（貴州民族出版社，1990 年 4 月）在第四章「毛南族」、第四節「飲食、服飾、居住」中說，毛南族「婦女上著馬鞍衣，下著上紫下紅的兩截百褶裙。清中葉，易裙穿褲。青年婦女留長髮紮獨辮，婚後則將其頭髮挽於腦後，用銀、銅、玉簪別之，……搭青色帕子稱包『腰羅帕』，上穿藍色土布長衣，長至膝下，袖大一尺許，青布鑲緄領口、衣邊、衣腳、袖口、褲腳等，再以彩色大欄杆和小花邊順著緄鑲於內側，腰束鏽圍口和繡花飄帶的青布圍腰，腳穿夾尖繡花鞋，銀鏈掛胸前，頸上戴銀項圈，手戴銀鐲或玉鐲」。該書描述了毛南族婦女清中葉前、清中葉後的服飾，但對現在毛南族婦女的服飾未作介紹。

《貴州·平塘·卡蒲毛南族風情文化》（石光尤主編，中國文化出版社 2008 年 6 月）一書中「十、服飾和工藝美術」部分，講到了貴州毛南族婦女服飾，基本上和《黔南州志·民族志》上是一樣的。

《貴州少數民族》（貴州民族出版社 2002 年 8 月）一書中「毛南族」部分，詳細講了貴州毛南族的歷史變遷、社會管理、家庭婚姻、民族節日、喪葬習俗、民間文藝、體育活動等等，沒有講婦女服飾，只講毛南族婦女「擅紡紗織布，所織的布有平面布和斜紋花椒布兩種，前者多是藍色，後者多是青色」，一筆帶過。

可見，上述著述中對貴州毛南族婦女服飾在清中葉以後的變化、現在

貴州毛南族婦女服飾的狀況大多語焉不詳。

我們在進行貴州毛南族歷史和文化研究時，查閱了有關史料，並深入到黔南州平塘縣的卡蒲毛南族鄉、者密鎮、大塘鎮，惠水縣的高鎮鎮、和平鎮，獨山縣的羊鳳鄉等貴州毛南族聚居的村寨進行田野調查，對貴州毛南族婦女的服飾進行了專題調研。

貴州毛南族的前身是土生土長的貴州佯僙人，經過黔南州和平塘縣民族識別工作組認真調查，反復聽取本民族群眾的意見，在具有翔實科學依據，尊重本民族意願的基礎上，按程式上報、審批，於一九九〇年七月二十日貴州省人民政府以（1990）黔府通一〇六號檔批准認定為毛南族。由於貴州毛南族沒有專屬於本民族的文字，因此只得去查閱漢文史籍中有關佯僙人的史料。在有關史料中對毛南族（佯僙人）婦女服飾的記載不多，但大體可以看出流變的概略。

漢文史籍中，早在元代的《招捕總錄》中就有「大德五年（1301 年）六月十七日，隆濟構木婆等作亂，……避於楊黃砦（即佯僙人居住地）」的記載。「（至治）三年（1323 年），八番呈周砦主韋光正等，殺牛祭天，立盟歸降，自言有地三千里，九十八砦等楊黃五種人氏，二萬七千餘房」。但未記述佯僙人的服飾。

《元史·本紀》卷二十九記載：「泰定元年（1324 年）春正月……戊申八番生蠻韋光正等及楊黃五種人氏，以其戶二萬七千來附。請歲輸布二千五百匹，置長官司以撫之。」可見當時佯僙人的紡紗織布已有相當的規模，但也未講服飾的狀況。

明代嘉靖《貴州通志》記載:「施秉縣之楊黃……服飾近於漢。」又載:「黎平府潭溪司之楊黃……男女服飾少異漢人。」

《嘉靖圖經》記載:「佯僙通漢語,衣服近於漢人。」

明代郭子章的《黔記》則說佯僙人「男子計口而耕,婦人度身而織,……以漁獵為業」。

清代康熙年間夏炳文撰寫的《定番州志》記載:「仲家多青衣,其婦女短衣長裙……用布包頭,以彩線垂纓飾其兩端,青苗、佯僙亦然。」這時佯僙人婦女服飾與鄰近而居的布依族、苗族較相似,身著短衣長裙,用布包頭,衣為青色。

平剛的《校印定番州志》亦如此說:「仲家多青衣,其婦女短衣長裙,裙制兩截,多上紫下紅,細折狀,用布包頭,以彩線垂纓飾其兩端,青苗、佯僙亦然。」這裡具體指出「裙制兩截,多上紫下紅,細折狀」,即上紫下紅的兩截百褶裙,未提及「馬鞍服」。

清康熙《貴州通志》卷三十中有一幅《佯僙捕魚之圖》,圖中佯僙人婦女的服飾右衽大襟短上衣,下穿百褶裙,裙邊繡有花邊;頭髮於頭頂梳成椎髻,耳戴圓形大耳環,赤足。赤足可能是為了便於漁獵。

清代嘉慶年間的《百苗圖》有四幅「獷苗」的精美圖片,而且有簡要的文字說明。文中說:佯僙人「衣尚青,……髻以藍布纏之,系絲棉細褶裙」。從圖上看,婦女戴耳環,腳穿尖頭上翹的布鞋。

　　清中葉以後，在漢文史籍中未見佯僙人服飾的記載。貴州佯僙人據史籍記載原多分布在黔東北、黔東、黔東南一帶，明清之際逐步遷徙至黔南平塘的卡蒲、者密為中心的地區居住，後有一部分遷至惠水高鎮、獨山羊鳳。這時佯僙人分布的中心區主要在平塘縣。在「康熙六年……設置六硐分司和牙州把總，仍屬平舟長官司管轄」（見《黔南平舟土司楊氏族譜》），佯僙人成了土司的佃奴，經濟生活已從漁獵、刀耕火種逐漸轉化為以農耕為主。四周居住的多為布依族、苗族。為了便於進行農耕生產，加之受布依族、苗族服飾的影響，佯僙人婦女的服飾慢慢地發生了變化。

　　清道光年間愛必達的《黔南識略》中說：「都勻在城（貴陽）南二百四十裡，惟平州六硐兩司去府最遠，……佯僙居萬山中」，「服色較漢 ，女則椎髻，長簪大環」。我們在《黔南州少數民族服飾》（圖集，黔南州民族宗教事務局編印，2005 年 3 月）中見到一張「平塘縣卡蒲鄉毛南族老年裝」老婦人照片，還見到二〇〇七年七月二十一日湘籍貴州畫家易只繪於平塘縣卡蒲毛南族鄉場河村下寨組的一幅「九十歲的毛南族老奶」白描，她們的服飾是較為古老的，可能是清中葉後，毛南族婦女「改裙穿褲」，「藍色土布衣，長至膝下」，「包青色帕子，腰束圍腰」，腳穿尖頭布鞋老式服飾的遺存。但我們在田野調查時也只在平塘卡蒲的一些村寨、惠水交椅村的村寨見到有七八十歲的老婦人穿著這種服飾，在中青年婦女中已無人穿了。可見這種較古老的婦女服飾也在消失之中了。

　　服飾的變化折射出民族文化的變遷。文化人類學者認為：促使文化變遷的原因，一是內部的，由社會內部的變化引起；二是外部的，由自然環境的變化及社會文化環境的變化如遷徙、與其他民族的接觸、政治制度的

改變等而引起。當環境發生變化，社會的成員以新的方式對此做出反應時，便開始發生變遷，而在這種方式被這一民族的有足夠數量的人們所接受，並成為它的特點以後，就可以認為文化已發生了變遷。[1] 貴州毛南族從古老的漁獵生活到刀耕火種的遊耕農業，再發展到現代的農耕農業，為適應生產、生活的需要，民族服飾也在不斷地發展變化。

二、貴州毛南族婦女的現代服飾及其特點

歷史發展到今天，服飾的社會效用雖有變化，但審美性、標識性卻越來越突出。[2] [P9] 現在貴州毛南族婦女的服飾是什麼樣的？有什麼特點？我們在廣泛的田野調查中走村串寨、座談訪問時發現，不論在平塘縣的卡蒲毛南族鄉、者密鎮，還是在惠水縣的高鎮鎮、和平鎮、獨山縣的羊鳳鄉，貴州毛南族中青年婦女的服飾，在結構、色彩、裝飾、風格上基本是一致的，而平塘縣卡蒲毛南族鄉中青年婦女的服飾更具代表性。

她們的服飾是上衣下褲，藍或青色上衣長至臀部，寬袖，在衣服的衣領及右衽的邊上鑲著緄邊、欄杆，衣袖口上三寸也鑲有花邊。下穿寬褲腿的長褲，有的在褲腳上三寸至五寸的位置鑲上花邊。衣和褲以藍色、青色為主。胸前用布帶在頸部掛有圍腰，青色的圍腰口繡有精美的胸花，寬闊的圍腰帶末繡有圖案，留有細鬚，在後腰打結後垂掛下來。頭包青色、白色、粉紅色的頭帕，頭帕兩端有纓鬚飄垂在兩耳旁邊。平時腳穿布納的千層底尖頭布鞋，偶爾見到有些婦女戴有銀手鐲、小耳環。在喜慶場合，年輕婦女穿的服飾式樣沒有什麼變化，但色彩更加亮麗，繡的胸花更加鮮豔一些。

貴州毛南族婦女現代服飾的特點：

（1）短衣長褲，緊身合體，便於進行生產勞動、日常生活；

（2）布料選擇趨向，由自紡自織土布向市場購買的各種布料轉化；

（3）色彩取向，多為藍色、青色、黑色，比較素淨、淡雅；

（4）衣飾只在肩部、襟邊、袖口、褲腳繡有精美的花邊；

（5）胸前系有胸花，腰圍帶尾花的圍腰；

（6）頭包白色、藍色、青色的有纓鬚的頭帕；

（7）銀飾，包括頭飾、手鐲，耳環較少；

（8）腳穿自製的千層底尖頭繡花布鞋。

　　總之，貴州毛南族婦女現代服飾總體上給人一種素雅、簡潔、端莊、適用的美感。

三、貴州毛南族傳統民族服飾的開發利用

　　貴州毛南族的服飾文化是毛南族人民長期辛勤耕耘創造的財富，是人民情感和智慧的結晶，它與毛南族民間的宗教信仰、社會習俗、道德觀念、價值取向、審美意識等密切相連，是民族文化、區域文化和時代文化的重要組成部分。透過服飾文化可以窺見一個民族、一個區域、一個時代居民的性格、精神和風尚。對貴州毛南族婦女服飾流變的考察，是為了發掘毛南族服飾中的民族元素，設計製作出毛南族的現代服飾，這樣不僅可以再現歷代人民的社會生活面貌，而且也能揭示民族的精神實質，體現濃郁的時代風情和區域韻味。今天，毛南族群眾穿著別具特色的民族服飾，

對增強民族的自豪感和認同感有著重要的現實意義。

貴州毛南族婦女服飾無論是材質的選擇、款式的設計、色彩的組合，還是造型的考究、圖文的刻畫描繪、飾品的搭配，無不蘊含著貴州毛南族人民的審美情趣和藝術造詣。一件服飾品就是一件具有強烈藝術感染力的作品。

貴州毛南族婦女的服飾從古到今有一個從左衽大襟上衣、上紫下紅百褶裙，向上衣下褲並逐漸變短、適用的流變過程，由於受鄰近民族服飾的影響，現在日常穿著服裝和布依族服裝又比較相似，因此，如何設計出既有歷史傳統又有現實依據的貴州毛南族婦女的服飾，以作為她們民族形象的表徵，也是我們進行貴州毛南族歷史、文化研究經常思考的問題之一。

貴州許多少數民族婦女的服飾一般都有盛裝和便裝之分。盛裝在喜慶的日子、重大的節日穿戴，便裝在平時的生活、勞動時穿戴。我們認為貴州毛南族婦女的服飾也應該有盛裝和便裝兩種。

貴州毛南族婦女的盛裝應該是以古代貴州毛南族（佯僙人）的婦女服飾為依據，進一步加以規範和美化。上身穿著在領子、肩部、衣襟、袖口繡有一至二寸寬的花邊、右衽大襟的短上衣。下身穿著上紅下紫，在裙邊繡有一至二寸寬花邊的細折百褶裙。挽髻於頭頂，頭包帶纓須的粉紅色頭帕，胸圍繡有胸花、有繡花飄帶的圍腰，腳穿翹頭繡花的布底鞋。再戴上一些銀頭飾、銀手鐲、銀項鍊等。這樣的服飾既有歷史傳統依據，又有本民族的特色，婀娜多姿、美觀大方，在喜慶的日子和重大節日時穿戴，一定會十分亮麗而引人注目。

　　貴州毛南族婦女的便裝可以在現今毛南族婦女短衣長褲、圍腰、頭帕、尖頭布鞋的基礎上，加以豐富和發展，做到既有民族特色，又適用方便，在平時生活、勞動時穿著。

　　當然，婦女的盛裝主要是中青年婦女在節慶時穿著，老年婦女和小孩的服裝可以適當變化，以舒適、方便日常生活為主。

　　服飾文化是一種既凝聚了深刻的歷史內涵，體現著古代文化傳統，又蘊含了現代人們精神風貌的文化形態。挖掘民族文化元素，設計出獨具特色的民族服飾，把民族服飾文化資源作為旅遊觀賞項目引入旅遊資源的開發利用領域，發掘其獨特的旅遊價值，把它與現代旅遊結合起來，將有助於形成一種新型的有巨大社會效益和經濟效益的旅遊文化資源。近年來，貴州平塘縣卡蒲毛南族鄉籌措鉅資修建了毛南族風情園，在鄉政府所在地的場河村打造毛南風情一條街，策劃了毛南族婚慶表演等活動，使毛南族的民族服飾、民族工藝得到集中展示，引起了廣泛的關注，這將對毛南族傳統民族服飾的開發利用起到積極的促進作用。

◐　**參考文獻**

〔1〕黃淑娉，龔佩華.文化人類學理論方法研究〔M〕.廣州：廣東高等教育出版社，1998.

〔2〕張繁榮.服裝文化漫談〔M〕.石家莊：花山文藝出版社，2007.

（原載於《黔南民族師範學院學報》2011 年第 2 期）

水族豆漿染的文化價值及傳承現狀淺議

潘瑤

三都是全國唯一的水族自治縣，位於黔南布依族苗族自治州東南部。「三都山清水秀，山林茂密，物資豐富，像一塊巨大的翡翠，鑲嵌在黔南雷公山、月亮山腹地，大河小溪縱橫交錯，山巒重疊，丘陵起伏，蓊郁蔥蘢，景致優美，氣韻飛動。美麗的河山，茂密的森林，富饒的土地，這裡被譽為：『像鳳凰羽毛一樣美麗的地方。』」[1](P1) 三都縣境內重巒疊嶂，地形地勢錯綜複雜，構成了民間文化發展和傳承的特殊地理環境。

水族豆漿染流傳於三都水族自治縣水族聚居區域。它是水族人民在長期的生產和生活實踐中逐步形成的一種手工印染技藝，深深紮根於水族群眾之中，具有鮮明的水族特色和廣泛深厚的群眾基礎。

豆漿染的起始年代現已無從考證，但直到二十世紀中、後期，豆漿染在水族地區仍然十分興盛。當時的水族農村，無論誰家接親嫁女，都要以豆漿染的製品作為陪嫁的嫁妝，它曾是水族家庭不可或缺的生活用品，廣泛應用於床上用品及服飾、背包等，滲透於水族人的生活中。近年來，由於現代文化的注入和現代生活方式的衝擊，水族豆漿染的傳承生態不斷萎縮，有日趨消失的危險。

保護水族豆漿染，對於展示水族人民群眾的創造力，發展水族的民間工藝，對於增強民族凝聚力，促進民族團結，弘揚優秀的民族文化，均有著特殊的價值和重要的意義。

一、水族豆漿染與蠟染的工藝比較

豆漿染的技法特點及效果，類似於蠟染，都是借助於某種黏合劑的成膜原理，將不溶生物染料牢固地黏附在織物上，從而達到著色的目的。

蠟染製作流程為：用蠟刀蘸蠟液，在白布上描繪各種圖案和紋樣，然後浸入靛缸（以藍色為主）染色，最後用水煮脫蠟即呈現出花紋。

豆漿染的具體做法和步驟為：圖案設計→模網製版→調製豆漿→印花→晾乾→染藍靛→洗刮豆漿→晾乾。

具體為：篩選上好的黃豆，用碓將其弄碎，篩出細細的豆粉。取適量生石灰，兌上溫水澄清，徐徐注入豆粉中，不停攪拌使之成為糊狀。把上好的土布平鋪在石案或木案上，放上刻著花樣的範本，將調好的豆漿均勻地抹在範本上刮平，而後揭起範本，將印上圖紋的布匹放入染缸浸染後再刮去布上的豆漿，一幅帶有凹凸有致的精美圖案的豆漿染工藝品就出來了。

與蠟染相比，水族豆漿染具有印染成本低、工效快、可批量生產的顯著特點。據水族豆漿染傳承人楊光高說，往往是一個寨子需要做豆漿染的婦女們邀約好後，集中在小河邊，帶上各自要染的家織白布。豆漿染師傅

調好豆粉，做成豆漿。大家七手八腳鋪上刻有各種圖案的範本，有人負責刷豆漿，有人負責鋪布和抽布，大家相互協調，做好自己家的就幫其他人家，這種群體性的活動，也帶給大家集體勞作與群體生活的愉悅與快樂。做好準備後，印製的過程很快，就像油印機一樣，幾分鐘印一床。印好後，豆漿染師傅的活兒就結束了。婦女們將印上豆漿的布匹就地晾乾，然後再拿到藍靛坊裡染色，把整匹布浸入藍靛液中充分染色後撈出，拿到附近的小河裡，用竹片將布上的豆漿刮掉並清洗，原先附著豆漿的地方因沒被染藍靛而呈現白色，這樣，一幅藍白或黑白相間的水族豆漿染製品就做好了。

豆漿染和蠟染的成品，都是藍白或黑白相間，在外觀上很相似。但是，蠟染因刮上蠟的布匹放進染缸浸染時，有些「蠟封」因折疊而損裂，於是便產生天然的裂紋，一般稱為「冰紋」。這是它和豆漿染的顯著區別。

二、水族豆漿染的圖案

水族人把自己對自然界的樸素印象具象成各種各樣的圖案，而後畫在用牛膠刷過的紙板上，刻成豆漿染的範本。常見的圖案和紋樣有自然紋樣和幾何形紋樣兩大類。自然紋樣中多為動物植物紋，人物紋很少；幾何形紋樣多為自然物的抽象化。傳統豆漿染紋樣繁多，內涵豐富，下面介紹幾種具有代表性的圖案、紋樣。

（1）銅鼓紋：水族人極為崇敬銅鼓，在節日祭祀等活動中才使用，

對銅鼓的尊重意味著對祖先的緬懷和崇拜。

（2）鳥紋：豆漿染中的鳥紋大部分為水族神話傳說中的「尼諾棉」，這是一種類似於漢族傳說中的鳳凰一樣的神鳥，但它沒有鳳凰那樣長長的尾羽，水族人相信它會給人們帶來吉祥和平安。

（3）蝴蝶蝙蝠紋：蝴蝶和蝙蝠都是水族神話傳說中的吉祥物。

（4）魚紋：魚在水族人民的生活中有著特殊的意義，這跟他們的遷徙史和一些傳說有關。

（5）雲紋螺螄紋：雲紋自然美；用螺螄紋主要取決於它有很強的生殖能力，寓多子多福之意。

（6）花草植物紋：這些紋樣多是山野間常見的花草植物，每一種圖案都有一定的含義。

水族豆漿染的傳統圖案，主要來源於水族的神話故事和自然界的種種事物，與水族人的生活息息相關，表現了他們嚮往寧靜和諧生活的美好願望。

三、水族豆漿染的價值

豆漿染所用的黃豆及提取藍靛的藍草皆為純天然植物，在水族農村地區隨處可得，價格便宜，布匹一般都選手工家織純棉土布。豆漿染製品不但柔軟舒適，而且花樣古拙樸素。

　　豆漿染是水族人民在長期的生產和生活實踐中逐步形成的，深深紮根於水族群眾之中，體現了水族古老的歷史文化資訊和本土文化，具有鮮明的水族特色和廣泛深厚的群眾基礎，是水族人民智慧的結晶。水族豆漿染源遠流長，風味古樸，其製品不僅受當地群眾喜愛，也正逐步受到越來越多的中外專家學者的高度關注和社會各界人士的喜愛，是中國民間藝術的一朵奇葩。

四、水族豆漿染的傳承現狀

　　水族豆漿染技藝一般都是以口傳心授的方式代代相傳，給豆漿染的傳承和發展帶來了極大局限性。隨著全球化趨勢的加強、現代化進程的加快和現代都市文化的影響，加上交通的進一步改善，物流帶來了價格便宜而色彩多樣的工業化產品，人們花較少的錢在市場上就能買到各種色彩絢麗的工業染織品，豆漿染的傳承生態進一步萎縮，豆漿染逐漸淡出了人們的視野。

　　據一直從事豆漿染多年，現還在從事藍靛染的六十七歲匠人韋新告訴我們，以前豆漿染興盛時期，在三都水族自治縣水族聚居區的三洞鄉，一個趕場天有近二十個豆漿染攤位，印一幅圖案一元，一天收入近百元，現在攤位僅存一兩個。二十世紀九〇年代以來，來做豆漿染的人逐漸少了，最近幾年，幾乎沒有人再來做豆漿染，而他那幾套用牛皮紙和牛膠做成的範本，也被束之高閣，積滿了灰塵。

　　近年來，三都縣委縣政府加大了對民族文化保護的力度，水族豆漿染

列入了縣級、州級非物質文化遺產名錄，加以系統的普查和保護。這將使水族豆漿染煥發新的生命力，得到更好的保護和傳承。

五、水族豆漿染的傳承建議

同許多傳統的民族文化一樣，水族豆漿染在新的時代面臨著許多的困難和挑戰，但同樣也存在著發展機遇。

隨著現代化進程的加快，人類跨入了飛速發展時代。只有適應時代發展，吸收其他民族優秀的文化，並保留自己的民族文化特性，才能成為有獨立民族性格的民族。如何保護水族的民族文化傳承生態，傳承優秀的民族文化，對於水族豆漿染這樣具有很高的收藏價值、藝術價值和實用價值的水族非物質文化遺產專案，它的傳承發展或可按以下建議去做：

一是加大水族豆漿染非物質文化遺產省級國家級名錄申報力度。目前水族豆漿染已是黔南州州級非物質文化遺產專案，三都縣各級部門應積極將其申報為省級、國家級專案，以爭取更高級別、更為專業的保護。

二是把水族豆漿染項目納入生產性保護，走上產業化道路。生產性保護是目前國家對優秀的非物質文化遺產項目提出的最新的保護方法和措施之一，所有的非物質文化遺產專案只有步入「在發展中傳承，在傳承中發展」的良性軌道，才能進行活態的保護，使其得到生長和發展。

水族豆漿染不但製作方法簡單，符合生態環保要求，而且圖案古拙，具有很大的市場開發潛力，可將其開發成各類旅遊文化產品，更可以在各

民族旅遊點設現場展示點，讓遊客參與制作互動，這樣既能提升水族豆漿染的知名度，也能進一步開拓新的市場。

　　總之，水族豆漿染是一種獨特的民族印染工藝，目前，其開發利用還處在較低的層次。我們應當順應時代發展潮流，營造民族文化的傳承生態空間，開展生產性保護，使優秀的民族文化遺產得到進一步的生長和發展。

◐ 參考文獻

〔1〕三都水族自治縣概況編寫組.三都水族自治縣概況〔M〕.北京：民族　　出版社，2007.

（原載於《黔南民族師範學院學報》2013 年第 3 期）

布依族舞蹈

——「雯當姆」的藝術與審美特徵

樊敏

布依族「雯當姆」（漢語譯音「矮人舞」），流傳在世界自然遺產地——貴州省荔波縣洞塘鄉、翁昂鄉布依族地區，是頗具代表性的布依族民間舞蹈之一。這種在肚皮上用強烈的色調畫上誇張的人物臉譜及將撮箕製成的假面戴於腦後的舞，在假面舞中特色極為鮮明。「雯當姆」盛行在喀斯特深山之中，是布依族人民自發組織形成的自娛自樂的活動；是布依族人民表達思想情感、理想願望的一種手段；反映布依族人民樂觀自信的精神風貌，至今仍保持著它那古老的原始形態、濃郁的生活氣息和獨特的地方舞韻，故而於二〇〇五年入選省級非物質文化遺產代表作名錄。

一、「雯當姆」的淵源與演變

布依族「雯當姆」，源於明末清初時期。在荔波縣洞多、雷根、撈村等布依族山寨，流傳著許多關於「雯當姆」來源的傳說。

很久以前，洞多寨幾個放牛娃在坡上撿得兩個骷髏，覺得好玩，便戴在臉上或掛在肚皮上，嬉鬧著將牛趕回山寨。當時寨裡正流行著可怕的瘟疫，但由於放牛娃們臉、肚戴著骷髏在寨裡打鬧，瘟疫立刻消除，病人也全部痊癒了，人們頓時把骷髏視為神靈。事情傳開後，各村寨有了天災人禍或酬神活動，就仿

照骷髏，用當地盛產的茅竹做成面具，戴在小孩臉上，或圍在小孩肚皮上，並用一個大籮筐遮住小孩真臉，扮成神靈模樣，叫孩子們到村寨各處及田頭地壩去打鬧嬉戲，驅鬼祛邪，以求平安。「雯當姆」就從這種活動中演變而成。

又有傳說：很久以前，洞塘鄉有個私塾先生，他上課刻板無味，學生們聽不進去，就在課堂上用毛筆在大拇指上畫了個人頭，當拇指彎曲伸直時，人頭一動一動，活像私塾先生搖頭晃腦，逗得全班人樂不可支，紛紛依樣畫了起來。此舉動被私塾先生發現了，他把領頭的幾個學生趕出了課堂。這些學生只得在坡上與放牛娃作樂，這些打光背的放牛娃引起了學生們的興趣，他們覺得人頭像畫在拇指上太小，還不如在肚皮上畫看得更清楚些，於是他們在放牛娃肚皮上畫開了。誰知一畫意想不到的效果出現了，肚皮一收一縮，人頭形象更為生動。放牛娃回到寨裡，大人們都笑疼了肚皮。放牛娃和學生們十分得意，圍著大人們轉來轉去，嬉鬧不休，望著大人和小孩一高一矮的嬉鬧，大家都覺得十分有趣。自此矮子長人舞就在洞塘流傳開來，並隨著社會的發展、時代的進步逐漸演變成節日、豐收的喜慶舞。

關於「雯當姆」的傳說雖各有異，但都說明「雯當姆」來源於現實生活，而且它不是一個時代的產物，而是幾個世紀舞蹈的總匯。隨著社會歷史的發展，經一代一代地加工提煉，一代一代地豐富發展，已經發展成為今天內容豐富、健康、風格獨特、形式完美的民族舞蹈，是布依族人民以豐富的想像力和無窮的創造力創造出來的藝術奇葩。

二、「雯當姆」的藝術特徵

藝術風格作為在藝術創作與表現中自然形成的一種藝術現象，它是各種藝術形式之間相互區別的重要標誌。藝術風格既具體地表現為作品的藝術形式，又植根於作品的內容之中，實際上，它是藝術內容與形式的統一所呈現出來的藝術特徵。「雯當姆」紮根於荔波布依族群眾之中，成為布依族群眾普遍熟悉和運用的一種有效的藝術表現形式，並以其樸實自然、清新雋逸的陰柔之美與灑脫外露、豪放勇健的陽剛之美及歷史悠遠、內涵豐富、情趣盎然、詼諧幽默融為一體而區別於其他的舞蹈，構成了它無限的生命力，具有東方「卓別林」藝術的美譽，無論從民族文化和藝術欣賞的角度看都有很高的價值。

1.「雯當姆」的形式

「雯當姆」是一種男女共舞的集體舞蹈，屬表現式舞蹈活動形式，它是布依族美好感情和喜悅心緒的表現符號。「雯當姆」原有兩種伴奏形式，一種是由鐃鈸、鑼、堂鼓打擊樂演奏指揮而舞，無旋律伴奏，舞者隨打擊樂節奏而舞；一種是由嗩吶吹奏舞曲旋律，舞者隨旋律而舞，舞曲多由當地的羅罕山歌發展而成，旋律跳躍熱烈，富有民族色彩。近代這兩種伴奏形式已合二為一，打擊樂與嗩吶同時演奏，既增強了舞曲的節奏感，又增添了舞蹈的熱烈氣氛。

2.「雯當姆」的內容

「雯當姆」以其歡愉生動風趣的形象，清新健康的風姿，真實地體現了農耕時代布依族對幸福富有生活的嚮往，潛在地表達出現在新農村歡欣、富裕、安定、和諧和生機勃勃的內涵和意境，陶冶著人們的思想情

操。「雯當姆」分成喜舞稻菽、豐收趕場、金風得意三大舞段。（1）喜舞稻菽。由一群腦後帶竹制撮箕面具的小姑娘，雙手持稻菽揮舞，表現了布依族山寨豐收之後的歡樂情景和兒童們天真活潑的神情。（2）豐收趕場。一群頭戴籮筐高帽的「矮人」，興致勃勃走在山間小路上，與姑娘們會合了。在歡樂的氣氛中他們相互逗樂嬉戲，追趕著趕場隊伍來到場壩。（3）金風得意。「矮人」們來到場壩，看到了「長人」，一個個驚歎不已，他們試著和「長人」比高逗鬧，沐浴在金風勁吹的豐收喜悅之中。「雯當姆」所反映的內容映現了荔波布依族人民生活的繽紛世界，它是一部形象的布依族豐收史詩，更是荔波布依族社會生活的絢麗畫卷。

3.「雯當姆」的動律

「雯當姆」的特有風格是在布依族社會歷史生活、風俗習慣、文化傳統、自然環境等長期的影響和薰陶下逐漸形成的。「雯當姆」的舞蹈人物有女孩、「矮人」、「長人」，其舞蹈動作因人物不同各有特點。女孩的動作有歪頭、聳肩、挺腕、直肘、手成外弧形及下身的出胯、撅臀、勾足、彎膝等。「矮人」的動作有「腿貼上身」、「吸腿走步撅臀」、「蹲退步」、「蓋撅步」、「蹲跳步」等。「長人」的動作有「對腳步」、「矮蹲步」、「跨轉步」等。這些動作都有著「綿中藏針」的內在韌勁和「足登如踏簧」的彈性，最突出的動律特點是「動肩、扭胯、撅臀、足勾」。

4.「雯當姆」的風格

「雯當姆」別出心裁地在肚皮上畫上十分可愛動人的胖娃娃形象，並用大籮筐套蓋住真人的臉和胸部作為道具，然後利用腰肚肌肉一收一放的表現力，造成人物表情豐富的變形，構成了此舞獨特的民間地方風格和詼

諧風趣的藝術格調。其風格特徵可歸結為：（1）注重塑造人物形象。有戴撮箕面具的矮姑娘，有畫臉譜在肚皮上的矮人，有二人合穿長衫的高人，它與布依族其他地區某些統一服飾、統一動作、統一情緒的集體舞形式，形成了鮮明的對照。（2）幽默詼諧風趣的基本格調。造型奇特的假面、逗樂展開的主線，使舞蹈自始至終貫穿著濃厚的喜劇色彩，人們在歡聲笑語中獲得精神愉悅和審美享受。「逗」為此舞之風格，逗中見情、逗中起舞，無逗乏味、有逗成舞。（3）即興靈活的表演特徵。此舞動作靈活，只要掌握好其基本動律，每個基本動作均可進行無限反復。在各基本動作之間，可隨意進行橫向組合或豎向銜接。在同一時空內，各種動作，均可自由地橫向結合、由此形成變化多端的舞蹈形象，民間藝人憑藉這種隨意結合、自由銜接的藝術手段，使當地的「雯當姆」表演各不相同，千變萬化。靈活性還表演在場面調度靈活和節奏速度靈活。表演時往往由領舞者即興掌握處理，眾人隨後跟之；對完成某一動作的時值也無固定要求，節奏和速度可隨時調整，具有獨特的觀賞價值。

三、「雯當姆」的審美特徵

藝術的本質特徵歸根到底就在於它的審美性。對「雯當姆」藝術特徵進行考察分析，它不僅真實反映了荔波布依族的現實生活，表現了布依族人民對幸福生活的強烈渴望和快樂人生的執著追求，而且通過純樸古老、詼諧風趣的藝術手段，達到了內容與形式的和諧統一。

1.「雯當姆」是對現實生活的真實反映

藝術源於生活，同時又反映生活，這是一條簡單而又樸素的道理。優

美的藝術作品常常被人們譽為生活的鏡子，是因為它能夠真實而深刻地反映社會生活，說明人們認識社會生活。恩格斯在談到法國作家巴爾扎克的時候，稱讚他「在《人間喜劇》裡給我們提供了一部法國『社會』特別是巴黎『上流社會』的卓越的現實主義歷史。」[1] (P463) 生產勞動是人們改造自然最基本的實踐活動。「雯當姆」就是直接地反映了布依族群眾豐收後的勞動生活，並以勞動工具——撮箕為表演道具，描述了布依族群眾因勤於耕作而獲得豐收的快樂心情。由於它反映的正是人們親見親聞、親身經歷並縈繞於心的事情，「雯當姆」成為布依族群眾生動形象的代言人，蘊含著天然質樸之美，所以獲得了布依族群眾的讚賞、喜愛並代代相傳。這支張揚快樂主體、彰顯幽默主題的喜劇舞蹈，既能讓人從中感受到布依族傳統文化的韻味，也能體味到生動風趣、耳目一新的布依族現代舞蹈的藝術魅力，具有較強的審美價值。

2.「雯當姆」是對快樂人生的執著追求

熱愛生命、讚美人生，追求生命、享受人生，這是中國民族民間舞蹈藝術不斷張揚的主題。布依族崇尚自然、熱愛生命，追求自由的感情、快樂的人生。「雯當姆」以其特有的民族風格，把人們追求幸福、追求快樂、追求理想的精神，表現得栩栩如生、淋漓盡致。法國作家喬治·桑說：「藝術不是對現實世界的研究，而是對於理想的真實的追求。」從某種意義上講，「雯當姆」在審美本質上也充分體現了這一點。「雯當姆」不僅具有強烈的感情宣洩和感官愉悅的功能，具有濃厚的浪漫主義色彩，同時「雯當姆」再現了一個充滿活力、樂觀自信的民族文化形象，使人們真切地感受到布依族生生不息的生命哲學和生存智慧，體驗到鮮活的生命

張力和蓬勃的人性力量。舞者觀者都在這種狂熱、奔放的舉手投足中表達了對幸福和快樂人生的無限渴望，獲得了宣洩後的平衡和快感。正是這種快樂的躁動，情感的衝動，才創造了愉悅心身的、喜慶的、具有極高審美價值的「雯當姆」。

3.「雯當姆」具有古樸風趣的審美神韻

布依族深厚的農耕文化的根基和底蘊，造就了布依族人樸實、豪爽、開朗的性格，從而又衍化成「雯當姆」古樸風趣的審美特徵。「雯當姆」的面具、臉譜注重色彩線條搭配，畫面抽象誇張，具有很強的美術感染力。表演時，演員們戴上面具、畫上臉譜，借助腰肚肌肉的一收一放，造成人物表情豐富的變形，其形態惟妙惟肖，十分逼真，如此大膽的誇張和粗獷、反復的再現式動作表現了人們的心理活動，宣洩了心中喜悅的情感。同時，「雯當姆」中「動肩、扭跨、撅臀、足勾」的動態、動律與逗、笑、鬧的生活情趣融為一體，使舞蹈卷起一浪推過一浪的生活熱潮。在這裡，「雯當姆」已不僅是單純地展現布依族的豐收場景，而且通過古樸風趣的動作和情節，極大限度地滿足了人們對舞蹈審美的需求，是一種美的享受。「雯當姆」這種古樸風趣的藝術風格的形成，主要是由舞蹈藝術乃是民間共同創造並反映民眾共同的審美理想和審美情趣的本質特徵所決定的，同時也和它在發展與演變的過程中長期的文化積澱有關。傳統的審美意識影響和左右了人們的欣賞習慣，大多數人往往寧願喜歡那些簡單熟悉、樸實自然的東西，而不太喜歡那些深奧繁複、難以理解的東西，這也是「雯當姆」之所以流傳久遠、為廣大群眾所喜聞樂見的根本原因。

綜上所述，荔波布依族「雯當姆」是一種鮮明的喜劇舞蹈。它有著豐

富的文化內涵、獨特的藝術特性和審美價值。它舞姿優美、特徵鮮明，注重人物塑造，面具臉譜造型生動活潑，表演場面歡快熱烈，風趣詼諧，不僅為布依族人民所酷愛，同時也為苗、水、瑤、漢人民所喜愛。「雯當姆」從民間走上舞臺，從地方走向全國，歷經布依族世世代代民間藝人的口傳心授和傳承發展，充分體現「雯當姆」在布依族人民生產、生活中的重要位置和獨特的藝術魅力。然而，隨著經濟社會的快速發展，城鄉人民生活的日趨變化，市場經濟大潮的衝擊，各種外部文化勢力的滲透，而荔波布依族又是比較開放的民族之一，接受漢文化的教育較其他民族要早，同時布依族青年男女外出打工者較多，「雯當姆」民間傳承人已所剩無幾，且年事已高，「雯當姆」技藝傳承人青黃不接，使得僅靠口傳心授方式傳承的布依族「雯當姆」面臨同化、異化、失傳、消亡的威脅。但「雯當姆」仍然是荔波布依族所特有的民俗文化活動，也是中華民族文化寶庫中的一朵璀璨奇葩！我們有責任深入生活，體驗生活，認真地去挖掘、整理布依族「雯當姆」，把它搬上更大更高更廣闊的舞臺，還可以改編成教材，形成一套完整的民間舞蹈教材體系，使之進校園、進企業、進農村、進社區，有力促進「雯當姆」的保護和傳承，讓這朵藏在深山人未識的綺麗之花，綻放出更加耀眼奪目的光彩。

◯ 參考文獻

〔1〕恩格斯.致瑪·哈克奈期〔M〕//馬克思恩格斯選集（第4卷）.北京：人民出版社，1972.

（原載於《黔南民族師範學院學報》2011 年第 4 期）

論水族曲藝「旭早」的源起及嬗變

石尚彬　商韻

　　水族是一個有著古老悠久的文明史的民族。在琳琅滿目的水族民間文化藝術寶庫中，多姿多彩的水族民間文學作品不僅為水族人民所喜聞樂見代代相傳，而且早已引起了學界的關注和研究。最早對水族民間文學進行梳理研究的是水族著名學者潘一志先生，其專著《水族社會歷史資料稿·口頭文學》中寫道：「水族的口頭文學，在形式上，大體分為三種，一是詩歌形式的敘事歌和即興歌；二是散文形式的故事、傳說和神話、寓言；三是句式整齊並押韻的格言。」[1]（P440-441）並逐一進行了論述。潘一志先生對水族民間文學之研究，篳路藍縷，具有開創之功。

　　其後出版的相關論著中，大多沿襲了潘一志先生對水族民間文學作品的「三分法」，如《三都水族自治縣概況》[2]（p196）、《三都水族自治縣縣誌》[3]（P171）等即是如此。范禹先生主編的《水族文學史》則認為：「水族文學形式豐富多樣，按文體形式可分為韻文體和散文體兩大類。」[4]（P19）

　　上述論著對水族民間文學的分類，均忽略了水族民間文學中獨具特色的一大類別——水族民間曲藝。特別令人感到遺憾的是，在《水族文學史》一書中，范禹先生雖辟出專章論述水族「民間說唱文學——雙歌與菀歌」[4]（P188-212），並注意到了「它特有的亦說

亦唱的形式」[4](P209)，卻未能明確定論雙歌、　歌即為水族民間曲藝。

　　二十世紀八〇年代，中國文化部、國家民委、中國文聯聯合發出編纂出版十套集成志書（文學、戲曲、曲藝、音樂、舞蹈等）的通知，水族到底有無曲藝的問題引起相關部門及專家學者的極大關注和深入研究。一九八七年十月，羅文亮的論文《水族曲藝辨析》在貴州省曲藝家協會主辦的《曲藝通訊》發表，率先指出水族雙歌是水族民間曲藝；劉世彬的論文《水族雙歌是說唱藝術的雛形》（1988）認為：「水族雙歌是由水族民歌向說唱藝術（曲藝）過渡的一種形式，是水族說唱藝術（曲藝）的雛形。」[5]石尚彬的論文《從我國最早的劇碼〈東海黃公〉等看水族的「雙歌」、「莧歌」》（1989）認為：「歷來被認為是水族民歌中頗具特色的『雙歌』和『莧歌』，不僅可以視為相當成熟的說唱文學，而且可以視為初具戲曲的雛形……並處在由說唱文學向綜合藝術的戲曲的發展之中。」[6]一九八八年十一月，在貴州省曲藝志編輯部的支持和指導下，黔南布依族苗族自治州和三都水族自治縣文藝集成志編纂工作領導小組在三都聯合召開「水族曲藝研討會」，「認定『旭早』（即雙歌）融文學音樂表演為一體，是水族民間一個極富民族特色的曲種」[7](P8-9)。一九八九年十月，貴州省和黔南州曲藝志編輯部編輯的《水族曲藝旭早研究》一書由貴州人民出版社出版，收入水族學者及相關專家的十四篇專論和若干篇水族曲藝旭早的代表性作品，是迄今為止唯一一部研究「旭早」的專著。一九九〇年七月，國家曲藝志在貴陽召開的曲藝討論會上，明確「旭早」是水族曲藝，並將其編入了《中國曲藝辭典》。

　　據此，筆者在綜觀水族民間文學作品和認真研究並吸收上述多家之說

的基礎上，「對水族民間文學提出一種新的『三分法』：其一為『散文形式的水族民間文學作品』，其二為『韻文形式的水族民間文學作品』，其三為『韻散結合的水族民間文學作品』」[8]。

「韻散結合的水族民間文學作品」，指的即是水族曲藝旭早。「旭早」，水語，「旭」即歌，「早」即成雙、成對之意；「旭早」，也有的水族地區稱之為「旭凡」，「凡」即故事之意。「旭早」、「旭凡」，意為演唱一齣一對兩兩成雙的有一定故事情節的一組歌謠，故而長期以來相關人士將其意譯為「雙歌」。此外，水族地區亦廣泛流傳著被水族民眾稱為「旭虹」的民間口頭文學作品，「旭」即歌，「虹」即一蔸、一蓬、一叢之意。「旭虹」，意為演唱若干首歌謠來講述故事，若干首合為一組的歌謠正如稻禾一般形成一蔸、一蓬、一叢，故而長期以來相關人士漢譯為「蔸歌」。可見，不論是水族所稱的「旭早」、「旭凡」抑或是「旭虹」，均指的是將若干首歌謠組合為一組演唱出一個或長或短或虛或實的故事。

然而，水族的旭早作品並非僅僅以歌唱的形式來講述故事，即是說，並不能將其歸入民間敘事詩之中。這是因為水族旭早乃是有說有唱、韻散結合的水族民間曲藝，表演者既要以故事之外的人物的身分承擔說白的任務，亦要一人多角扮演故事中的不同人物並代其表演和歌唱。查《辭海》對「曲藝」所下的定義：「各種說唱藝術的總稱。以說講和歌唱為主要藝術手段，輔以動作、表情、口技等來敘述故事，塑造人物，描繪情景，表達思想感情，反映社會生活。一般以敘事為主，代言為輔。演出時演員人數通常為一至二三人。」[9] [P1536] 兩相對照，「旭早」完全具備了《辭海》所指出的曲藝的特徵，故而將其論定為水族民間曲藝，正是實至名歸。

　　為厘清水族曲藝旭早的源起及其嬗變的來龍去脈，筆者在對水族地區進行大量調查以及認真研讀相關資料的基礎上，撰就此文略述己見，並祈諸位師友不吝賜教為謝。

一、水族曲藝旭早的源頭是水族民間歌謠及民間故事

　　如眾所知，中國文學的源頭是原始歌謠，它是中國文學最早出現的文學樣式，是原始人類口耳相傳的口頭創作。水族文學也不例外，其最早的源頭當是水族先民口耳相傳的民間歌謠。水族先民在繁重而又艱苦的勞動中，不僅鍛煉了自己的雙手，更鍛煉了自己的大腦，並常常將諸種所見所聞所曆所感編成歌謠來歌唱，以抒發內心的喜怒哀樂種種情感。誠如《毛詩序》所言：「詩者，志之所之也，在心為志，發言為詩。情動於中而形於言，言之不足故嗟歎之，嗟歎之不足故永歌之，永歌之不足，不知手之舞之，足之蹈之也。」[10]（P30）

　　水族民間歌謠和各兄弟民族的民間歌謠一樣，均可說乃是「感於哀樂，緣事而發」，均具有強烈的抒情性，而且其中不少的古歌、風物傳說歌、生活習俗歌等等，亦具有敘事性，敘事與抒情融為一體。例如水族古歌《開天地造人煙》唱道：

<blockquote>
初造人，上下黑糊；
初造人，蓋上連下；
初造人，黑咕隆咚；
天連地，不分晝夜；
</blockquote>

地靠天，連成一片。

哪個來，撐天才得？

哪個來，把地掰開？

牙巫[1]來，把天掰開；

牙巫來，把天撐住。

她一拉，分成兩半；

左成天，右邊成地。

她一想，煉成銅柱；

造銅柱，撐住兩邊。

煉銅柱，撐天肚囊；

撐頭次，高七萬丈；

撐二次，雲層開朗。

撐好了，天穩固固；

撐好了，地穩篤篤。

她會想，不錯絲毫；

她會算，絲毫不爽。

牙巫來，開天造地；

天地間，改變模樣。

仙人牙巫哈喂！

仙人牙巫哈喂！

1　牙巫：水語音譯。牙是奶、婆之意，巫是其名。牙巫是水族神話中創造萬物、開天闢地的女神之一。

這一類的古歌在水族地區大量流傳，如《開天闢地》、《恩公開闢地方》、《開天地調》、《造日月歌》、《造地造物》、《造火歌》、《造棉花》等等。此類古歌，水語稱之為「旭濟」，意為創世歌、創造歌，常常是通過幻想和想像來描述和歌頌祖先開天闢地、創造家園的光輝業績，具有明顯的敘事性和抒情性，兩者自然而然地融為一體。

必須指出的是，「原始詩歌在藝術上的顯著特點，常常與原始的音樂、舞蹈同時出現的。詩歌、音樂、舞蹈三者在初起階段結合為用，融為一體。《呂氏春秋·古樂篇》記載了葛天氏之民的樂舞情形：昔葛天氏之民，三人操牛尾，投足以歌八闋：一曰載民，二曰玄鳥，三曰遂草木，四曰奮五穀，五曰敬天常，六曰建帝功，七曰依地德，八曰總禽獸之極……這種多人操牛尾投足而歌的情形，就是原始詩歌具有綜合性藝術形式的特點。」[11]（P12-13）

水族的敘事性古歌以及其他即興而唱的抒情為主的民歌，既然都稱之為「歌」，均需配合音樂吟唱而不是念誦，因而自然而然地與水族民間音樂、民間樂調、民間樂器相互結合，融為一體。載歌載舞，詩與歌與樂與舞密不可分，便是水族民歌極為鮮明的藝術特徵之一。水族曲藝旭早，正是「融文學、音樂、表演為一體的說唱綜合藝術」[4]（P41），且大多具有或簡單或複雜的故事情節。舉幾個水族旭早的曲目為例，如《女婿和岳父》、《廉後生和妮姑娘》、《漁翁和龍女》等等，不必一一闡述其具體內容，僅看曲目便可知道必然有一定的故事情節。正因為如此，水族民眾才會將這一類的民間文學作品稱為「旭早」、「旭凡」或「旭虹」，即以若干首歌謠聯成一組用以演唱故事。然則，此類現今被稱為「旭早」的水族民

間文學作品又不僅僅只是以歌唱的形式來講述故事，而是還包括了「說白」的成分，其說白或在開頭部分，或在中間部分，或在結尾部分；更多的情形是若干段說白與若干首唱段相互穿插，相輔相成，使每一篇旭早構成一個有機組成的整體。

例如在水族地區流傳甚廣的旭早《龍女與漁郎》，演唱的是一個優美感人的愛情神話故事。該篇作品共有七處說白和十七首唱詞，說白與吟唱相互穿插，從而推進了故事情節的發展。該篇作品的七處說白，一處安排在開頭，交代了龍女和漁郎相識相愛的經過，引出了下面的故事；中間部分分別穿插了五處說白，並與吟唱有機結合，生動地描繪出龍女與漁郎真誠相愛、辛勤勞動的情景，讚美了他們對自由幸福的愛情生活的追求，以及因為龍王龍母活生生地拆散了他們的婚姻所造成的愛情悲劇；結尾處的說白敘述道：「龍女去到水中，開放鱗甲，一道五彩光焰射出水面，變成絢麗的彩虹掛在天上。」結尾處的說白以浪漫主義的手法讚頌了龍女對愛情的忠貞不渝。

水族的民歌故事，廣義地說，當包括神話、傳說、童話、寓言等等在內，不論是虛是實，或長或短，均有或簡單或複雜的故事情節和人物形象。如《人類起源》、《化石婆》、《望郎榕》、《樵夫與龍女》、《簡大王的故事》、《火鳳凰》等等，無一不有一定的故事情節，並塑造了一批鮮活的藝術形象，或直接或間接地反映水族社會生活。所謂「故事」者，均需要有或真實或虛構的故事情節和人物形象，對此毋庸贅述。

水族曲藝旭早正是巧妙地將民歌的吟唱和故事的敘述這兩者巧妙地融

為一體，從而創造出了這種韻散結合、有說有唱的嶄新的水族民間文學樣式。即如中國古代文學中別具特色的漢賦，韻文散文兼行，可以說是散文的詩化和詩化的散文，因此劉勰《文心雕龍·詮賦》說：「賦也者，受命於詩人，而拓宇於楚辭者也。」[12](P8)

因此，我們認為，水族民間歌謠和民間故事乃是水族曲藝「旭早」的源頭。

二、 水族曲藝旭早的產生是水族社會生活的需要

水族曲藝旭早產生於什麼年代，雖無相關文獻記載，但我們仍可從水族社會歷史的發展變遷以及水族民間大量演唱的旭早作品來進行考察推斷。

漢代史學家司馬遷的《史記》中有「西南夷列傳」，而水族正是西南地區貴州世居少數民族之一。據《唐書·地理志》記載：「開元中，置莪、勞、撫水等羈縻州。」「撫水州」所轄即今貴州荔波、三都和廣西環江一帶水族聚居的地區，可見如何治理安撫水族已引起唐王朝的極大重視。宋元時期，又置有荔波州、陳蒙州、合江州，水族地區雖仍為土司統治，但與外界交往亦日益增多。特別是明、清以來大力推行「改土歸流」政策，逐漸打破了長期以來土司統治的局面，水族社會亦因之而發生了很多的變化。為推行科舉制度，三都、荔波等地亦陸續興辦了書院、學堂、義學，漢文化逐漸滲入水族民眾之中。與此同時，水族地區傳統的自我封閉的小農經濟社會亦不可避免地受到衝擊，出現了一些從農耕生產中分化出來的工匠、藝人、商人，三都、荔波等地均建立起手工藝作坊。水族地

區社會政治、經濟、文化的發展變化，必然會促進水族民間文學的發展變化。

　　毋庸諱言，民歌乃是合樂而歌，即便歌嗓出眾，音色優美，亦僅是歌唱而已；特別是有的長達數百行的長篇敘事詩，吟唱時間甚長，歌者常常唱得聲音漸啞還未能唱完，聽者亦難免逐漸喪失興趣。而民間故事則是講述者憑藉記憶一一道來，短小精悍、生動幽默的故事很受聽眾歡迎；而長篇故事，若情節不夠生動，矛盾不夠尖銳，倘若講述者的表達技巧亦較為拙劣，更難免遭到聽眾的奚落甚至失去聽眾。而隨著漢文化影響的日益滲入，隨著與漢民族和其他兄弟民族交往的日益增進，使得水族民眾的眼界日益開闊，不但對各兄弟民族的民間藝術有了更多的了解，更對漢族的曲藝、戲曲藝術產生了濃厚的興趣。

　　怎樣才能不斷滿足水族民眾日益增長的文化生活需求，便成為擺在水族民間藝人面前不容回避而又必須解決的問題。既然單純地演唱民間歌謠、講述民間故事已經不能滿足民眾的胃口，套用現今的話語來說，富有聰明才智的水族民間藝人便意識到了必須進行改革！何不將演唱民歌和講述故事相互結合、融為一體呢？這正好可以相互之間取長補短，以收相輔相成、相得益彰之效啊！於是，在水族藝人大膽的改革和不倦的努力之下，將文學、音樂、表演融為一體，採用韻散結合的方式演唱故事的水族曲藝旭早便應運而生了。正如范禹先生所言：「水族文學在此種社會歷史背景下，為適應水族地區經濟的不斷發展，更好地反映其社會生活的廣闊面貌，便以水族歌謠為基礎，並借助於其他如寓言、傳說故事等的表述方法，於是產生了水族所獨有的雙歌與　歌這種說唱文學。」〔4〕（P189）

早期的旭早，應當說因其尚處在初級階段，故而故事情節及人物形象均較為單薄；其說白部分大多安排在開頭，亦甚為簡短，往往只是交代事情的緣由以起到引發歌唱的作用；其歌唱部分亦多為一出一對兩段唱詞即告結束；「在藝術表現手法上，最為顯著的還在於它把暗喻的運用當作最主要的藝術表現手段」[4](P209)，故而范禹先生稱之為「寓言式雙歌和菀歌」[4](P210)。

現舉一篇早期旭早作品為例：

野雞和錦雞

說白：

一天，野雞和錦雞在山裡相遇，野雞誇獎錦雞毛色美，尾巴長；錦雞稱讚野雞聰明伶俐。好，聽聽它們說些什麼。

野雞：

咱同類，你最高貴。

骨頭重，體大身肥。

踩哪處，哪處成路。

尾巴長，毛色美麗。

初相會，我心愛慕。

願相陪，過此一生。

我的錦雞友啊！

我的錦雞友啊！

錦雞：

> 聽你講，使我慚愧。
> 講漂亮，我怎比你。
> 我愚蠢，叫聲難聽。
> 哪比你，聰明伶俐。
> 六月春，面紅如醉。
> 咯咯叫，令人著迷。
> 　我的野雞友啊！
> 　我的錦雞友啊！

　　早期的旭早，多為此類短小精悍的寓言體作品，如《老虎與虹龍》、《白鶴與烏鴉》、《李子與枇杷》等等均是如此，且多是在婚喪嫁娶、祭祖祀神的宴席之中或水族節慶之際的酒席之中演唱。上述這一篇《野雞和錦雞》便是採用擬人化手法，巧妙地抒發出賓主雙方互相讚美、互相謙讓的情誼。這一時期的旭早作品，多為一人演唱，即是說，演唱者既要擔當說白的任務（即敘述者），又要扮演作品中的不同角色完成演唱任務（即代言者）。而唱到最後一句時，聽眾均一起同聲唱和，歡聲笑語頓時響成一片，全場洋溢出熱烈歡快的氣氛。

三、水族曲藝旭早的嬗變是水族社會發展的必然

　　文學藝術伴隨著社會的發展而不斷發展，這乃是客觀的規律。水族曲藝旭早的嬗變亦是水族社會發展的必然趨勢。

　　清朝末期至民國時期，「隨著帝國主義的不斷侵入，水族封建社會逐漸解體；社會分工越來越細和商業逐漸發達，促進了水族和其他民族的交往，其中包括日益頻繁的文化交往。在清末、民國數十年間的歷史過程中，古體旭早開始向今體旭早逐漸發展。」〔7〕（P37-38）這一時期，已出現了一些直接反映水族社會現實的作品。如水族民間藝人潘老關編唱的《修橋》，歌頌積善修橋惠澤民眾的美德，直接取材於都勻的一個石匠到三都修橋的真實故事；又如潘甫貞編唱的《逃荒人與吃糧的》，通過逃荒的災民與當兵吃糧者的相互對唱，直接反映了當時民不聊生的社會現實。也有不少藝人根據自己的親身經歷進行編唱，如水族著名民間藝人潘靜流編唱的《靜流和明山》、《靜流和韋子光》等。此外，還有吸收漢族有關傳說編唱的作品，如依據「牛郎織女」的傳說改編演唱的《楊生和仙女》，以及依據漢族故事改編演唱的《梁山伯與祝英臺》、《伯牙遇知音》、《蘇么妹選夫》等等水族旭早相繼問世。

　　二十世紀中葉，隨著社會的進步，水族旭早更有了長足的發展。以水族著名民間藝人潘靜流為例，他一生中不僅創作演唱了數百篇旭早作品，更是將其中的不少作品以漢字記音的方法手寫為一本《「旭早」歌書》，內收一〇三篇旭早作品。潘靜流創作的旭早，大多採用擬人化手法，以動植物為作品的主人公，並賦予一定的勸喻意義，如《陽雀與布穀鳥》、《猴子與山羊》、《老虎與虹龍》、《李子與枇杷》等等。其作品短小精悍、幽默風趣，深受民眾喜愛，在水族地區流傳甚廣。

　　二十世紀六〇年代，貴州省民間文藝研究會的燕寶同志（燕寶，苗族，本名王維齡）到三都水族自治縣采風，親耳聆聽了潘靜流的演唱，並

發現了其編寫的《「旭早」歌書》，如獲至寶，遂與潘靜流合作，花費數月時間，邊聽邊記邊譯，整理成《水族雙歌單歌選》一書，並於一九八一年由貴州《民間文學資料》第四十六集內部鉛印出版，終於使這一部彌足珍貴的水族民間口碑文獻得以問世。這是最早匯編成書的水族旭早作品集。遺憾的是，當時水族旭早雖已引起民間文學研究者的極大興趣，卻未能明確將其定論為水族曲藝。然則，以潘靜流為代表的水族民間藝術家和以燕寶同仁為代表的民間文學研究者，對水族旭早的發展所起到的推動作用，亦應說是功莫大焉！

　　這一時期的旭早作品，不僅故事更為完整，情節更為生動，人物更為鮮活，而且其說白的部分也不僅僅只有一小段放置於作品開頭，而是安排有若干處說白並與歌唱部分相互穿插，說白與歌唱相互為用，不可或缺，形成了有機結合的一個整體。前文所述的《龍女與漁郎》即是如此。又如宋曉君搜集整理的《風流草》，作品吟唱的是一對真誠相愛的水族青年男女因受封建婚姻觀念的迫害殉情而死的悲慘故事。其中有八處說白，九處唱段，說白不僅起到了介紹故事背景及對故事情節承上啟下的作用，也對人物形象的刻畫、故事內容的昇華起到了畫龍點睛的藝術效果。

　　二十世紀八〇年代以來，水族旭早更是受到水族民眾和社會各界的青睞。這一時期的不少旭早作品，直接取材於水族社會現實，因而更有社會意義。其表演場合亦不僅僅局限於水族婚喪嫁娶及節慶之際的酒宴之中，更擴展到了場壩、集會、學校等公共場合。其表演形式亦打破了傳統的一人既要承擔說白任務亦要分別扮演故事中的幾個角色歌唱的慣例，往往是幾個表演者分別承擔說白任務和故事中不同角色的演唱任務，因而形式更

為靈活，表演更為生動，演唱時氣氛更為熱烈。

如三都縣文聯楊勝超搜集整理、水族女藝人石鞭編演的《黹山花》，吟唱的故事是：玉芬和同學朝剛自由戀愛，玉芬的父母卻嫌貧愛富棒打鴛鴦，兩人雙雙逃走結為夫妻。玉芬的父母因年邁體衰，家裡家外忙個不停，而兒女一走便杳無音訊，倆老病倒在床，這才懊惱萬分。玉芬、朝剛亦掛念倆老，遂雙雙返回家中。玉芬的父母見到他們情投意合，十分恩愛，自責不已，便將朝剛招為上門女婿。這篇旭早不僅宣傳了婚姻自由的新觀念，更充分肯定了招贅女婿的新風尚，曾在水族地區產生了很大的影響。

《黹山花》不僅有著強烈的社會現實意義，而且也有較強的藝術性，故事情節一波三折、幽默風趣，矛盾衝突較為尖銳，人物形象也較為鮮明突出。該篇旭早共安排有九處說白、十處唱段，有的說白竟有數百字之多，兩者互相為用，不僅推進了故事情節的發展，還起到了刻畫人物形象、渲染環境氣氛等等作用。例如其結尾部分，玉芬、朝剛返回家中，玉芬父母的思想早已有所改變，又見兩人相親相愛，便分別吟唱了一段唱詞，表明了他們對原先阻撓女兒自由戀愛的悔恨之情，以及對他們自由戀愛結為夫妻的贊同之意。接著的說白是：

媽媽說完，看看玉芬，又看看朝剛，看得他倆都不好意思起來。玉芬轉臉對朝剛悄悄說道：「膿包！還不快喊！」朝剛鼓起勇氣，甜甜地喊了聲：「親媽親爹喲！」

而後唱道：

我家住，都柳江邊；
和玉芬，同學三年。
感情深，兩相情願；
對二老，不再隱瞞。
我願當，上門女婿；
與玉芬，喜結良緣。
我們倆，相親互敬；
奉二老，安享百年。
我的親爹媽喲喂，
我的親爹媽喲喂！

緊接著的說白是：

這時，玉芬媽伸嘴鬥到老頭子的耳邊悄悄說道：喂，老頭子！這後生
比起水龍坡那個好十倍哩！老頭子咂起煙杆鬥，笑得眼睛眯成一條線。

最後以一段唱詞結束：

流海業喂，
流海育喂！[1]
自由婚，幸福美滿；
一家人，和睦團圓。
兒女事，不可包辦；

1　流海業喂，流海育喂：水語。意為：你所有的親友們啊，我所有的親友們啊。

包辦了，果味苦酸。

我的朋友喲喂，

我的朋友喲喂！

不難看出，說白和歌唱不僅起到了串聯情節、推進故事發展的作用，更成為展現人物心理、描寫人物神態、刻畫人物形象的重要手段，特別是最後一段唱詞，更是卒章顯志，總結全篇，畫龍點睛般地點明瞭該篇旭早的思想意義。《豔山花》是二十世紀中葉後期水族旭早的代表作之一，反映出水族曲藝旭早無論其思想性、藝術性都有了很大的提高。

改革開放以來，水族旭早不僅在水族民間廣泛流傳，且堂而皇之地登上了縣、州、省乃至國家級舞臺，並獲得了不少殊榮。如一九八六年黔南布依族苗族自治州文化局和三都水族自治縣文化局、文化館組織創作，楊樂、王廷胥執筆，楊勝佳、石紹霞演唱的《造銅鼓》（根據水族民間傳說改編），在當年貴州省曲藝調演中獲鼓勵獎。二〇〇四年三都縣文聯楊勝超、蒙汐濛編寫的《朝霞情緣》，演唱的是水族學生得到中國文聯「朝霞工程」及社會各界資助而茁壯成長的感人故事，該曲目獲二〇〇四年教育部「校園之春」全國曲藝大賽二等獎。都勻市歌舞團編寫演出的《水寨除魔》於 二〇一〇年七月榮獲第四屆全國少數民族曲藝展演一等獎，中央民族大學音樂學院教授、博士生導師何琳評價說：「表演聲情並茂，說唱互為輝映，作品注入時代元素，使水族旭早這一傳統曲種煥發了新的生命力。」〔12〕

綜上所述，水族曲藝旭早是我國少數民族曲藝中的一朵奇葩，水族旭

早的源頭是水族民間歌謠和民間故事，水族旭早的產生是水族社會生活的需要，水族旭早的嬗變是水族社會發展的必然。我們深信，在黨中央關於促進中華優秀傳統文化大繁榮、大發展的方針指引下，水族曲藝旭早一定能煥發出更加絢麗的光彩！

參考文獻

〔1〕貴州民族學院，貴州水族文化研究院.水族潘一志文集〔M〕.成都：巴蜀書社，2009.

〔2〕三都水族自治縣概況編寫組，三都水族自治縣概況修訂本編寫組.三都水族自治縣概況〔M〕.北京：民族出版社，2007.

〔3〕三都水族自治縣志編纂委員會.三都水族自治縣縣誌〔M〕.貴陽：貴州人民出版社，1992.

〔4〕范禹，周隆淵，潘朝霖.水族文學史〔M〕.貴陽：貴州人民出版社，1987.

〔5〕劉世彬.水族雙歌是說唱藝術的雛形〔J〕.貴州民族研究，1988（4）.

〔6〕石尚彬.從我國最早的劇目《東海黃公》等看水族的「雙歌」、「蔸歌」〔J〕.貴州民族研究，1989（3）.

〔7〕羅文亮.中國文藝集成志書·貴州省黔南布依族苗族自治州曲藝志〔Z〕.黔新出〔94〕內圖資准字第4-018號.

〔8〕石尚彬.論水族民間文學的分類〔J〕.黔南民族師範學院學報，2010（5）.

〔9〕辭海編輯委員會.辭海〔M〕.6版.上海：上海辭書出版社，2010.

〔10〕郭紹虞.中國歷代文論選〔M〕.上海：上海古籍出版社，1983.

〔11〕于非.中國古代文學史〔M〕.北京：高等教育出版社，1988.

〔12〕郭晉稀.文心雕龍注釋〔M〕.蘭州：甘肅人民出版社，1982.

〔13〕陳正府，黃應賢，余正璐.一場少數民族曲藝的視覺盛宴——第四屆全國少數民族曲藝展演側論〔J〕.當代貴州，2010（16）.

（原載於《黔南民族師範學院學報》2013 年第 3 期）

「旭早」與水家人的社會生活

——水族音樂系列研究之「旭早」

李繼昌

一、「旭早」生成背景及流傳特徵

「旭早」（xip zhou）是以水族歌謠為基礎，採用寓言、傳說、故事的表述方式，應用「雙歌」的音調敘唱，以民俗為載體的民間說唱藝術。它流傳的主要特徵便是演唱於群眾聚會的禮俗場合，由一人主唱，眾人幫和。參與聚會的人既是「旭早」聽眾也是幫唱者，幫唱無主、客之別；演唱無臺上、臺下之分；演出無經濟收入之需，且必有醪酒助興，既自娛也娛人。

「水家人」即水族人民的自稱。他們非常熱愛生活，尤其熱愛給他們帶來歡欣和快樂的各類歌唱。隨著歷史的不斷發展，水家人的許多禮俗性歌唱逐步社會化，形成了相對固定的時間（如傳統的若干節日）和地點（約定俗成的地域或場所）。在這深厚的民族民間的文化土壤中，水族的民間歌曲得以充分的繁衍和發展起來，並深深地與水家人的社會生活結下了不解之緣。尤其宋、元以後，由於定居以來較為稠密、集中的聚居並由於各類禮俗的不斷規範而使民族文化生態相對活躍，它為水家人集中地發展自己的語言、文化創造了最佳的生存氛圍和發展環境。以音樂文化而言，它又集中地表現在由於習俗的多彩而形成的別具一格的歌唱習俗和獨有的音樂語言。同時，水家人

為了傳教歷史、傳教生活生產知識和締結婚姻的需要，常常以歌代言，敘唱歷史的偉績、敘唱創業的坎坷、敘唱英雄人物、敘唱風物傳說、敘唱生產勞動、敘唱社會生活。於是，敘事性歌謠便由此而逐步產生和繁衍，它的原生形態大概是我們今天所發現的一種被稱之為「旭凡」（說故事）的敘事古歌。它最初當是一種語言規範化的講唱，相當於漢族曲藝最早的萌生形態──「講史」。由於神話、傳說和史詩的傳唱，許多史話、故事、寓言便得到了長期歌唱實踐的錘煉。尤其是演唱時首先簡單敘說內容梗概，然後對答、呼應式的敘唱，使詞體結構逐漸沉積為一「雙」、一「對」，從而奠定了雙歌（「旭早」）結構形式發展的基礎。從其內容和形式來推斷，在宋、元之際，原生的「旭凡」便已初見端倪，它應該是一種古體的「旭早」。這種禮俗性的歌唱非常注重傳統的鞏固和民族性的深化，因此，源於古歌謠的這種「雙歌」（旭早）便成為禮俗場合的必唱形式，沉積而為節日文化的重要內容。

從明代開始，特別是從清初到鴉片戰爭的兩百年間，由於改土歸流的推行，封建土司的割據局面被打破，社會秩序相對穩定，水族地區的社會生產力有了較大的發展。航道通浚，商業發達，「商旅出於庭，苗漢雜於市」。與此同時，水族與漢文化的交流也日趨頻繁，懂漢文者日益增多，水族的知識階層逐漸形成。這時期的「旭早」由於知識人士的參與，其文學內容更加豐富，說唱文學特徵更趨明晰。由於說唱文學個性的發展，「雙歌」的說唱音樂個性也由逐步萌生而成型，說唱地位得到相應的鞏固。

「旭早」的生成基礎是民族的社會生活，它演唱於禮儀、風俗場合，

依附於民俗而生存、發展。所以，對於水族來說，「無歌不成節，有節必有歌」，浩繁的歌唱便是一部社會歷史、社會生活的教科書。它「從古至今，從人到物，從天到地，大至宇宙日月星辰小到魚鳥花蟲無不唱到」。所以，「旭早」的音樂更多地注重敘述性、吟誦性，情調開朗而不失莊重，始終保持著古樸的特色，不受其他民族音樂的左右和融合。它集中地反映了水家人特有的心理素質、思維特徵、審美觀念，它與本民族的繁衍、遷徙、生存、發展密切相關，這便是水族「旭早」所根植的社會歷史背景。

二、民族文化教傳的載體

1.「旭早」題材內容「重傳統、善新編、喜移植」的三大特徵

「旭早」緊緊伴隨水族歷史的發展而萌生、成長。因此，「旭早」所演唱的許多題材大多帶著歷史的若干印跡，並且大多比較集中地反映了在都柳江兩岸定居以來水族父老為民族的繁衍和發展，「畬山為田」，農耕生產的艱苦歷程，也反映了水家人稻作水準的不斷提高和勞作方式的不斷進步。存在於水族民間的這類歌唱為族人們展開了一幅從古到今水族人民從事勞動生產的生動畫面，也為後人講述了民族勞動生產的歷史，同時還結合有關的神話傳說，歌頌和讚美勞動及創造的偉大。這其中，傳統的「旭早」是其題材內容發展的基礎。它是說唱生產、生活知識，教傳勞動生產的教科書，同時還展現了水家人勤於稻作的許多獨特的生產生活方式。這些說唱的主要代表唱段有敘述四季農業生產過程的《造五穀歌》、《造棉歌》以及營建生活的《造屋歌》、《造酒歌》等等。

　　所有的「生產歌」幾乎對各種農活都作了精細的唱述，人們從中得到許多直觀而詳盡的生產方式方法的感性知識，它是祖先們艱苦卓絕創世創業的歷史結晶。如《造棉歌》中就敘述了遠祖母上天得來棉花種子，教傳後代種植耕耘、紡花織布、裁衣做鞋的生產過程。不僅過程詳盡而且語言樸實優美，具有很高的藝術性。歌中唱道：「仙祖初造人後，遠祖們衣不遮體……遠祖母找到天仙，得來棉花種子；遠祖父走告天仙，得來刀鐮鋤犁……摘棉花，挑回家，……請魯班，造成紡車……」水家婦女自此學會了紡紗織布的技藝，織成了男女老少喜愛的菱形彩紋「花椒布」。水家人有了衣服鞋襪、圍腰和頭巾，生活水準得到顯著提高，這類「旭早」是水家人經濟、文化歷史性進步的忠實反映。

　　又如《王公吉鎮龍》，乾旱和水澇是稻作生產的禍害，我們採集到一位老奶奶所唱的傳統敘事歌卻另闢蹊徑，她唱乾旱水澇化解、稻作得以豐收後，水家人虔誠地去感謝天神，因為他們認為只有神的力量才可以與天抗衡。不過，只要你仔細地體味，雖然歌唱中讚美的是天神，其實他們是把人的創造力給予神化，最終還是張揚了人的創世精神（見譜例 1）。

譜例 1

王公吉镇龙

1 = F　中速　稍快（水语略）　　三都县 · 水龙乡

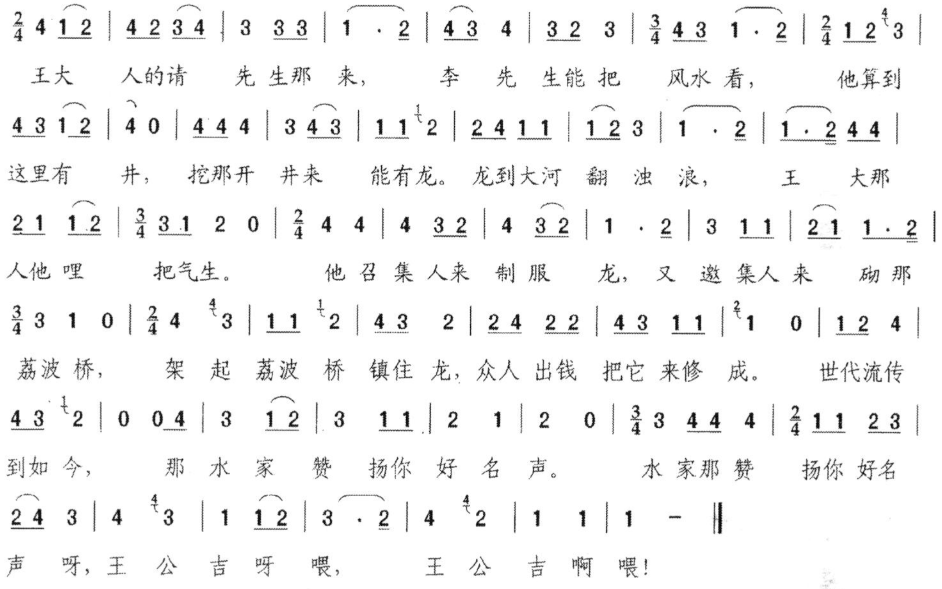

注：王公吉，水族民間傳説中的天仙，歌頭所唱「王大人」即指王公吉。

（石勉唱　姚福祥　歌詞記譯　李繼昌　記譜《中國民歌集成 · 貴州卷》2093 頁）

這裡的「王公吉」是人的化身，能掐會算是水書先生所長，但齊心協力砌橋鎮龍的還是人民大眾。所以，人們讚揚的是集人的智慧與創造於一身的「王公吉」。

水族的民間文化中有著大量的寓言和神話，它們大多展現水家人獨有的處世為人、張揚民族美德的民族觀念和優良傳統，尤其是寓言的說唱更具有獨特的藝術魅力。比如《李子和枇杷》就是通過兩種植物的對話，從

而褒揚謙虛謹慎、與人為善的美德。

由於歷史的發展，經濟生活的逐步改善，人們的精神生活有了新的變化。進入現代以來，人們對「旭早」的演唱內容有了新的要求。於是新編的「旭早」不斷湧現，歌唱範圍更加廣泛。尤其是許多歌手由於文化水準的提高，觀念的更新，他們把原來傳統的許多「旭早」從內容到演唱進行了必要的調整和組合。人們的道德情操、婚姻狀態、社會需求、社會矛盾都被廣泛地納入歌唱內容。這其中最具代表性的段子便是頗有影響的長篇說唱《風流草》。生長於三都水族自治縣境內的風流草是一種類似「含羞草」的綠葉植物，只要有人對它唱起情歌，它的葉片便會奇特地翩然顫動。為什麼會如此？長篇說唱《風流草》演繹了這個動人傳說，它的開篇在說白之前用一首短歌向聽眾致敬（見譜例2）：

譜例2

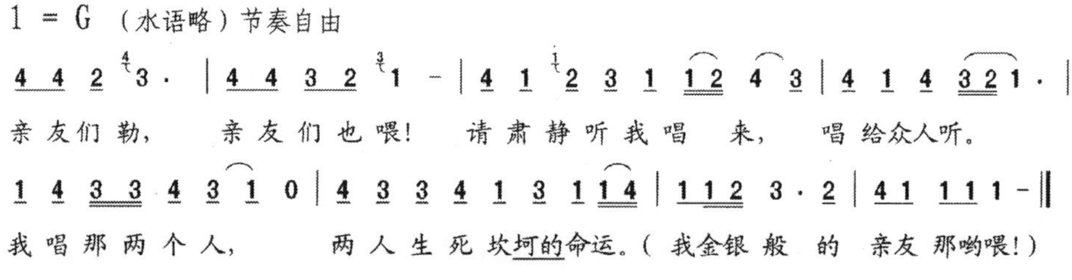

1 = G （水语略）节奏自由

4 4 2 4/3 · | 4 4 3 2 3/1 - | 4 1 1/2 3 1 12 4 3 | 4 1 4 3 2 1 · |
亲友们勒，　亲友们也喂！　请肃静听我唱　来，　唱给众人听。

1 4 3 3 4 3 1 0 | 4 3 3 4 1 3 1 14 | 1 1 2 3 · 2 | 4 1 1 1 1 - ‖
我唱那两个人，　两人生死坎坷的命运。（我金银般　的　亲友那哟喂！）

然後，才在安靜的氣氛中敘述故事：

從前，有一個聰明勤快的貧窮青年叫榮生，他與寨上一位聰穎能幹的富家姑娘柳相愛，遭到柳父的百般阻撓，最終釀成柳跳崖墜江而亡的悲劇。榮生在埋葬柳的墳上不斷啼哭，墳上長出了一蔸蔸綠油油的青草。人

們叫它「相思藥」，年輕人叫它「風流草」……

最後，歌手作了一個沉重的總結：

有父親，嫌貧愛富；要家財，兒女可丟。

榮生苦，哭墳要人；哭得那，芭茅枯萎。

阿柳忿，魂靈化草；長相思，綠草茵茵。

從今後，不學此公；我唱給，親朋好友。

（我的金銀般的親朋好友喲喂！）

《風流草》無疑是對舊社會封建的婚姻制度的痛訴，是民間最流行也是最受歡迎的傳統題材。不過，它的深入人心還在於歌手們的高超的編排能力，它突破了傳統，讓故事有對比、有矛盾、有起伏、有跌宕，故事生動，情節流暢，所以它在藝術上的成就更令人矚目。尤其是故事中的三個人物，他們性格鮮明，形象完整。榮生的憨厚健壯和阿柳的聰慧善良與父親的狂躁暴戾形成了強烈的對比。歌手在演唱時擔當著三個人物在事件發展全過程中的說唱，既唱老的也唱少的，三個人物的唱腔也作了新的編排和突破。尤其是父親的唱腔，歌手在演唱時壓低喉頭，採用粗嘎的嗓音，短促的節奏，突出表現了他的狂暴性格。歌手突出地展現了一人多角的說唱特徵，使水族「旭早」的說唱藝術個性不斷得到張揚。

由於和漢民族文化的交流，部分漢族故事亦為水家人接受，在清末便出現了許多移植的漢族故事。不過，它經過水族歌手們的再創造，在傳統文化土壤的呵護下賦予它水家人獨有的民族特色。這些唱段有《梁山伯與祝英台》、《伯牙遇知音》、《李秀和鸞鳳公主》、《黃金玉和李芝妹》等。

步入新社會以來，歌手們不斷地在歌中注入了對新生活的熱愛和對家鄉日新月異變化的歌頌，還不失時機地配合黨的各項政策進行宣傳。他們唱土改、唱互助合作、唱農田水利、唱計劃生育、唱民族大團結等等。尤其是婚姻觀念的逐步更新，許多唱段還反映了水族人民在婚姻愛情上新的道德觀念和審美觀念。這些唱段有《豔山花》、《動員參軍》等，在當代還有根據電影改編移植的《白蓮花》等。

2. 敘歷史、贊人生：「旭早」與民族社會生活緊密相連

「旭早」浩繁的歌唱是通過各類民俗活動來展現的，無論婚嫁、喪葬、立房、孩子滿月、老人壽誕都是「旭早」傳唱的重要場合。

水家人一向重視青年男女的婚嫁，無論訂婚、結婚都要備辦禮品，如肥豬、銀毫、項圈等，還需殺豬宴請親友、賓客，並邀寨老作陪。在這些隆重的酒席上必然要通過「旭早」的演唱首先禮贊親家雙方的婚姻締結，唱述水族婚姻的古理；然後暢敘民族的親和之情，既增加了喜慶的氣氛又傳教了本民族的歷史。

立房建屋是生活的基礎，因此水家人也十分講究營造。當新屋落成，內親好友必抬米酒、攜對聯、送禮錢以示慶賀，主人也必備辦酒席宴請親友。這時候，也必唱「旭早」。這些歌手有的可能是親友，有的則是主人專門禮請來的。歌唱內容則非常傳統，開始必著重讚揚人類營建的祖先「魯班」，歌頌勞動的偉大，讚譽自力更生的創造精神。同時，也祝願主人華堂新建，紅運財發，五穀豐登，六畜興旺。

老人們唱敘遠祖先人們如何建房砌屋的古老故事：

唱起了，洪荒遠古；大地上，沒有樹木。

烈日曬，雨雪透骨；野獸猛，傷害人畜。

遠祖母，時常染病；遠祖父，憂慮滿腹。

仙雀鳥，含來樹種；播種子，到處忙碌。

楓樹種，撒在坡頭，松杉種，播在山麓。

十年後，樹木長成了，先人們又熔鐵造爐，鑄成了斧、鋸、鑽、刨。人們又請來魯班師傅，然後：

鋸子鋸，柱梁勻稱；斧子削，寬厚相當。

鑽子打，成了柱眼；推刨推，平直光亮。

立房柱，穩穩當當；柱頂上，架起中梁。

大錘敲，穿方牢緊；將椽條，釘在屋上。

割長草，蓋在屋頂；住房中，人得安康。

後來，先人們又建窯燒瓦，於是乎：

蓋草屋，溫涼適度；蓋瓦房，堅固漂亮。

防風雨，又防野獸；人得安，遠祖歡暢。

這種營造房屋的古法教傳，能讓後人崇敬先祖的創世精神，增強族人攜手並肩緊密團結的凝聚力，同時也表達了對新屋主人新居落成的誠摯的祝福。

為小兒辦「滿月酒」也是水族的重要習俗，吃「滿月酒」這天，主人家要殺豬、殺雞、煮紅蛋、蒸糯米飯，邀請外親、內戚前來赴宴。舅舅要

送給外甥精美的花背帶和吉利的衣物，酒席間唱起「旭早」以頌揚「尼杭」（送子娘娘）的功德，祝願水家人生生不息，兒女健康，前程遠大，表現了水家人對新生一代的愛撫和關懷。

「歌」是感情的紐帶，酒是交流的媒介。水家人用它連絡人與人之間、民族之間、村寨之間的友好交往。於是，「旭早」便在熱情洋溢、豪放莊重、觥籌交錯的酒文化氛圍中為水家人唱賀歌，敘歷史，贊人生。

三、「旭早」的藝術特徵

1. 說唱相攜，散韻相容

「旭早」的唱腔集中地體現了水族民歌的主要特徵，首先它的結構展現了水家人音樂審美的獨特個性。其結構特徵是：主體唱腔雖因詞而異，長短不拘，但每首（或每段）必須有固定的歌頭、歌尾相嵌，才能達到曲調組織的完整，是一種有引子帶尾聲的多句式單樂段結構。公式如下：

歌頭（呼喚式引腔）＋ 主體唱段（多句式）＋歌尾（和唱）

從音樂上說，「旭早」與禮俗雙歌（酒歌）的音調區別甚微，但是，隨著說唱文學的活躍與興盛，用於敘唱寓言、故事的「酒歌」便隨之產生了適應性的流變，說唱音樂個性逐步形成。這個流變首先便是結構的發展，為適應長篇敘事的需要，歌手們首先把所唱內容梗概作一個生動的「說白」，它是引發敘唱的必要橋梁。因此，「說白」形成了「旭早」說唱個性的重要組成部分。由此而來，酒歌的歌頭有時被簡化或省略，並且由於篇幅內容的增大，歌手們必在章節、段落處有所停頓和轉換，便形成若

干首歌的連綴，成為一種變化重複型的聯曲體，它是「旭早」說唱音樂個性的又一展現。

　　水族民歌比較突出的是由於較多單音詞的運用，而出現節拍節奏強弱、緩急的無規範性。但是，不同節奏的運用，又是增強說唱個性、運轉高低緩急、製造對比的重要手段。所以，一些有經驗的歌手所演唱的「旭早」，其節奏的變化和運用與禮俗性酒歌有了明顯的區別，開始有了規範性的節奏框架。

　　以上的若干曲例說明，「旭早」已開始從原生形態的「雙歌」中分離出來，突破原始民歌的結構，附加說白，簡化歌頭，規範節奏，使說唱音樂個性逐步得到加強，成為水族說唱文學流傳和發展的羽翅。

　　「旭早」之所以成為獨具特色的民族說唱藝術，其特點是說與唱密不可分，先說後唱是其結構規律。「說白」是一種表述式散文體，語言精練，概括性強；「唱」是一種代言體韻文。主要用於人物角色的對話，抒發人物的情感，說與唱相輔相成。

　　同時它還「說、唱、逗、和」齊全，它的演唱除簡明生動的說白、深刻而豐富的吟唱之外，歌手們還適時地通過笑語趣話的暗示、生動的語氣、誇張的表情來左右和激發聽眾的情緒。它使演唱氛圍輕鬆、活躍，能使聽眾很快進入故事的特定環境。同時由於每段歌尾由聽眾作和、幫唱，也需歌手的誘導和啟發，它是「旭早」自娛、娛人的關鍵，它同時也體現聽眾情緒的共鳴和行動的參與。從音樂上說，由於歌尾是主體唱腔的擴充，歌手利用它無詞的特點啟發聽眾對尾腔進行必要的裝飾和發揮，既與

中心唱段形成對比，又充分地抒發了感情，同時也為一個段落的結束打下明顯的標記。

2. 生活氣息濃郁，語言樸摯無華

「旭早」的語言生動樸摯，具有濃郁的生活氣息和民族特色，並具有詩的品格。它的說白在語言運用上極為簡約而富於邏輯性，起、承、轉、合流暢，而且色彩豐富，如《福興與仙女》說白：

從前有一個小夥叫福興，從小死了父母。他房後有口魚塘，裡邊還有不斷汩汩冒起的泉水。魚兒們喜愛清泉，相爭去冒水那裡跳躍，嬉戲。那些魚兒有的呈紅色，有的呈綠色，有的還呈花色，實在好看。魚兒們在水中搖頭擺尾，太陽光一照，光彩映照到了天上。天上的五個仙女看見了感到新奇，就下凡來看個究竟。她們到得塘邊一看，原來是這麼多的五彩魚兒在翻騰，忘情之下竟然在塘邊坐著看了一整天才返回天宮。後來，她們每天都到塘邊來觀賞。一天，福興見那最小的仙女把扇子放在塘邊，就悄悄地拿了。大的四姐妹飛上了天，被偷了扇子的小仙女回不了天宮，就留在人間跟福興唱起歌來。

「福興房後魚塘—魚兒招人喜歡—五仙女下凡—小仙女因故留人間」，起、承、轉、合自然，敘事與水家人養魚、好魚的生活習俗息息相關。在水族的「旭早」中，有的說白言簡意賅，三兩句話便把中心意思說得明明白白，如《野雞和錦雞》說白「好，聽聽它們說些什麼？……」它順理成章地將說白引入唱腔。另外，許多「旭早」的段子，短小精悍，生活氣息非常濃郁，它們在微型的故事和寓言中包含著深刻的哲理，有批

評、有規勸、有稱頌、有讚美，既幽默含蓄又妙趣橫生。如短歌《戽水》：

> 張三哥，約來李弟；到田邊，一道戽水；
> 張三哥，把水戽乾；撈得了，一條大魚。
> 李四他，戽水不乾；不得魚，怎達目的？
> 戽得魚，張三早走；李四弟，戽水不息。

這首歌並非描寫一般的戽水捕魚勞動，它在酒席上演唱，其寓意在於諷刺那些好酒貪杯之人。

這些樸實的具有濃郁鄉土氣息的演唱，通過巧妙的擬人、比喻、誇張、對比等手法，展示了「旭早」強烈的藝術魅力。凡自然界中的日月星辰、山川河流、鳥獸魚蟲、花草樹木皆是「旭早」演唱的物件，它們常被賦予人的生命、思想和感情。

綜上所述，「旭早」是水族民俗色彩極為濃郁的一個民間說唱曲種，它們與水家人朝夕相伴，根植於民族的社會生活土壤之中，與水家人的社會生活結下了不解之緣，是水族同胞智慧的結晶，水族文化的重要代表。

（原載於《黔南民族師範學院學報》2008 年第 5 期）

苗族蘆笙文化的交流與影響

文毅　馮耘　覃亞雙

一、苗族蘆笙的象徵

佛山大學教授龍建剛先生在《苗學呼喚大學者》一文中記：「幾個月前，我在澳大利亞布里斯班的一個橡膠園裡看見一群正在勞作的亞洲人，走近一看，那些樹上居然懸掛著我熟悉的蘆笙。哦，同胞！他們是三十年前從老撾移民此地的苗族。得知我是中國來的同胞，他們當即吹響蘆笙，把我擁回家裡，並喚來更多的同胞通宵達旦地歌唱和攀談。如此景象，石頭也會流淚！」「苗族是一個典型的跨國民族——從亞洲到歐洲、從美洲到澳洲，整個世界都可以聽到蘆笙的旋律。」[1]苗族無論在動盪遷徙的歲月，還是安居樂業的年代，離不開的是蘆笙，放不下的是蘆笙，視蘆笙為生命，蘆笙早已融入了苗族先民的血液。

苗族熱愛蘆笙，歷史悠久，影響廣泛。傳說中蘆笙是苗族的母親；戰爭中蘆笙是苗族戰鬥的號角；逢年過節、豐收喜慶、婚喪嫁娶、談情說愛、迎親送客時，蘆笙是苗族表達情感的工具，從古歌、傳說到日常生活，無不留下蘆笙的烙印，苗族離不開蘆笙。文學家、考古學家郭沫若先生說：「苗族民間每家均備有蘆笙。」有苗族居住的地方就有蘆笙。有了蘆笙，便有了蘆笙文化。苗族蘆笙文化中的蘆笙製作技藝、蘆笙詞、蘆笙音樂、蘆笙舞蹈、蘆笙表演、蘆笙堂、

蘆笙節等等，都表現了苗族的共同心理和文化藝術審美情趣，是天下苗族認同的精神家園。所以，蘆笙文化是苗族文化的重要組成部分，是苗族文化的象徵，也是苗族的象徵。

二、苗族蘆笙文化交流分期

在對外文化交流中，苗族蘆笙扮演了重要的角色：和平的使者、團結的化身、友誼的橋梁。苗族蘆笙不僅盛行貴州、廣西、雲南、四川、湖南等省區，而且已走向越南、老撾、泰國等東南亞國家和地區，走向了世界。關於苗族蘆笙文化的交流與影響，我們認為可分為四個時期。

（一）第一時期：二十世紀初

早在十八世紀前，我國的笙就對西洋樂器的發展，起到過積極的推動作用。笙最早是通過「絲綢之路」傳到波斯，一七七七年法國傳教士阿米奧又將笙傳到歐洲。一七八〇年，僑居俄國的丹麥管風琴製造家柯斯尼克，首先仿照我國笙的簧片原理，製造出管風琴的簧片把手，自此管風琴才開始使用音色柔和悅耳的自由簧。十八世紀末，俄國科學院院士雅·什太林曾撰文稱讚笙是「最受歡迎的中國管風琴」。以後，又促進了其他自由簧樂器的產生。一八一〇年，法國樂器製造家格列尼葉製成了風琴；一八二一年，德國布希曼發明了口琴，次年又發明了手風琴。[2] (P22) 日本著名學者鳥居龍藏博士到貴州考察四十天，拍攝一百七十餘張照片，採集了十六件民族文物如蘆笙等，現藏於日本國立民族學博物館等處。

（二）第二個時期：二十世紀五〇至六〇年代

新中國成立不久，少數民族包括苗族舞蹈家和民間藝人，以和平使者的身分走出苗鄉，走出國門，與鄰幫溝通交流，架起友誼橋樑。一九五〇年，苗族藝人東丹甘被選拔為「西南各民族國慶觀禮團」成員，到北京參加新中國建國一周年慶典觀禮和遊行，為毛主席等中央領導表演蘆笙舞，向毛主席敬獻蘆笙，也由此立下改革蘆笙、弘揚蘆笙的志向。此後他又參加中國人民赴朝慰問團，成為最早將蘆笙藝術從邊疆傳到內地和最早傳向世界的蘆笙演奏家。一九五一年，苗族舞蹈家金歐、吳廷杰帶著苗族蘆笙舞《鬥雞舞》到朝鮮慰問中朝將士，受到中朝將士和朝鮮人民的熱烈歡迎。此外，金歐還曾到蘇聯、東歐各國訪問演出，很受歡迎。一九五四年，苗族舞蹈家、蘆笙手楊正興、也火等人，在波蘭華沙參加了世界青年聯歡節。他們的蘆笙一響，就迎來各國朋友的掌聲，苗族蘆笙舞把聯歡節推向了高潮。一九五六年，貴州著名民間蘆笙手楊炳芳、張文友等人，帶著苗族金蘆笙參加莫斯科世界青年聯歡節。他們上場表演，全場掌聲不斷，深受各國友人和蘇聯人民的好評。一九五七年，苗族蘆笙演奏家、舞蹈家金歐隨周恩來總理到東南亞各國進行友好訪問。金歐的蘆笙表演，受到東南亞各國人民的熱烈歡迎並留下了深刻的印象，產生了良好的國際影響。同年，貴州省普定縣熊永林、水城縣張文友、雷山縣楊炳芳等藝術家由團中央書記胡耀邦同志率領，赴莫斯科參加社會主義青年團聯歡節，他們表演的苗族蘆笙舞蹈贏得各國朋友的熱烈掌聲。苗族蘆笙手被外國藝術家讚譽為「民間天才的舞蹈大師」、「不可思議的民族藝術家」[3]（P397-402）。

（三）第三個時期：二十世紀八〇年代至九〇年代末

　　改革開放後，迎來了民族文化繁榮發展的春天，各民族歌舞團體紛紛參加世界各國藝術節，充分展示中國少數民族文化的絢麗多彩。一九七九年，日本民族學者代表團抵貴州省訪問並收集民族展品。貴州省為日本民族學博物館提供苗族男女服飾、苗族樂器蘆笙和銅鼓等。一九八二年，貴州省仁懷縣王志良隨中國民族民間體育代表團出訪蘇聯，他精彩的蘆笙舞被蘇聯錄製成電影紀錄片在蘇聯各地放映。黔東南州歌舞團苗族舞蹈家吳廷傑，曾到朝鮮、法國、奧地利、義大利等國訪問，把優美的蘆笙舞傳到了世界各地。一九八八年七月，應國際民間藝術節總部組委會的邀請，黔東南苗族侗族自治州歌舞團余富文、吳廷傑、楊林等帶著蘆笙舞《蘆笙節》等節目前往匈牙利、奧地利、義大利三國參加國際民間藝術節，深受組委會的好評和各國友人讚賞。國際藝術節的主持人（聯合國教科文組秘書長）法格爾稱讚：「中國苗族的蘆笙舞不但有著濃郁的民族性，而且有很廣泛的世界性和時代性，很有東方的藝術魅力」，「其出神入化已經達到了很高的國際藝術水準。」[2]（P23）一九八九年，應加拿大和美國世界藝術節組委會的邀請，國家民委組織以貴州省民族歌舞團為主的中國少數民族藝術團，前往加拿大和美國參加世界藝術節。藝術團表演的苗族舞蹈《蘆笙場上》和楊呂樹的蘆笙獨奏一出場就掌聲不斷，受到熱烈歡迎。一九八九年六月，以苗族青年農民為主組成的中國貴州民族文化代表團一行十三人，應邀參加為紀念華盛頓建州一百周年而舉辦的中國、蘇聯、日本、聯邦德國四國藝術節，代表團表演的蘆笙舞轟動斯波坎市，深受外國友人和美國人民的好評。一九九二年六至八月，「貴州民間藝術團」帶

十五個苗族蘆笙歌舞節目，赴荷蘭、比利時參加三十多個國家藝術團參演的民間藝術節，苗族蘆笙演奏家龍世忠、李成富、楊勝德、楊光磊、吳正祥等演奏蘆笙和跳蘆笙舞，西歐觀眾稱讚：「中國苗族文化既有歌又有舞，還有自己的民族樂器（指蘆笙），非常獨特。」「如果沒有中國藝術團的到來，我們的藝術節是不完全的。」《林堡日報》評論說：「這次中國貴州民間藝術團給觀眾的印象是，穿的服裝很漂亮，尤其是他們的精彩表演，可以看得出他們民族文化的代表性。他們把中國貴州超過千年歷史的古老文化表演出來，真是個奇跡。」蘆笙藝術給國外觀眾留下了深刻印象和美好回憶。[3]（P403-406）一九九四年十月，美國苗族同胞，手捧蘆笙，不遠萬里，漂洋過海，走向中華國土參加「國際文化研討會」，向同胞作了精彩的蘆笙歌舞表演，博得了中國觀眾的熱烈掌聲。

（四）第四個時期：二十世紀末至二十一世紀初

二〇〇〇年實施西部大開發，貴州迎來加快改革開放和現代化建設步伐、開創富民興黔的新時期。貴州省在積極打造「蘆笙節」、「多彩貴州」等品牌的同時，積極開展非物質文化遺產的傳承與保護工作。從一九九九年至二〇一二年，成功舉辦了十一屆中國·凱裡甘囊香國際蘆笙節，蘆笙節吸引來自國內及美國、法國、韓國、泰國、新加坡、馬來西亞等國外遊客數以萬計，豐富的民族歷史文化沉澱，日益被國內外學者所關注；多姿多彩的節慶活動，讓中外遊客傾倒。蘆笙節一年一屆，越辦越紅火，知名度不斷提升，影響越來越大，已經成為眾人魂牽夢縈的一個重要節慶，成為一張亮麗的國際名片。[4]

二〇〇五年，貴州省開展非物質文化遺產的申報、搶救、保護和傳承工作。苗族錦雞舞（丹寨縣）、苗族蘆笙舞長衫龍（貴定縣）、苗族蘆笙舞滾山珠（納雍縣）、苗族蘆笙製作技藝（雷山縣）、苗族芒筒蘆笙（丹寨縣）、苗族蘆笙舞（雷山縣、關嶺縣、凱裡市、榕江縣、水城縣、烏當區）、苗族跳場（花溪區）、苗族採花節（盤縣）、甘囊香苗族蘆笙節（凱裡市）、苗族跳花節（安順市）、都柳江苗族鼓藏節（榕江縣）、苗族翻鼓節（丹寨縣）、苗族吃鼓藏（從江縣）、穀隴九月蘆笙會（黃平縣）、苗族蘆笙製作技藝（花溪區、丹寨縣、凱裡市）等先後列入國家級或省級非物質文化遺產名錄。此外，蘆笙舞在「多彩貴州」、全國少數民族傳統體育運動會、臺江姊妹節、雷山苗年節暨鼓藏節等重大活動中都有上佳表現。以蘆笙為代表的貴州原生態文化，向全國乃至世界展示了貴州獨特的民族文化旅遊資源優勢和各族人民良好的精神風貌，成為各界關注的重點。蘆笙文化為提高貴州知名度，樹立貴州嶄新形象，為大力發展旅遊產業，加快推進富民興黔事業營造了良好的文化環境。

三、結語

縱觀苗族蘆笙的對外交流歷史，蘆笙在國際國內的文化交流中，展示了苗族文化的神奇和精彩，苗族蘆笙轟動世界，苗族蘆笙舞被譽為「東方迪斯可」、「苗族的象徵」、「世界民族的藝術」。苗族傳統文化走出國門，走向世界。與此同時，在與世界各國的交往中，不斷創造中國蘆笙文化走向世界的新路子，顯示了苗族蘆笙文化在世界舞臺的國際地位和國際影響，充分發揮了和平、友好、團結、友誼的橋梁作用。苗族蘆笙文化的地

位和影響，來自於苗族人民對蘆笙的熱愛和民間藝術家對蘆笙文藝的執著
守護，來自於以金歐為代表的苗族蘆笙舞蹈家、以東丹甘為代表的苗族蘆
笙演奏家、以余富文為代表的苗族蘆笙改良家、以楊呂樹為代表的苗族蘆
笙教育家對苗族蘆笙文化的繼承、弘揚、傳播和創新，得益於黨的民族政
策，得益於偉大的時代。

◐ 參考文獻

〔1〕龍建剛.苗學呼喚大學者〔J〕.苗學研究，2010（3）.

〔2〕楊光全.論苗族蘆笙文化的國際地位及開發對策〔M〕//馬伯龍，等.金
蘆笙.貴陽：貴州人民出版社，2005.

〔3〕貴州省民族事務委員會.苗族文化大觀〔M〕.貴陽：貴州民族出版
社，2009.

〔4〕李葆中.凱裡的國際名片──中國·凱裡甘囊香國際蘆笙節〔J〕.當代
貴州，2012（14）.

（原載於《黔南民族師範學院學報》2014 年第 6 期）

貴州龍里巫山岩畫人物頭飾藝術

牟孝梅　張麗娜

一、貴州龍里巫山岩畫所處的地理環境

貴州省地處雲貴高原東側，境內多山，百分之九十二點五的面積為山地和丘陵，所處緯度較低，海拔較高，全年氣候溫和，雨量充沛，年平均溫度十五點六度。多山的環境為貴州先民的文化遺跡——岩畫提供了較為完好的保護。貴州發現的岩畫多在大山深處，主要是在臨河的山崖上，龍里縣巫山岩畫就是其中一個典型的例子。

龍里縣巫山岩畫位於貴州省省會貴陽市東南約三十公里處，龍里縣谷腳鎮巫山谷遠村山上的一處岩壁上，地理座標約位於東經一百〇九點五一和北緯二十六點二九之間。巫山岩畫繪於山崖的岩壁上，山崖高聳，海拔約一千三百三十米，這裡的岩石構造呈疊層狀，上下結構排列參差錯落，岩面有天然的橫線裂痕縫隙，每層岩面厚度約十至五十釐米不等，岩畫分布在距離地面高約一至六十米之間的區域，岩畫密集的地方在山崖中央呈半圓弧形的岩體上，岩畫岩壁下面是一條季節性的河流，山崖和河水之間有蜿蜒的山路可行走。

二、巫山岩畫所在的龍里縣歷史發展狀況

龍里縣位於黔中腹地，隸屬黔南布依族苗族自治

州，世居漢族、布依族和苗族等，二〇一一年末總人口二十一點七二萬
人，其中少數民族占百分之四十一左右。龍里最早記載見於《舊唐書》：
「貞觀三年（629），置莊州，領新安等七縣」，唐代屬莊州新安縣地域。
從龍里縣人民政府公眾資訊網上可以了解到龍里縣的發展脈絡。龍里的歷
史悠久，傳統文化深厚，岩畫在其境內，說明在遠古時期就有生活在此的
先民，他們用岩畫的方式記錄了當時生活在此的歷史，對之後文化的發展
不可否認地會產生一定的影響，從岩畫中可看到歷史上先民如何生存和發
展的往事，為今天人類文化追尋根脈提供依據。

三、龍里巫山岩畫現今的狀況

　　龍里巫山岩畫所繪內容有農耕、放牧等場景，有叉腰站立的人，有頭
戴羽飾舞蹈的人，有騎馬之人，以及各種不同穿戴、不同動作的人物，馬
和牛是描繪最多的動物，其他圖像有橫排的網點，畫有芒線的太陽，田字
形符號等。龍里巫山岩畫風格與西南幾省的岩畫相比較，整體上更接近於
樸實的現實生活，它們真實地記錄下了當時生活在此的先民的活動、文化
發展狀況、審美追求及信仰。

　　龍里巫山岩畫不僅具有重要的歷史學價值、民族學價值、文化遺產價
值，而且從藝術發生、發展的角度來說，龍里巫山岩畫在藝術的發展過程
中同樣遵循藝術發展規律，在這裡留下了它的軌跡和對藝術的貢獻，它的
藝術審美價值和它在歷史學、民族學中的價值同等重要。

　　龍里巫山岩畫中有大量表現放牧的內容。在生產力低下、生活資料貧

乏的古代，人們不會無緣無故地在地勢險峻的山岩上繪製與生存無關的內容。這些岩畫的內容和當時先民的生活緊密相連，人們用質樸的繪畫語言描繪了先民對生命本能的欲望，對生存的強烈感受，對信念的執著。

岩畫中放牧人物身邊的動物是馬和牛，人物或騎馬騎牛，或趕馬牽牛，這些牛馬與人親密相依，顯然已是馴化之後的家畜，人物手中沒有弓箭這些狩獵時常見的代表性的工具，而是拿著似刀劍形狀的器物，這些器物是青銅時代及其以後鐵器時代的象徵，從以上岩畫圖像可知，主要表現了在此生活的先民的放牧場景，說明當時社會已經進入畜牧時代。據貴州省考古研究所曹波推斷，龍里巫山岩畫作畫時代約為兩漢或更早的時代，斷代為岩畫的內容、藝術風格等提供了時代背景，使得闡釋岩畫有了一定的依據。

四、龍里巫山岩畫人物頭飾藝術的造型特色

龍里巫山岩畫所在之處群山環繞，環境幽靜（見圖1、圖2、圖3）。龍里巫山岩畫在山岩上的布局較為集中，岩畫集中區域在山崖中央半圓弧的岩體上，上面布滿各式人物、人物和動物、人物和抽象符號之間的圖像組合，還有一些零星岩畫圖像散落地分布在集中區域周圍。整個岩面的岩畫以最具中國藝術特色的二維空間平面裝飾手法描繪，畫有岩畫的岩石天然轉折錯落，產生一種次序感，與岩石自身生成的橫線紋理之間，巧妙連繫起各組岩畫，以中國繪畫中散點式視角組織著人與自然、人與人、人與動物之間的關係。

圖1 龍里巫山岩畫山岩下面的河流　圖2 龍里巫山岩畫集中區域──半圓弧形山岩局部

圖3 巫山岩畫中雙羽飾頭飾人物

　　龍里巫山岩畫以人物為主，岩畫中的人物有明顯的男女性別和體征的不同，刻畫的人物展現的不僅是追求生存繁衍的願望，並且在審美上有了一定的追求，如人物注重頭部裝飾，頭飾藝術有顯著地域特色。龍里巫山岩畫人物頭飾藝術的造型主要有三種類型，第一種羽飾頭飾，第二種帽形頭飾，第三種角狀頭飾。

（一）羽飾頭飾

世界各地岩畫的創作手法主要有鑿刻和塗繪兩種方式，中國北方的岩畫多用鑿刻方式，西南地區多塗繪方式，龍里巫山岩畫屬於塗繪岩畫。無論是中國北方的鑿刻岩畫還是西南的塗繪岩畫，都有飾有羽飾頭飾的人物。羽人，源於上古的神話，北方羽人岩畫多與狩獵題材相連繫。西南羽人岩畫則與狩獵、放牧、宗教等多種題材相關，如雲南滄源等地的岩畫中，狩獵、宗教舞蹈儀式中有頭戴羽飾的人物，廣西的左江岩畫中的羽飾人物是場面宏大的群眾宗教儀式中的舞蹈人群，龍里巫山岩畫不似左江岩畫那樣具有宗教儀式的莊嚴感，更接近雲南岩畫，表現現實生活場景的輕鬆感，傾向生活化。龍里巫山岩畫人物的羽飾頭飾主要以線造型為主，頭飾與人物整體的繪製手法一致。

龍里巫山岩畫人物的羽飾頭飾有以下兩種主要類型。

第一種類型：雙羽飾頭飾。頭戴雙羽飾的是雙手叉腰而舞的人，雙羽飾頭飾與頭部相連，左右相向，羽飾較長，羽飾質感與形狀與史料記載的西南少數民族頭戴羽飾習俗一致。中國西南地區生長有長尾的雉雞類飛禽，它們的翎毛和尾羽較長，適合用來做裝飾。雙羽飾頭飾的人物體態有明顯的女性特徵，如身軀上窄下寬，腹部圓潤等身體結構特性，如圖4中的人物表現出了女性側身方的乳房，圖5、圖6則刻畫了女性正身圓潤柔和的身軀。岩畫採用線條勾勒出雙手叉腰的頭飾雙羽舞蹈的女性，頭飾和四肢用長曲線描繪，線條細勁有力，手法古拙，線條的粗細變化和軀幹的形狀相映襯，如圖4中的羽飾線條細勻有力，人物的各部分造型協調。圖

5、圖 6 的羽飾高聳有彈力，質感柔和，線條細勁，整個人物的造型手法隨之柔和。以上幾例雙羽飾頭飾人物創作已把握了造型藝術中的整體和局部的對比，硬度和柔軟的質感對比，面和線的對比，同時創作者利用天然岩石的靜態與動感的人物統一在一種動靜結合的藝術空間中，演繹出先民的智慧和對生活的理解及追求。

圖 4　巫山岩畫中雙羽飾　　圖 5　巫山岩畫中雙羽飾　　圖 6　巫山岩畫中雙羽飾
　　　頭飾人物（一）　　　　　　頭飾人物（二）　　　　　　頭飾人物（三）

　　龍里巫山頭戴雙羽飾雙手叉腰的舞人不是大規模人群齊舞，而是單人、雙人的形式。據中外史料和岩畫資料記載可知，舞蹈內容是世界各地岩畫在人類文化發展至巫術階段最流行的題材，祭祖樂舞、娛神樂舞更是多見於西南古今民族中。宋兆麟在《巫與巫術》中認為：「中東南各民族的巫師過去多戴雉羽，類似羽人……」蓋山林在《中國岩畫學》中認為：「從我國各地岩畫的題材內容看，差不多都與原始宗教有連繫，而巫是實現宗教在生活上的作用的直接參與者，製作不同內容的岩畫，非巫覡莫屬。」由此可推斷龍里巫山頭戴羽飾的舞蹈人物應是與巫文化有關聯。

　　第二種類型：單羽飾頭飾。單羽飾頭飾在龍里巫山岩畫中的數量比其

他頭飾要多，目前清晰可辨的主要是頭飾單羽的騎馬和執刀之人。人物的動態與雙羽飾人不同，雙羽飾人物嫻靜，單羽飾人物動作幅度大，如圖7中的人物騎馬的動態，畫出的羽飾跟隨人物的轉動方向而產生律動感。單羽飾人物身體軀幹簡潔有力，胸部、腹部沒有突出描寫，注重人物的整體力量感的展示，更似男性的體態（見圖7至圖9）。龍里巫山岩畫中的人物尺寸不大，大部分都在十至十五釐米之間，圖像離地面較近，高處的岩畫處現今還有突出的岩面可攀緣，這些有利的條件使創作者在繪製圖像時比廣西花山岩畫繪製高大人像相對容易，發揮的餘地比較大。龍里巫山岩畫圖像藝術重神似，寥寥幾筆神韻具備，羽飾裝飾有長有短，與頭部相連。圖7和圖8是長單羽飾，前端豎於頭頂，後部垂於腦後，似大型飛禽類的尾羽。有學者認為這類頭飾也可能是獸尾。西南少數民族也有頭部裝

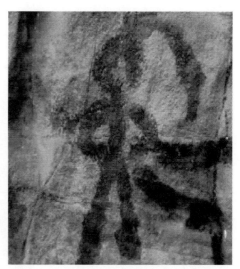

圖7　巫山岩畫中單羽飾頭飾人物（一）　　　圖8　巫山岩畫中單羽飾頭飾人物（二）

圖9　巫山岩畫中單羽飾頭飾人物（二）

飾獸尾之俗，如《蠻書》卷四記載：「望苴子蠻，兜鍪上插犛牛尾，馳突如飛。」這些頭飾也不排除是獸尾裝飾，但是從刻畫頭飾質感上看更有羽飾的輕柔感。單羽飾頭飾質感有軟硬之別，相對應的繪製風格有簡率輕鬆之感的畫作，有蒼勁硬朗的風格，圖7、圖8即是簡率風格的岩畫作品，此類羽飾質感柔軟，有隨風飄動之感，其藝術效果與當時的繪畫工具有很大關係。據繪畫經驗可知，動物毛和軟的植物纖維絲製成的「筆」和「刷」，畫出的圖像質感柔和，用手指蘸顏料繪製圖像，也可出現同樣的效果。此類風格的羽飾頭飾的人物畫所用繪畫工具應是一種柔軟的動物毛或植物纖維製成的筆頭，或是用手指直接塗繪而成。柔軟的「筆」畫出的單羽飾的人物有中國藝術中寫意傳神的精神內涵，用筆鬆弛有度，有韌性，有一氣呵成之感；用線柔和、舒緩，與宋元時代的文人畫崇尚的「逸筆草草，聊寫胸中逸氣」的追求相映成趣，似隔著時空的文化傳遞，是心

有靈犀的相通。另一類單羽飾頭飾人物圖像則蒼勁厚實（見圖9），所繪
羽飾頭飾或直挺有力，或遒勁剛健，人物圖像繪製風格與頭飾相協調，人
物塑造結實，其繪製圖像的工具前端應該是比較堅硬的材料，堅挺硬峭的
線條和堅實的塊面相結合，形成沉穩硬朗的藝術風格。這類羽飾人物造型
動感較強，幾乎都處於一種運動的狀態之中。此類羽飾人物體型上寬下
窄，體態剛直有力，或騎馬或牽馬，或手中持似刀槍棍棒物，或單人，或
多人一起。龍里巫山岩畫的創作者塑造了形體結實的羽飾人物，刻畫出每
個勞動和運動中頭戴單羽飾之人，體型和動態中體現出男性陽剛美的特
徵，造型多用豪爽整體大氣的線來塑造，不表現細節。

　　這兩類人物單羽飾分別採用兩種不同的用線方法，畫中柔和的線條和
遒勁的線條同樣表現出男性陽剛之美，這正是中國傳統藝術以線造型為主
的魅力，能夠用有各種形式的線表現出各式質地的物象、各種性格人物的
形體和神韻。

　　龍里巫山岩畫中人物羽飾頭飾造型高度概括，線條的輕盈感與塊面的
厚實感相結合，塑造了一幅幅生活在此地先民真實的生活場景，宗教儀式
的威嚴感和神秘感也被表現得生活化，表現出一幅幅人與自然界所有生靈
和諧生活的場景，體現了中國傳統文化中的人與自然和諧相處的生命觀和
自然觀，這正是生活在遠古時期龍里巫山先民生活的真實寫照，留給後人
豐富的文化資訊。

（二）帽形頭飾

此類岩畫人物頭部飾品類似帽子形狀（見圖10）。圖中兩例人物的頭

飾造型又各有自己的特色，左邊一例是右端尖，逐漸往左向擴散，呈現出一個小的扇形，有種蓬鬆感；右邊一例頭飾造型為頭頂方圓，頭部中間兩端分出兩個笄形裝飾。笄形裝飾在西南地區岩畫中多次出現。據目前考古發現和史料記載，西南古代少數民族喜用骨簪、骨笄、骨梳、木飾、牙飾等裝飾髮髻，材質取於動物骨骼、牙齒、石料和木質材料等。頭飾造型手法用麵線結合的手法，以線造型為主，線條簡約。

圖 10　龍里巫山岩畫中帽飾頭飾人物

　　西南少數民族的帽形頭飾早在漢代就有詳細的記載，如《漢書》之《西南夷兩粵傳》：「南夷君長以什數，夜郎最大，此皆魋結。」《後漢書》卷八十六《南蠻》記載：「凡交趾所統，雖置郡縣，而言語各異，重譯乃通。人如禽獸，長幼無別。項髻徒跣，以布貫頭著之。」《後漢書》記載：「西南夷者，在蜀郡徼外。有夜郎國，東接交趾，西有滇國，北有邛都國，各立君長。其人皆椎結左衽，邑聚而居，能耕田。」這些古籍裡面涉

及西南少數民族頭飾的記載為龍里岩畫中的人物頭飾提供了有力的證據，從「以布貫頭著之」、「其人皆椎結左衽」的描述可推斷，帽形頭飾是貴州少數民族服飾藝術的重要組成部分，歷史悠久。生活在此的先民遺留下來的文化形式之一就是這些繪製在山岩上的紅色岩畫，這些岩畫的內容一一展現了先民生活的各個方面。至今生活在貴州的少數民族的頭飾藝術依然是絢麗多彩的，黔東南苗族的盛大的節日姊妹節，苗族人民穿著民族盛裝，其中的帽形頭飾藝術是一道亮麗的風景（見圖 11、圖 12）。苗族的頭飾藝術被完好地保存至今，與民族的信仰、生活習慣、氣候條件等有著直接的關係。生活在貴州的其他民族的頭飾藝術亦如苗族同胞頭飾一樣具有深厚的文化內涵（見圖 13、圖 14）。久遠的貴州岩畫藝術中的人物頭飾是否與之有著某些千絲萬縷的關聯呢？當今貴州各少數民族的帽形頭飾的形制與龍里巫山岩畫中人物的帽形頭飾是否是一種文化的銜接、借鑑和傳承？服飾藝術是一個民族文化的重要標誌，久遠的貴州岩畫中的人物可以忽略衣服樣式的描繪，卻對人物頭飾進行了詳細的描繪，可以說明頭飾在當時先民的生活生產中佔據重要位置。

圖11　黔東南苗族姊妹節中的人物頭飾（一）　圖12　黔東南苗族姊妹節中的人物頭飾（二）

圖13 貴州苗族頭飾（圖片採自看中國網） 圖14 貴州水族頭飾（圖片採自國際線上）

（三）角狀頭飾

龍里巫山岩畫人物頭飾還有一類造型，頭飾質地較硬，形似動物的角，角狀頭飾與人物和地面呈垂直狀態，頭飾豎於頭部頂端，以彎曲的線條繪出（見圖15）。貴州省考古文物研究所的曹波在《貴州龍里巫山岩畫人物圖考釋》一文中分析此類圖像可能為動物的角：「……還有一種是飾於頭兩側上方，彎度似牛角並內彎的顯然是角飾。」[1]頭部以動物的角為飾品是世界很多民族文明早期發展階段的一種常見的現象。據《史記》和西南各省的地方誌記載，中國西南古代各少數民族頭上以羽、尾、角、牙裝飾是一種習俗，今天貴州黔東南苗族同胞的頭飾中還特別流行用牛角裝飾。古史中的《蠻書》卷四記載：「尋傳蠻……俗無絲棉布帛，披波羅皮，跣足可以踐履榛棘。持弓挾矢，射豪豬，生食其肉，取其兩牙雙插頂傍為飾。」景泰《雲南圖經志書》卷五記載：「男子頂髻戴竹兜鍪，以毛熊皮飾之，上以豬牙雞尾為頂飾。」在生產力低下的時代，以動物的角、

牙裝飾頭部，一方面是為了美，通過岩畫圖像藝術表現生命的深度空間，
是中國造型藝術重精神的表達方式；另一方面岩畫頭飾的作用也是宗教功
能的一部分，岩畫人物頭飾擷取動物身體的一部分，既是一種裝飾藝術，
也是當時巫術文化的一種體現。「原始巫術（現在亦有學者稱之為巫文化）
具有很大的實用價值，它的功用在於先民們試圖通過它去召喚某種自然力
或神力，以追求幸運，避免厄運。」[2] 這些史料的記載說明當時西南少
數民族狩獵畜牧時期的文化發展狀況，人們利用巫術宗教形式，渴望達到
自己的功利目的。這些遠古先民的習俗中的一部分，在當今西南一些少數
民族的節日和人生禮儀中還在延續著。

圖 15　細長角狀頭飾人物

　　龍里巫山岩畫藝術造型概括簡練，更重神韻，代表了先民觀察世界的
方式。整體造型沒有形成程式化，藝術風格質樸，各組岩畫之間又有不同
的造型特徵，有的線面結合，有的以線為主，有的以面為主，有的圖像偏

於真實描繪物象，有的圖像只畫出物象主要特徵，就如現今的抽象藝術。
這些藝術風格的差異說明這裡的岩畫不是同一時期的作品，不是同一人物
繪製，但是整體風格古拙樸實是一致的。人物頭飾同樣遵循整體風格，有
粗獷線條畫出的頭飾，有細膩勻稱線條繪出的羽飾頭飾，有粗筆勾勒的帽
狀頭飾，造型手法各有千秋，充滿了一種愉悅的生活氣息，同時不失浪漫
的藝術風格，體現了描繪這些岩畫的先民對審美的追求，對生活的美好願
望。

五、龍里巫山岩畫頭飾藝術的色彩特點

中國西南地區岩畫屬於塗繪岩畫，貴州龍里岩畫的色彩是深淺不同的
紅色，繪有紅色岩畫的岩石是灰白色，色彩之間形成了明度、純度之間的
對比，因此色彩效果對比鮮明強烈，岩畫人物較小，形式如連環畫，畫幅
不大，充滿著愉悅的生活氣息。紅色是中國傳統的喜慶色彩，在中國民間
美術中，紅色還有生命繁衍、子孫昌盛之寓意，紅色象徵生命的生生不
息。生活在遠古的貴州先民已經意識到紅色代表的生命力，運用了具有生
命活力的紅色。岩畫中描繪的人、動物、器物等構成了一個個生動的生活
場景。

六、結語

貴州龍里巫山岩畫是先民留給當今世界的一份珍貴的文化遺產，岩畫
中的圖像是自然萬物和社會生活的折射，是生活在此的先民的社會政治、
經濟、文化、宗教及精神的全面展現。我們不僅可以領略到這些岩畫在視

覺造型和色彩上給予的震撼，而且岩畫飽含先民在生產生活中對生命的呼
喚和崇仰的生存智慧，更是一種值得發揚的堅韌的民族精神，可以說貴州
龍里岩畫是全人類共同的珍貴文化遺產。

參考文獻

〔1〕曹波.貴州龍里巫山岩畫人物圖考釋〔J〕.貴州民族研究，2004（3）.

〔2〕滕海鍵.漫論岩畫與原始巫術〔J〕.昭烏達蒙族師專學報（漢文哲學社
會科學版），1999（5）.

（原載於《黔南民族師範學院學報》2014 年第 1 期）

昌明文庫·悅讀文化 A0605011

貴州少數民族文學藝術研究

主　　編	吳紅梅
責任編輯	陳胤慧
版權策畫	李煥芹

發 行 人	陳滿銘
總 經 理	梁錦興
總 編 輯	陳滿銘
副總編輯	張晏瑞
編 輯 所	萬卷樓圖書股份有限公司
排　　版	菩薩蠻數位文化有限公司
印　　刷	百通科技股份有限公司
封面設計	菩薩蠻數位文化有限公司

出　　版　昌明文化有限公司
桃園市龜山區中原街 32 號
電話 (02)23216565
發　　行　萬卷樓圖書股份有限公司
臺北市羅斯福路二段 41 號 6 樓之 3
電話 (02)23216565
傳真 (02)23218698
電郵 SERVICE@WANJUAN.COM.TW
大陸經銷　廈門外圖臺灣書店有限公司
　電郵 JKB188@188.COM

ISBN 978-986-496-486-4
2019 年 3 月初版
定價：新臺幣 580 元

如何購買本書：

1. 轉帳購書，請透過以下帳戶
　合作金庫銀行　古亭分行
　戶名：萬卷樓圖書股份有限公司
　帳號：0877717092596
2. 網路購書，請透過萬卷樓網站
　網址　WWW.WANJUAN.COM.TW

大量購書，請直接聯繫我們，將有專人為您
服務。客服：(02)23216565　分機 610

如有缺頁、破損或裝訂錯誤，請寄回更換
版權所有·翻印必究
Copyright©2019 by WanJuanLou Books CO., Ltd.
All Right Reserved　　　　**Printed in Taiwan**

國家圖書館出版品預行編目資料

貴州少數民族文學藝術研究 / 吳紅梅主編. --
初版. -- 桃園市：昌明文化出版；臺北市：
萬卷樓發行, 2019.03
　冊；　公分
ISBN 978-986-496-486-4(平裝)

1.民族文學 2.貴州省

673.608　　　　　　　　　　108003216

本著作物經廈門墨客知識產權代理有限公司代理，由華中科技大學出版社授權萬卷樓圖書股
份有限公司（臺灣）、大龍樹（廈門）文化傳媒有限公司出版、發行中文繁體字版版權。
本書為真理大學產學合作成果。　　　　　　校對：鄭淳丰／真理大學臺灣文學系四年級